嘉业堂志

应长兴
李性忠 主编

国家图书馆出版社

图书在版编目（CIP）数据

嘉业堂志／应长兴，李性忠主编.—北京：国家图书馆出版社，2008.10

ISBN 978-7-5013-3775-0/G · 775

Ⅰ. 嘉… Ⅱ.①应…②李… Ⅲ.藏书楼－史料－浙江省－1910～2007 Ⅳ.G259.258.3

中国版本图书馆CIP数据核字（2008）第154121号

嘉業堂志

嘉业堂志

著　　者　应长兴　李性忠 主编

责任编辑　殷梦霞

书籍设计　敬人书籍设计工作室
　　　　　吕敬人+吕旻

出　　版　国家图书馆出版社
　　　　　(100034 北京市西城区文津街7号)

发　　行　(010) 66139745　66175620　66126153
　　　　　66174391(传真)　66126156(门市部)
　　　　　E-mail cbs@nlc.gov.cn (投稿)
　　　　　btsfxb@nlc.gov.cn (邮购)
　　　　　Website www.nlcpress.com

经　　销　新华书店

印　　刷　北京圣彩虹制版印刷技术有限公司

开　　本　880×1230毫米 1/16

印　　张　23

字　　数　310千字

版　　次　2008年10月第1版　2008年10月第1次印刷

书　　号　ISBN 978-7-5013-3775-0/G · 775

定　　价　260.00圆

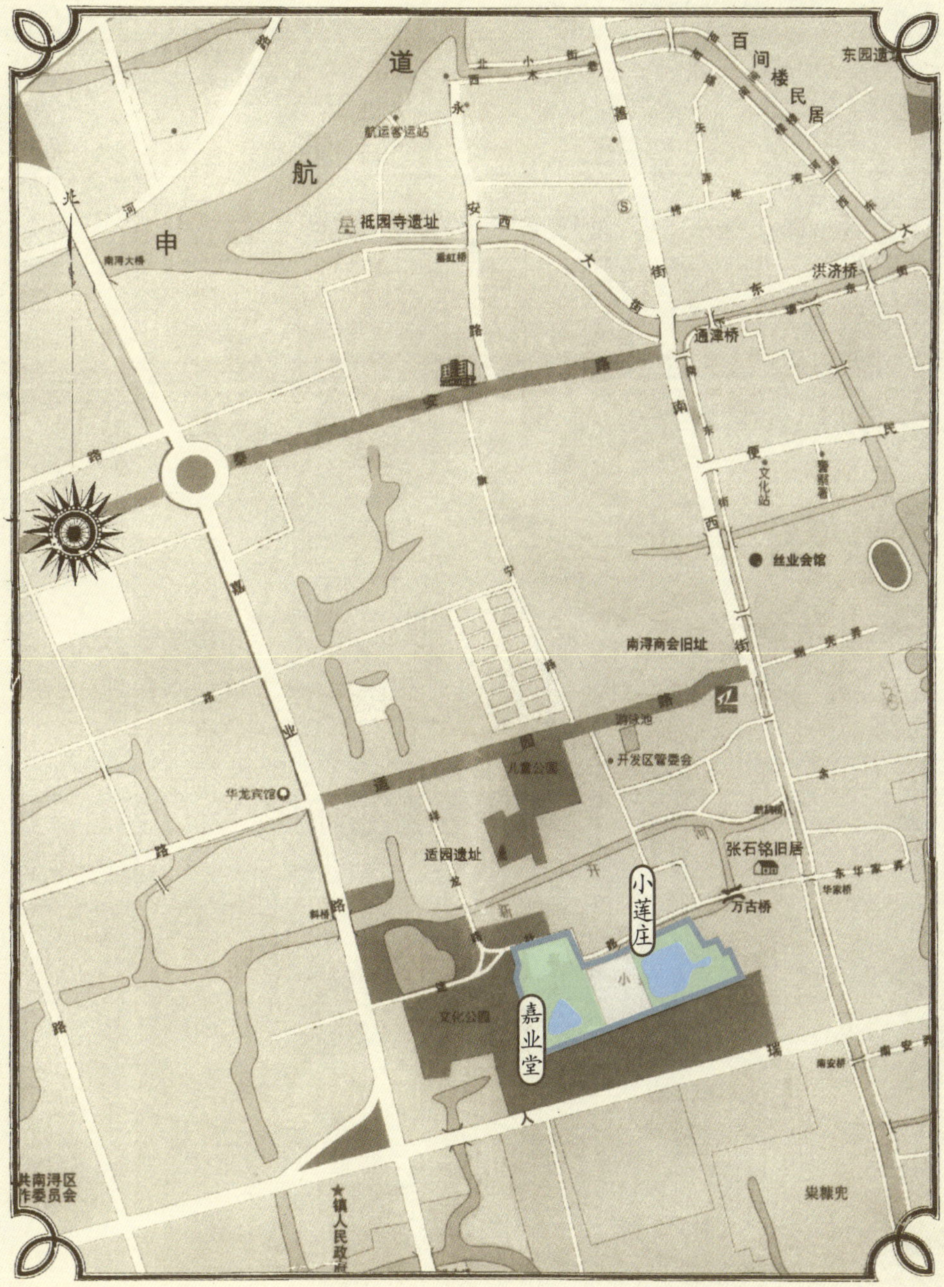
百间楼民居
东园道
航运客运站
航
道
申
祗园寺遗址
洪济桥
通津桥
文化站
丝业会馆
南浔商会旧址
开发区管委会
儿童公园
华龙宾馆
适园遗址
张石铭旧居
万古桥
小莲庄
嘉业堂
文化公园
镇人民政府

嘉业堂地理位置图

进口处的小桥、门楼

嘉业堂藏书

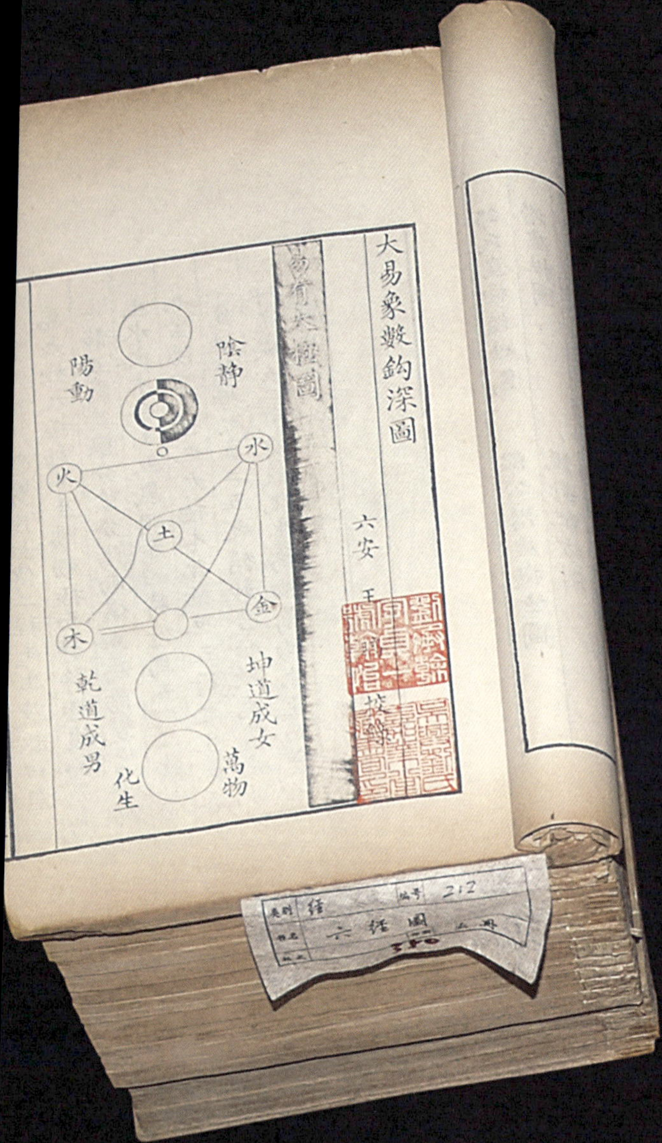
大易象數鈎深圖
六安
陰靜
陽動
水
火
土
金
木
坤道成女
乾道成男
萬物
化生
六經圖

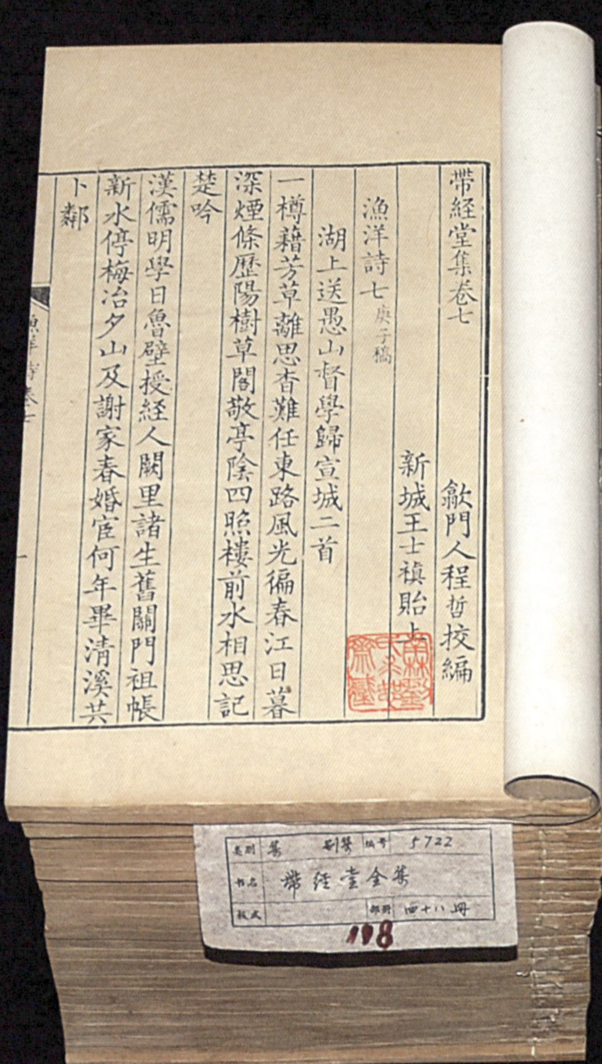
帶經堂集卷七
歙門人程哲校編
新城王士禛貽上
漁洋詩七 庚子稿
湖上送愚山督學歸宣城二首
一樽藉芳草離思杳難任東路風光徧春江日暮深煙條歷陽樹草閣敬亭陰四照樓前水相思記楚吟
漢儒明學日魯壁授經人闕里諸生舊闕門祖帳新水停梅冶夕山及謝家春婚宦何年畢清溪共卜鄰
帶經堂全集

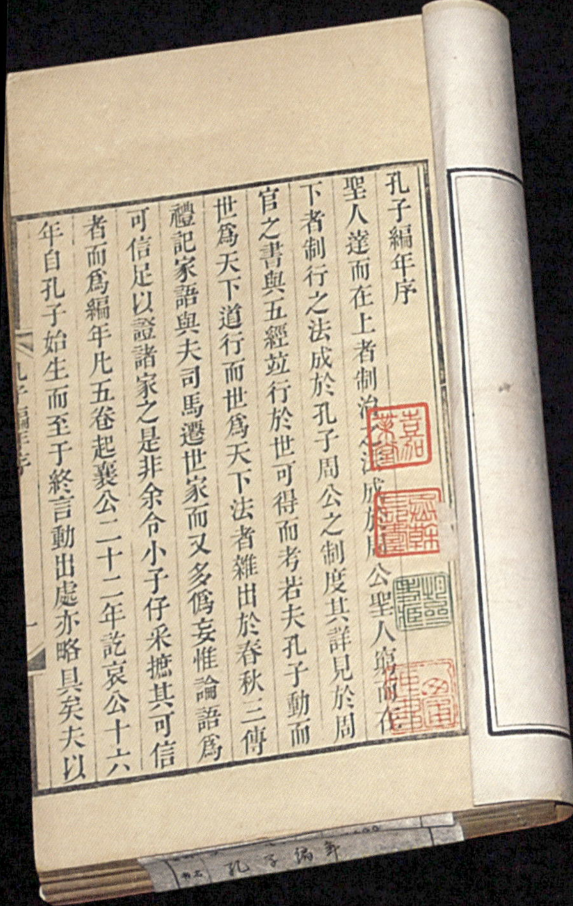
孔子編年序
聖人達而在上者制治之法成於周公聖人窮而在下者制行之法成於孔子周公之制度其詳見於周官之書與五經並行於世可得而考若夫孔子動而世爲天下道行而世爲天下法者雜出於春秋三傳禮記家語與夫司馬遷世家而又多僞妄惟論語爲可信足以證諸家之是非余令小子仔采摭其可信者而爲編年凡五卷起襄公二十二年訖哀公十六年自孔子始生而至于終言動出處亦略具矣夫以
孔子編年

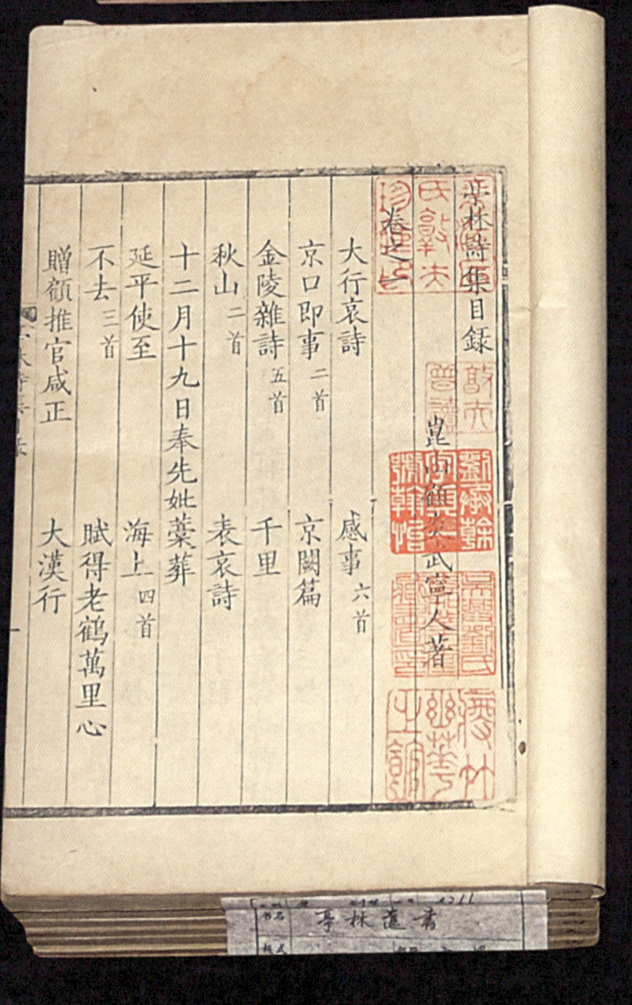
目錄
大行哀詩 感事 六首
京口即事 二首 京闕篇
金陵雜詩 五首 千里
秋山 二首 表哀詩
十二月十九日奉先妣藁葬
延平使至 海上 四首
不去 三首 賦得老鶴萬里心
贈顧推官咸正 大漢行
亭林遺書

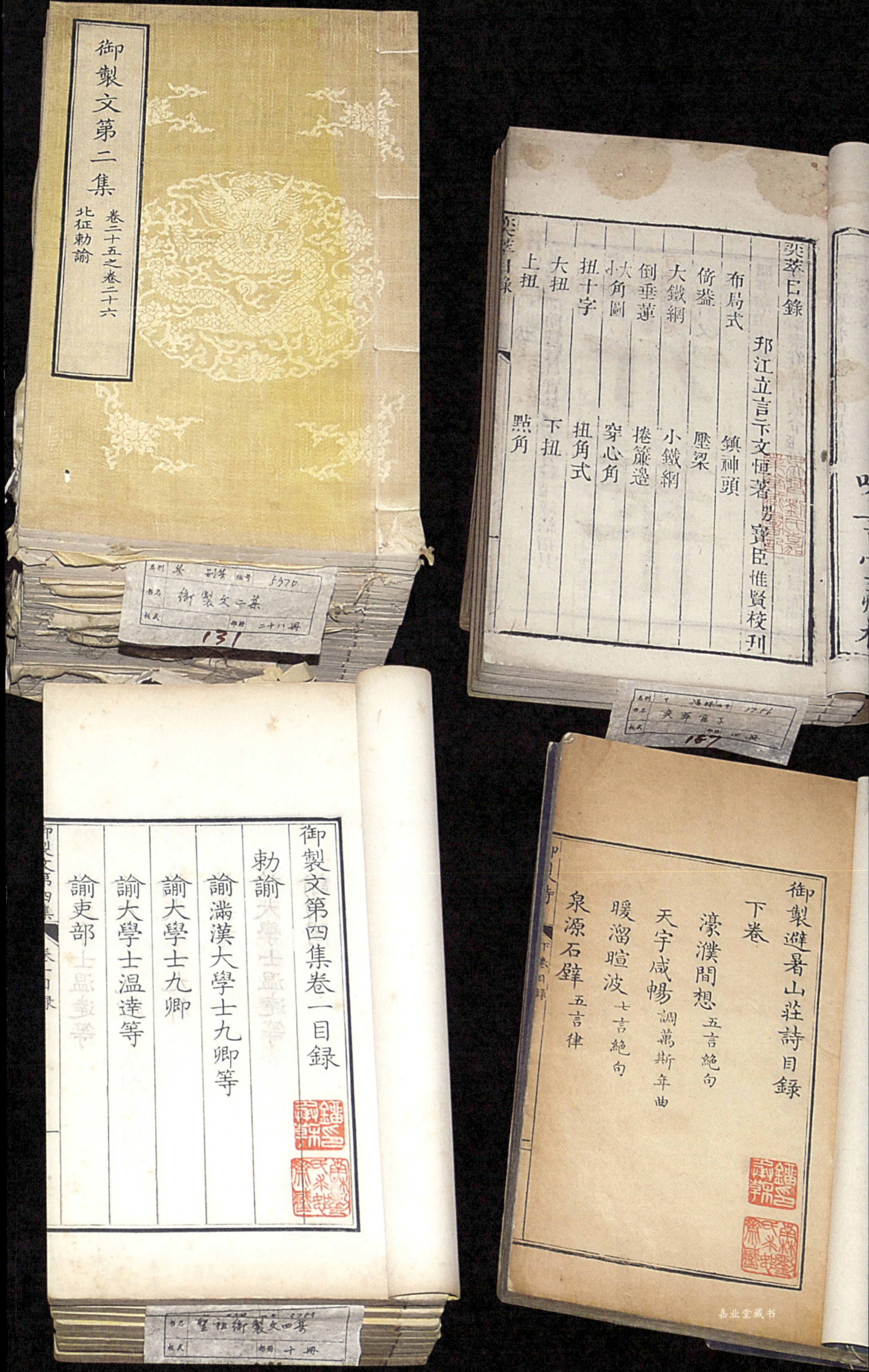

御製文第二集
卷二十五之卷二十六
北征勅諭
奕萃目錄
邗江立言下文恆著 男 寶臣惟賢校刊
布局式 鎮神頭
倚蓋 壓梁
大鐵網 小鐵網
倒垂蓮 捲簾邊
小大角圖 穿心角
扭十字 扭角式
大扭 下扭
上扭 點角
御製文第四集卷一目錄
勅諭
諭滿漢大學士九卿等
諭大學士九卿
諭大學士温達等
諭吏部
御製避暑山莊詩目錄
下卷
濠濮間想 五言絕句
天宇咸暢 調萬斯年曲
暖溜暄波 七言絕句
泉源石壁 五言律

❶	❷
❸	❹
❺	❻
❼	❽

❾	❿
⓫	⓬
⓭	⓮

嘉业堂藏书印选

❶ | 乌程刘承幹读过之书
❷ | 承幹钤记
❸ | 嘉业老人
❹ | 求恕居士
❺ | 希古居士
❻ | 曾经南林刘翰怡收藏
❼ | 南浔刘翰仪收藏书画
❽ | 御赐金声玉色
❾ | 嘉业堂藏四库缺佚书
❿ | 求恕斋珍藏书画钤记
⓫ | 宁人负我毋我负人
⓬ | 翰仪过目
⓭ | 翰仪长寿
⓮ | 乌程刘承幹长生安乐

耐俗軒新樂府
吳興劉承幹校
四書說約
留餘草堂叢書
范陽鹿善繼著
吳興劉承幹校
大學一
大學之道章
留餘草堂叢書
永年申涵光著
吳興劉承幹校
貧賤時累心少宜學道富貴時施予易宜濟人若夫貧
賤而存濟人之心富貴而堅學道之志尤加人一等

儀禮疏
十七
儀禮疏
十七
嘉業堂叢書
沈曾植署

貴館永久保存為發展新中國社會文化事業之需要區〻之忱幸

祈　鑒納轉呈准行為禱至於內有求恕齋書箱均為重複之

本向係滬寓備作參考本不屬於藏書樓嗣因滬寓房屋出售運

回寄放又有自印各書及石印鉛印說部以及碑拓字畫之類擬請

提出仍歸承幹領回諒荷

垂許合併附陳此致

浙江省立圖書館

劉承幹謹啓

一九五一年十一月十九日

敬啓者承幹平生致力文化搜羅典籍在故鄉南潯建立嘉業藏書樓庋書十餘萬冊以供專門學者參考研究會遭倭寇肆虐遂致停頓藏書亦散失一部分承幹以年老仍羈寓滬瀆抗戰勝利後迄未加以檢校今幸我 人民政府注重文物蒙派

貴館整理代管承幹平生心事將幸有託書物亦將歸得其所昌勝欣抃因即願將書樓與四周空地並藏書書版連同各項設備等悉以捐獻與

刘承幹捐赠信

《嘉业堂志》编委会

应长兴　李性忠　袁　逸

钱丽琴　徐晓军　朱晔琛

朱小燕　李　芳　郑宗男

目录

序言

杨建新

对于嘉业堂及其创办者刘承幹先生，我是一直心存感佩并时常给予关注的。老一辈的文化人对于他们，即使不是耳熟能详，至少也都略知一二。然而对于今天的人们来说，知道嘉业堂的恐怕不会太多，而知道刘承幹的人则更属凤毛麟角了。因此，我觉得文化部门应该为嘉业堂的传世多做一点工作，尤其是在我们推动浙江文化大省建设的今天。这种所谓的“传世”，不仅是指传承好有形的东西，即完整地保存维护好嘉业堂的传统建筑和藏书，还应当包括“无形的东西，”即嘉业堂的历史，以及它所体现的人文精神和文化价值，当然还有它的老主人刘承幹的身世。2004年逢嘉业堂八十华诞，浙江图书馆专门为此出版特刊以志纪念。我曾为之作序。今天，看到省图书馆的同志们历时数年，精心编撰的《嘉业堂志》正式成稿并即将付梓。我感到由衷的高兴。

嘉业堂八十余年的历史，大体而分，可划为两个时期，以1951年11月19日刘承幹先生将嘉业堂捐献给人民政府为分界。之前，它是刘氏惨淡经营的私家藏书楼，其藏书与刻书活动对保存和传播中华传统文化作出的贡献为社会各界所瞩目，这从诸多人们所熟悉的文化名人乃至国学大师如梁启超、王国维、鲁迅、胡适、蔡元培、缪荃孙等在其著作或书信中对嘉业堂均有论及且赞赏有加可窥一斑；之后，它成为浙江图书馆的一部分，历经半个多世纪风雨而依然保持着原貌，并且在新中国的文化事业中发挥着自己的作用，是我国留存至今为数不多的藏书名楼，这一文化遗产已被列入全国重点文物保护单位。《嘉业堂志》所记录的，正是这两个时期这座中国藏书名楼的历史命运。

清代著名的史志学家章学诚在《修志十议》中有言："志属信史"。也就是说，修志应严守事实，以求可信。《嘉业堂志》在这方面是作了努力的。有例为证：一、"头本书"事件。嘉业堂捐献前，当时的浙江省文教厅及嘉兴专署鉴于书楼历经战乱，无人看管，经文化部同意，命浙江图书馆和嘉兴图书馆联合派员前去代管，刘承幹先生在给嘉兴图书馆领导的信中认为"此举实获我心"，表示赞同，并希望代管人员将抗战时从书楼转移到其在南浔镇南西街住宅楼上的书籍移回书楼，一并整理。但是，阴差阳错，嘉兴图书馆领导未向代管人员通报此一情况，结果整理藏书时发现几乎每部书都缺首册，层层汇报之后，给刘承幹先生扣上了"蓄意破坏"的罪名，使之蒙受了不白之冤。志中对此不加回避。二、刘承幹先生在捐献信及后来给浙江图书馆的多次信函中一而再、再而三地要求领回求恕斋重复之书、自印各书及石印铅印说部，却得不到及时处理和妥善解决，竟至拖了20余年，这不能不说是当时的浙江图书馆及有关主管部门的失误，志中对此并无掩饰。三、嘉业堂由盛而衰的过程中，尚有一些令人难解的问题，其中抗日战争时期其藏书为什么能幸免于难就最令人困惑。1937年12月，南浔沦陷，不久，嘉业堂落入日军之手。众所周知，侵华日军曾大肆掠夺中国的珍本古籍。南京沦陷时，日本上海派遣军特务部下达了“立即检查南京市内的重要图书，准备接收”的命令，并设立了专门机构“中支占领地区图书文献接收委员会”，劫掠书刊88余万册，有学者评价此劫难“是对南京的文化大屠杀”。浙江乃文物之邦，日寇的掠夺也极其疯狂，连嘉兴图书馆转移藏匿于乡间民宅中的元椠本、明刊本、稿抄本等馆藏珍籍都被悉数劫盗，日本派出的“学术旅行社”甚至到杭州盗挖古遗址。所谓覆巢之下，焉有完卵，日军既已强占嘉业堂，岂有不盗之理。然而嘉业堂藏书却一直有惊无险，最后竟与厄运擦肩而过，确实让人费解。民间的传言，刘承幹先生本人的回忆，研究者根据现有文献所作的推测，都不足以令人信服，因此，志中对此问题采取存疑的办法。如此等等，都说明《嘉业堂志》在编纂中是坚持实事求是的精神的。

但凡修志，内容和资料的翔实是首要的。章学诚就主张对资料要“巨细毕收”。因此，搜集要广，筛选要严，记述要详，是编一部好志的基本要求。近年来，藏书文化日益引起学界的重视，对嘉业堂的研究也有新的建树，《嘉业堂志》既尽量吸收已公开发表的史料和研究成果，更着意从档案及刘承幹日记与友朋书札中搜集资料，这其中有不少是尘封已久、鲜为人知的，相信对人们进一步认识与研究嘉业堂有所裨益。

一般而言，人们对于嘉业堂的关注，往往集中于建国以前的刘氏私家藏书楼，而对浙江图书馆接受捐献后嘉业堂的情况了解不多。《嘉业堂志》以翔实而丰富的史料告诉人们，嘉业堂是如何在共产党和人民政府的关怀下获得新生的，又是如何在新中国文化事业的发展中积极地发挥着它的重要作用的。今天，当我们回顾嘉业堂的历史时，不难看出，当年刘承幹先生将嘉业藏书楼捐献给浙江图书馆，固然是他化私为公的善举，同时，也是对这座濒临绝境的藏书名楼的拯救。如果当年刘先生不作此正确决定，今天嘉业堂不复存在也未可知。五十多年来，浙江图书馆不但精心保护、管理着嘉业藏书楼，而且还使其卓有成效地发挥着公共图书馆的功能，其造福社会、惠及百姓的价值，远非刘先生当年的嘉业堂所能比拟。同时，浙江图书馆还想方设法收集有关资料，研究嘉业堂，宣传嘉业堂，继2004年编著《嘉业藏书楼（画册）》之后，今天《嘉业堂志》又将问世。我想，九泉之下的刘承幹先生如能有知，定会感到无比欣慰！

2008年5月

凡例

一、本志专以记述嘉业堂的历史。

二、本志编排按内容分章，章下按需设节，另设大事记。

三、本志记载年限，起1910年，迄2007年，个别事项适当前溯。

四、本志使用公元纪年，民国以前史夹注年号纪年。

五、本志中数字的表述，除文献辑存部分照原样及习惯使用汉字外，其余均使用阿拉伯数字。

六、本志字体，除如姓名等必要使用繁体字外，其余均用1956年国务院颁布的《汉字简化方案》中规定的简化字。

嘉业堂

大事记

1910年6月

（清宣统二年庚戌）

嘉业堂创办人刘承幹至江宁（今南京）参加南洋劝业会，徒步浏览状元境各书肆，自是有志聚书。

同月，由蒋汝藻（孟蘋）经手，刘承幹购买了浙江湖州颜氏藏书140部3240册，价洋1300元。

1911年

（清宣统三年辛亥）

10月，刘承幹携家移居沪上。其后曾一度旅居江苏苏州（1935——1937）。

南浔古镇……………………→

1912年5月

通过书商朱甸卿购入缪荃孙（筱珊）藏书2种。

1912年7月

购皕宋楼传人陆树藩（纯伯）让售之古籍8种。

同月，在苏州购置红木书橱。

1912年12月

刘承幹结识缪荃孙。后并经缪荃孙介绍，陆续结识了叶昌炽（鞠裳）、罗振玉（叔言）等一大批学者。

1913年1月

刘承幹与适园主人张石铭（钧衡）合请缪荃孙主持两家刻书事宜，每月致送100元，两家各出其半。刘承幹同时聘许溎祥（子颂）任刻书分校。

同月，刘承幹以840元的价格从书商钱长美处购入仁和朱学勤结一庐所刻版片4种。

1913年2月

刘承幹交梓人朱文海《叶天寥年谱》底本，要求按结一庐版片写样。这是刘氏自刻书的第一种。后刘氏又陆续聘陶子麟、饶星舫、穆子美、姜文卿、周楚江等人及北平文楷斋负责嘉业堂自刻书的写样与雕版。

同月，聘杨锺羲任刻书分校。

1913年3月

向缪荃孙购抄本2种。缪氏生前多次向刘承幹价让艺风堂善本。缪氏去世后，刘承幹又从陈立炎古书流通处购入不少艺风堂散出之书。

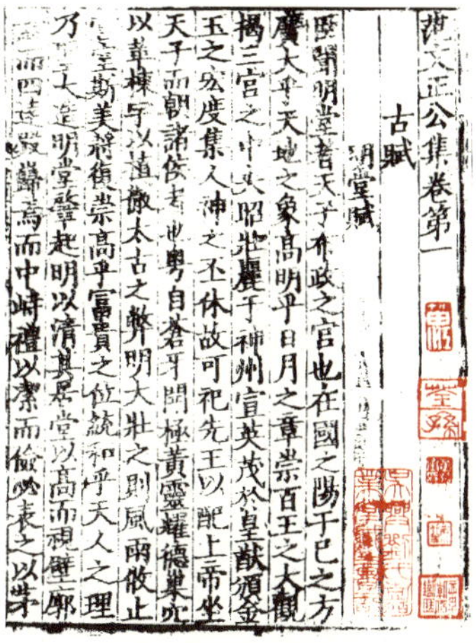
范文正公集卷第一
古賦
明堂賦
明堂者天子布政之宮也在國之陽于巳之方
廣大乎天地之象高明乎日月之章崇百王之大觀
揭三宮之中央昭聖蹕于神州宣英茂於皇猷頒金
玉之宏度集人神之丕休故可祀先王以配上帝坐
天子而朝諸侯者也粤自蒼牙闢極黃靈耀德巢穴
以革棟宇以蓋徹太古之弊明大壯之則風雨攸止
宮室斯美將復崇高乎富貴之位統和乎天人之理
乃立大廷明堂聿起明以清其居堂以高而視壁廓
而四達殿巍高而中峙禮以禦而儉以表之以崇

原艺风堂藏宋刊

《范文正公集》…………………→

1913 年 4 月

刘承幹与叶昌炽订交。1916 年 4 月叶受聘校刊《景宋四史》，并于 6 月移榻刘寓，开始校事，直至次夏大病归以至于去世。

同月，吴昌硕（俊卿）为刘承幹刻章两枚。吴氏多次向刘承幹赠送作品，题写匾额、对联、书签。

1913 年 5 月

刘承幹从书商处购入元椠《三国志》，计共 40 册。

1913 年 6 月

章梫（一山）代刘承幹购买到《永乐大典》3 册，价 416 元。后嘉业堂总计共收藏《永乐大典》42 册。

1913 年 7 月

从书商汤治平处购入广东丰顺丁日昌持静斋藏书 4 种，价 320 元。此后又从段镜轩等书商处多次购入丁氏藏书。

1913 年 8 月

从书商柳蓉春处购入南雍本二十一史，费资 1500 元。

1913 年 9 月

从钱长美处购入朱学勤结一庐藏书 12 种，价 570 元。后又陆续从钱处购入朱氏藏书数百种。

同月，翁方纲撰《四库全书提要稿》计 24 箱由张元济经手购入并运抵刘宅，费资 4000 元。

1913 年 11 月

由陆树藩介绍，费叔迁抵押物蜀大字本《史记》等 8 种到期，费无力赎回，遂归嘉业堂所有，加上息，价 2230 元。

同月，由缪荃孙经手购入董康（授经）诵芬室藏书 7 种，价 530 元。

1913 年 12 月

制作南雍本二十一史书箱。

1914 年 1 月

缪荃孙赠刘承幹抄本 4 种。

1914 年 4 月

购入缪荃孙送来的翁方纲未刊诗稿等 2 种，价 100 元。

同月，从朱甸卿处购入浙江宁波范氏天一阁原藏明刻5种、明抄本1种。后又从柳蓉春、陈立炎等书商处购入数十种。

1914年5月

《叶天寥年谱》校迄。

1914年8月

逊帝溥仪以刘承幹报效德宗崇陵植树经费，“谕旨”赐给匾额。

1914年9月

梁鼎芬奉护“钦若嘉业”匾至上海刘宅，并劝刘以“嘉业”名堂、名刻。

钦若嘉业匾

1914年11月

刘承幹托杭州述古堂老板李宝泉向浙江图书馆抄录《炎徼纪闻》。

1914年12月

蒋汝藻代购礼王府旧物殿版《古今图书集成》7000余册，装书的楠木盒有500余只。

1915年1月

派往湖南购湘阴郭调元旧藏《汉书》、《后汉书》之人携两书到沪，书价3000元，另付书商王锡生300元酬劳。

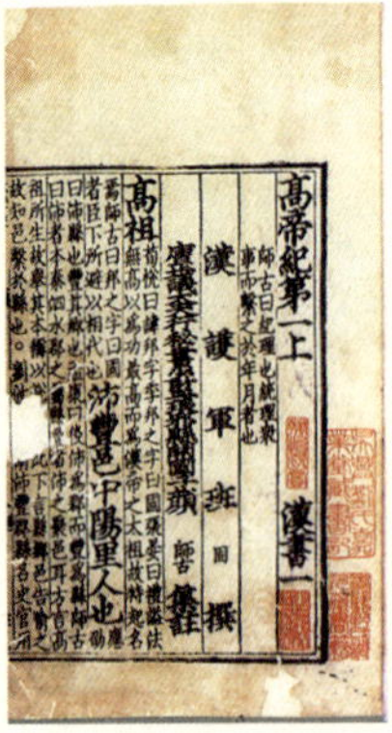

宋椠《汉书》

同月，缪荃孙转来清史馆馆长赵尔巽（次珊）函，聘刘承幹为清史馆名誉纂修。

1915年4月

购入王秉恩所藏徐松从《永乐大典》辑录的《宋会要》稿，价1100元。

1915 年 5 月

刘承幹迁入爱文义路新宅，1937 年之后迁出。

同月，为雕刻《景宋四史》，影写宋字的饶星舫和刻手陶子麟入住嘉业堂。

1915 年 9 月

以 680 元从柳蓉春处购入贵州独山莫友芝影山草堂藏书 13 种，后又多次购入百来种。

1916 年 2 月

购入翁方纲手稿 2 种，价 1570 元。

1916 年 6 月

从钱长美处购入太仓缪蘅甫东仓书库藏书 23 种，价 550 元。

1916 年 9 月

从陈立炎（琰）的古书流通处购入浙江宁波卢氏抱经楼藏明抄本《明实录》，价 7000 元；其他明刻明抄 92 种，价 13600 元。后又陆续购进抄本《旧五代史》等。

1917 年 3 月

章梫奉到溥仪御书“抗心希古”匾。刘承幹因与章梫合纂《纶旅金鉴》进呈并进呈所刻书籍而获此匾。

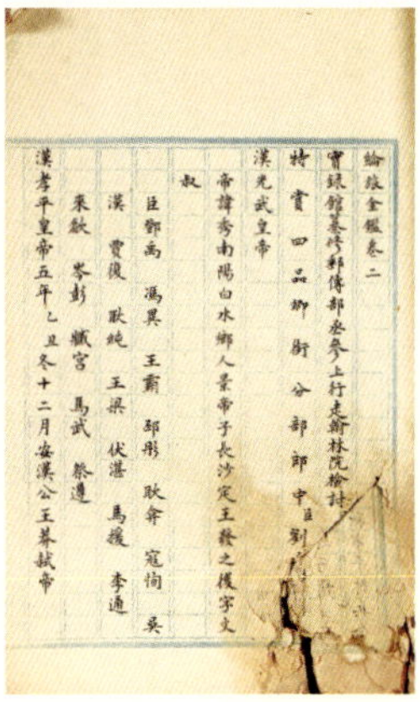
綸旅金鑑卷二
實録館纂修郵傳部丞參上行走翰林院檢討
特賞四品卿銜分部郎中臣劉
漢光武皇帝
帝諱秀南陽白水鄉人景帝子長沙定王發之後字文
叔
臣鄧禹 馮異 王霸 郅彤 耿弇 寇恂 吳
漢 賈復 耿純 王梁 伏湛 馬援 李通
來歙 岑彭 臧宮 馬武 祭遵
漢孝平皇帝五年乙丑冬十二月安漢公王莽弑帝

纶旅金鉴

1917 年 4 月

王国维偕日本学者富冈谦藏到嘉业堂观书。

同月，刘承幹向潘明训借到其宝礼堂所藏宋蜀大字本《史记》80 册交叶昌炽作校勘用。

1917 年 7 月

浙江诸暨孙问清藏书 16 种，包括宋椠《鹤山大全集》、《诸葛武侯传》等为嘉业堂购入，价 6200 元。

同月，经陆树藩介绍，广东番禺徐绍桢所藏宋椠 1 种、元椠 4 种为嘉业堂收购，价 1800 元。

1917 年 11 月

日本学者内藤虎次郎、稻叶岩吉等三人持罗振玉介绍函，由王国维陪同至嘉业堂观书。

同月，日本国民新闻社社长德富苏峰、上海日本春申社记者西本省山经罗振玉介绍至嘉业堂观书。

1918 年 1 月

从钱长美处购入袁克文（寒云）藏宋本 1 种，价 380 元。后又从书商李紫东处购入袁氏藏书。

1918 年 2 月

检出宋、元、明及抄本共 34 种送往缪荃孙处，请缪编目。此即《嘉业堂藏书志》之开编。

1918 年 4 月

因叶昌炽去世，浙江黄岩王舟瑶（玫伯）应聘就《景宋四史》校勘一席。

1918 年 9 月

美国哥伦比亚大学图书馆施永高及其夫人由周佩箴陪同至嘉业堂观书。

同月，美国驻沪代理总领事琼森及施永高至嘉业堂观书。刘承幹向施永高、琼森各赠送了嘉业堂自印书。

1920 年 3 月

在南浔小莲庄以西毗邻处择定地基，约 30 余亩，开始营造书楼，楼占地 24 亩。

1920 年 9 月

刘承幹到浙江宁波参观天一阁。

1921 年 6 月

吴昌硕派儿子吴东迈给刘承幹送来吴待秋（徵）所作《希古楼图》。

1921 年 7 月 28 日

下午，南浔大风；8 月 1 日下午，狂风暴雨，藏书楼工地墙倒架塌，大大延误了工期。

1921 年 12 月

嘉业堂景刻宋蜀大字本《史记》校讫，刘承幹归还向潘明训宝礼堂所借的 80 册宋刊《史记》。

1922 年 4 月

因嘉业堂所藏宋刊《汉书》缺卷，刘承幹往访藏书家李盛铎（木斋），向其借南宋庆元间建安刘元起刊本，以便影写补所缺之卷，李慨然允之。

1922 年 11 月

刘承幹北上“进宫”贺溥仪大婚，获“金声玉色”匾额等。“金声玉色”四字后被作为嘉业堂的一枚藏书印章。又以进呈嘉业堂自刻各书，获赏御笔对联“七略远承都水学，百城高拥弁山居”，此联后曾悬挂于嘉业堂正厅。

1922 年 12 月 27 日

蔡元培在北京东安门外东兴楼举行宴会，刘承幹与席，同席者有胡适、马幼渔、陈百年、张孟劬、蒋梦麟、沈远士、沈兼士，席间黄任之（炎培）来谈良久。

1922 年 12 月 28 日

刘承幹参观京师图书馆。

1922年刘承幹与载涛等人合影于什刹海……………→

1923年1月9日

刘承幹至东华门内清史馆拜访馆长赵次珊。

1923年10月—11月

刘承幹数度至南浔检查嘉业藏书楼工程，发现窗门不密闭，缝隙随处可见；铜工质量差；荷花池太小等问题，要求返工。

1924年4月

各种书箱均运抵嘉业藏书楼。
同月，周子美来，他是南浔嘉业藏书楼的第一任主任。

1924年7月

刘承幹查阅各处图书馆章程。

1925年2月

施维藩（韵秋）、王建夫相继应聘来到。书楼落成之时，聘有职员4人，工友4人。取历年所置田2500亩之息约3000元为常年经费。

1929年1月

周子美参加中华图书馆协会在南京召开的第一次年会，并成为协会宋元善本书调查委员会12位委员中的一员。
同年，刘承幹被聘为中华图书馆协会参加第一次国际图书馆会议中国委员会的委员。

1929年6月

日本考古学会原田、村岛二人由张元济陪同往上海刘宅阅书。

1930年1月

嘉业堂将原田、村岛嘱托抄录的《宋会要》藩属、食货两门抄件交张元济转给日方。按对方要求，所有行格，悉依原式，框外加“东洋文库抄本”字样。

1931年5月27日

蔡元培致函刘承幹，略谓中央研究院为参考起见，欲购置嘉业堂刊刻的丛书。

1931年6月

刘承幹将2册《永乐大典》(卷5248—5249、卷5251—5252)

作价1000元让归时任沈阳故宫博物院院长的金梁。

1931年12月2日

为嘉业堂书版被天津海关扣留一事，蔡元培致函国民政府财政部长宋子文，使事情得到完满解决。

1931年

北平图书馆从嘉业堂购去徐松《宋会要》原稿。

1934年5月

江苏铜山（今徐州）张亮基的曾孙张令贻为修张亮基年谱，至南浔嘉业藏书楼查阅通志方略等书，共住五日。

1935年5月19日

浙江图书馆馆长陈训慈率张崟、夏定域、陈豪楚参观南浔嘉业堂，下榻书楼，勾留4日半。

1936年3月19日

董康陪同大东书局经理沈骏声到上海刘宅翻阅嘉业堂藏的明太祖、太宗、世祖三朝《实录》抄本。

1936年5月3日

日本京都文化会的日滨一卫持董康介绍函至上海刘宅，欲至南浔书楼参观，刘承幹作书交代施韵秋予以接待。

1936年9月4日

刘承幹在大连王君九（季烈）家认识了日本人松崎柔甫（鹤雄）。

1936年11月1日

浙江图书馆举办的“浙江省文献展览会”开幕，嘉业堂送展稿本、批校本、抄本共57种，135件。

1936年11月

南京中央研究院历史语言研究所李庸莘、那叔简2人至南浔嘉业堂校覆《明实录》。

1937年4月

南京中央研究院历史语言研究所购走嘉业堂藏之抱经楼原藏本《明实录》全部及旧抄零种之洪武、成化、嘉靖、隆庆四朝实录，计江阴李应升所校有跋语者10部308册，另明抄本3部，共157册，售价1万元。

同月，中央图书馆馆长蒋复璁就嘉业堂藏《永乐大典》以3万元售予大连满铁图书馆向刘承幹表示不满，指出政府可以更高价收购。

1937年8月22日

南浔嘉业藏书楼内的宋、元本及抄校孤本等被装20箱于夜间转移到小莲庄之退修小榭内。在此前后，楼中多种珍本的首册或末册被装进数百只麻袋里，秘密转移到刘承幹在南浔镇南西街203号住宅的阁楼上。

1937年9月

南浔嘉业藏书楼时有国民党军伤兵乱闯入内，动辄骂人，乱折花木，无人能管束。

1937年11月19日

日本侵略军十八师团占领南浔镇。施韵秋等书楼管理人员外出避难，个别工友留守。

1937年11月24日

留守工友报告在外的施韵秋，日军进书楼搜查过。楼中所养黄犬在日军到时狂吠不已，被日军枪杀于门口。

1937年12月9日

南浔藏书楼内之书画箱被日军打开，损失不详。

1937年12月11日

施韵秋率员于夜间偷进书楼，抢救出一批书运往乌镇存放。至次年7月才悉数运回书楼。

1938年1月

刘承幹得知，松崎鹤雄有函致上海日本司令部牧次郎，牧次郎已派人至南浔咨照军队“保护”藏书楼。

1938年5月21日

刘承幹由王君九、施韵秋陪同至上海正金银行楼上的满铁事务所，告诉伊藤所长拟将南浔古籍运往上海，要求发给特别通行证。为此事松崎鹤雄已去信伊藤。但始终未有结果。

1938年7月23日

南浔镇伪自治会以借用名义掠走书楼的消防设备。此后，常有日伪人员来强行借走或索取书楼书物。

1938年8月29日

藏在南浔嘉业藏书楼的《刘氏家谱》样本6册等被托船带往上海。

1938年10月

书楼大门陆续张贴日军布告5张。

(1) 猥リニ侵入スル者ハ軍法ニ依リ處罪ス（擅自入侵者军法论处）。日本军暂管军特务部

(2) 此ノ家ハ良民ノ住居ニ付キ家人以外ノ者ハ本鎮警備隊ノ許可無クシテ猥ニ出入スル事ヲ禁ス（此家系良民，除主人及家人以外，未经本镇警备队许可，严禁外人出入）。南浔警备队长庄司正（印）

(3) 憲兵隊ノ許可ナク搬出及出入スルモノハ軍律ニ依リ嚴罰ニ處ス（未经宪兵队许可，擅自搬出货物及出入者，依军律严加惩处）。昭和十三年 月 日大日本帝国宪法兵队（大日本帝国宪兵队之印）

(4) 無憲兵隊的許可搬出貨物并出入者依照軍律處嚴罰（无宪兵队许可擅自搬出货物及出入者，按军律论处）。昭和十三年四月 日湖州宪兵分队（湖州宪兵分队之印）

(5) 将校引卒以外軍獨見學嚴禁（如无少尉以上军官带领，严禁独自参观）。南浔警备队长铃木中尉（南浔警备队长铃木中尉 印）

1938年11月4日

施韵秋赴沪，从此频繁往来上海、南浔两地。

1938年12月

北京来薰阁陈济川到南浔嘉业堂察看，并抄楼藏书目。

1939年2月

刘承幹得友人许汝棻信，上海同文书院欲“收购”嘉业

堂藏书。此前，大连满铁图书馆已与刘承幹商购嘉业堂藏书事宜。

1939年6月2日

刘承幹在致友人王君九的信中说，已托松崎鹤雄设法取消日军对南浔藏书楼的暂管。但一直未有结果。

同日，翁方纲纂《四库全书提要稿》，缪荃孙、吴昌绶、董康编《嘉业堂藏书志》及《编志体例》稿本与部分自印书混在一起被装入麻袋交船运往上海，至1942年12月1日，共计运沪藏书4028部62081册，存尊德里账房。部分书箱也被运去上海。

1939年6月8日

上海同文书院小竹文夫持松崎鹤雄名片往访许汝棻，再次强调同文收购嘉业堂藏书之意，并恫吓，嘉业堂藏书若不早售，恐会被日本军部没收。

1939年7月5日

晨2时许，盗贼打伤南浔嘉业藏书楼门房，入楼盗窃，但藏书无恙。

1939年9月—10月

刘承幹向满铁表示，他同意将嘉业堂藏书全售，价35万，能稍增尤佳；松崎鹤雄定价40万；牧少将也透露满铁拟出价40——50万；小竹文夫表示，同文拟出价15万购嘉业堂宋元以外的所有藏书。

1940年3月

刘承幹在致王君九、许汝棻的信中透露，满铁购买嘉业堂藏书已失败。而同文虽然得到军方的支持，但出价极低，且刘承幹对其极不信任，怕书被运走而得不到分毫。

1940年4月2日

郑振铎致信张寿镛，认为嘉业堂藏书正面临散失的危险。郑振铎和张寿镛都是文献保存同志会的同志。

1940年4月22日

日伪逼迫南浔嘉业藏书楼人员交出大门钥匙。

1940年9月1日

郑振铎在给张寿镛的信中说自己在细翻嘉业堂善本目，觉得其中好书实在不少。他经月余之选择，从2700余部中，选得1900余部。

1940年9月14日

南浔书楼再次失窃。

1940年10月14日

日军在南浔嘉业藏书楼大门上张贴告示：该藏书楼禁止游览并不得任意取阅图书，违者严罚。大日本陆军杭州特务机关南浔事务所（印）昭和十五年十月　　日。

1940年12月27日

郑振铎亲赴上海刘承幹宅，翻阅嘉业堂藏之宋元刊本。之后，又连续多日翻阅了其他准备出售的善本。

1941年2月

郑振铎连日偕同徐鸿宝在刘宅翻阅明刊本、抄校本。

1941年4月14日

郑振铎代表文献保存同志会，最终与刘承幹商定，以25万元收购嘉业堂明刊本1200余种，抄校本36种。当日开始点收，至4月19日，书、款两清。

1941年5月10日

晚，刘承幹在家中宴请文献保存同志会的郑振铎、何柏丞、徐鸿宝，同席的还有：叶揆初、瞿凤起、顾廷龙、张乃熊等人。

1941年5月24日

晚，刘承幹应邀至郑振铎家观书，张乃熊、张葱玉、潘博山、瞿凤起等人均在。

1942年10月21日

刘承幹与张叔平订立合同，将储于上海、南浔两地的所有嘉业堂收藏及木制书箱、箱垫，以206万元整体售予张叔平。与此同时，张叔平将嘉业堂的部分书籍转卖予亿中银行董事长朱鸿仪，议价320万元。虽然后来张叔平又设法将书收回，但今天在该批书上还能看到“朱韶”、“朱嘉宾”、“嘉宾藏书”等收藏印记。

1942年12月17日

刘承幹以张叔平违反合同为由，提出解约，张叔平则坚决反对。由此之后，不但交易中止，而且风波迭起，直至1946年。

1943年9月29日

伪浙江省吴兴县保安大队派驻南浔指挥部在南浔嘉业藏书楼张贴布告：查刘家花园、藏书楼案楱累累，藏书甚富，名教人士宜保存国粹，以博参览。倘有擅自窃运，不惟暴殄精华，仰且有失斯文。一经查觉，或被告发，定予究办不贷。切切此布。中华民国三十二年九月廿九日。指挥伍志才　副指挥詹森

1943年10月29日

伪吴兴县政府（民字第1554号）训令：“浙江省政府密字第三〇号训令，内开：‘兹楼该县刘绅承幹自沪来函，略以夙耽缥缃，寄情铅椠，于故乡南浔镇筑有嘉业藏书楼，积四十年之搜求，典籍甚富。曩昔友军抵浔，亦以文化所萃，揭示保护。近闻有人假借名义，意图私自移运，诚虑插架盈箱一旦散佚，则于乡邦文献，国家文化，损失甚钜，请求饬令所属官署严密保护等语。事关保存国粹，自当照办。合行令仰该县长转饬该管警察局严禁移运，随时保护为要。此令’等因。奉此自应遵办。除分令外，合行令仰遵照，对于嘉业藏书楼藏书严禁移运，随时保护，并将办理情形具报为要。此令”等因。奉此，除令知该管保甲长随时注意，加以保护，并严禁私运外，合再出示布告，对于此种藏书毋得稍涉觊觎，私行移运，以重文献。仰各一体遵照为要。中华民国三十二年十月廿九日 区长吉佑民

1943 年 10 月

伪吴兴县南浔警察所在南浔嘉业藏书楼张贴告示：案查嘉业藏书楼所藏书籍系刘氏经数十年苦心搜罗而成，志在保存国粹，嘉惠士林，自应刻意保护。近有不肖之徒，假借名义，私图搬运，实属不法，如经查觉，定予严惩。仰毋玩法，切切此示。中华民国三十二年十月　日 所长钱云轩

1944 年 7 月 13 日

伪陆军第一师步兵第二团团本部告谕（法字第贰号）：为晓谕事。照得小莲庄藏书楼为刘氏费数十年之苦心，搜罗古今书籍，荟萃一室，致有今日之插架盈箱，琳琅满目，不特嘉惠士林，仰且保存文粹，攸关国家文化甚深且钜。乃闻近有不肖之徒，时存觊觎，意图搬运，辱没斯文，有干法纪。本团长有鉴于斯，岂能缄默，为特恺切晓谕，嗣凡军民人等，一概不得任意借阅，以防散佚而保国粹。如敢有违，严惩不贷，切切此谕。中华民国三十三年七月十三日

1945 年 10 月 25 日

上海警察局江宁区分局派人到刘承幹宅出示总局谕：关于与张叔平古书纠葛一事，在特权未确定前，所有书籍暂存江宁分局保管。

1945 年 12 月 8 日

刘承幹收到上海市警察局[市警行三四字二三六八号]文：查古书纠纷一案，…该项书籍宜由本市图书馆价购或商让，以免散失。

1945 年 12 月 11 日

上海《申报》刊载本报讯《劫后古籍　查获下落》：南浔刘氏嘉业堂藏书，浙西沦陷时，将一部分海内孤本名贵书籍，分运苏州上海两地，上海之一部分，即保藏于嘉业堂主人刘翰怡寓中，本年七月间突遭“伪上海市市长”周逆佛海觊觎，竟派伪军数名前往，强将所有珍贵书籍一百余箱全部掳劫，迁藏于胶州路四百十九号昌明钟厂内。近经警局缉获，并已将该批书封存，刘氏现正各方设法，交涉领回。据悉，南浔藏书以保管得法尚无多大损失，唯藏苏州一部分，则已在苏州沦陷时散佚，殊为可惜。

1946 年 2 月 8 日

刘承幹从警局领回封存各书，杂乱不堪且有损失。

1946 年 3 月 12 日

刘承幹电致浙江省主席黄绍竑、省教育厅长许绍棣：顷闻移防南浔镇军队欲借住敝嘉业藏书楼，深恐门户一启，典籍易散，文化攸关，仰恳电饬免予屯军。曷胜感戴。

1946 年 3 月 22 日

国民党第一绥靖区司令部水上巡防总队长到南浔嘉业藏书楼看房，扬言要在书楼驻兵。

1946 年 3 月 29 日

刘承幹托人从京沪卫戍司令汤恩伯处弄到封条两纸，中

一直行写：京沪卫戍司令汤示。下面两行写：藏书重地，不准驻兵。左旁写：发嘉业藏书楼实贴。印则用第三方面军。刘即派厨司将封条带南浔。

1946年5月18日

刘承幹捐赠上海市立图书馆书籍1282册。

1946年5月

浙江省民政厅长阮毅成视察南浔，参观书楼，取去嘉业堂自印书约20种。书楼陪同人员要求省里出示保护，阮允诺之。

1946年7月11日

浙江省保安司令部布告（总字第一二八九八号）：查吴兴南浔刘氏嘉业堂藏书不独为两浙文献所关，抑且为海内有数藏书家之一，历数世之辛勤，集万卷之巨著，虽经迭遭兵燹，尚能多所保全。兹该堂主人重加整理，藉供众览，所有驻境及过往部队自应予以保护，该堂附邻房屋并不得擅自驻军队，以维文化。合行布告，仰各遵照。此布。司令沈鸿烈　副司令竺鸣涛　民国三十五年七月十一日

1946年8月

南浔嘉业藏书楼所藏1489部13087册古籍被运往上海，大多为清顺治至乾隆四朝刊本。

1947年春

国立浙江大学从张叔平处购得嘉业堂藏明刻本531种，另嘉兴藏1部。

1948年夏

上海三马路文海书店中插架者多嘉业堂流散出来的藏书。

1949年初

美国柏克莱加州大学东亚图书馆艾尔温（Richard Irwin）在上海购得嘉业堂藏书善本数十种。

同年，经张叔平之手，嘉业堂的一批善本古籍流往香港。先后为香港大学冯平山图书馆、旅居澳门的葡萄牙籍东南亚史学家白乐嘉（Jose’ Maria Braga）购得。

1949年5月7日

周恩来致信中宣部，要求保护嘉业堂藏书楼，以重文化。

1949年6月下旬

嘉兴县委接到省、地委转来的周恩来的电报，并接到命令立即派出部队保护嘉业堂。

1949年9月27日

刘承幹致书张元济，告以南浔嘉业藏书楼为解放军部队占用，请其向政府转述，恳请部队撤出。

1949年10月30日

张元济复信刘承幹：南浔尊府藏书楼被军队占用，当与韦悫副市长言之。据称此属浙省范围，非上海军管区力所能及，应向浙省政府陈请。鄙见事关文化，尽可据实陈明，请其发还，当不至被拒。

1950年 2月24日

刘承幹将藏于上海寓所的《道藏》以500万元的价格卖

给了书商孙景润。

1950年5月14日

刘承幹托张葱玉将嘉业堂书目带往北京，希望评估作价，由政府收购。

1950年6月7日

刘承幹听说南浔住宅、书楼被解放军占做医院，即派人回浔察看。

1950年6月14日

赴浔人员回沪向刘承幹报告：求恕里住宅已作为军队医务室，但书楼扃闭，由区政府贴了封条，不致有损。

1950年9月18日

张葱玉夫人邀刘承幹儿子刘世炽至其家与北京图书馆赵万里相晤。赵万里出示了张葱玉的介绍信并说北京图书馆准备购买嘉业堂藏书。

1950年9月30日

南浔有关人员向刘承幹报告，赵万里由华东文化部文物处蒋大沂科长陪同已至南浔藏书楼看过。

1950年10月3日

赵万里在电话中告诉刘世炽，已至南浔书楼详细察看，至于目录将于回京前交与张葱玉夫人处。

1950年10月21日

蒋大沂向刘氏家人详谈了南浔书楼的情况：书楼驻兵不多。抗昔居通至书楼之门有区政府封条，他们启封而入，见橱中书籍尚整齐，惟稀疏而已。又至书版间，凌乱之状显见，且书版有拖在天井者，陪往之军官见状令士兵将其仍收入书版间内。

1950年12月23日

刘承幹至上海百老汇大厦往访途经上海的李根源，托其向上海市委统战部转交信函。

1950年12月30日

刘承幹接到上海统战部回信，略云：李根源先生转来关于保存嘉业藏书楼供众阅览事大函，请径向浙江省委统战部商处。

1951年1月2日

刘承幹为藏书楼事向浙江省委统战部写信。

1951年1月15日

刘承幹接张葱玉函：去年赵万里南来时已备款，但未有结果，今岁财经管制加严，一、二年内恐难再议。

1951年3月13日

浙江省人民政府文教厅复嘉兴地区专员公署：接二月二十三日署秘字第一〇六四号报告，悉关于南浔刘氏藏书问题。我厅意见暂不接管，仍以私办名义保留该藏书楼。可派一人前往管理，并吸收刘氏参加管理清点。

1951年3月17日

浙江省立嘉兴图书馆接到嘉兴专署的指示：着手清理、保管嘉业堂藏书。

1951年3月20日

嘉兴图书馆副馆长汪大铁与当时该馆由社会人士组成的“古籍整理小组”组长董久之到南浔嘉业堂内详细察看，并与驻嘉业堂解放军排副时如亭和南浔区政府文书徐以吟等人交谈，了解情况。汪还得知，当时华东公安部后勤处南浔办事处要在南浔设立三个机关，要求将藏书楼范围内的房屋拨用。

1951年3月22日

刘承幹就嘉兴专署文教科函分别拜访张元济、徐鸿宝。

1951年3月23日

汪大铁、董久之向嘉兴专署文教科作有关嘉业堂实地调查的专题汇报。针对华东公安后勤南浔办事处要求将藏书楼范围内之房屋拨用，提出：此事虽未有正式决定，但为避免今后借用房屋以及其他纠纷起见，拟请专署给嘉兴馆命令一件，内容要点是指示：一、未经专署核准，不得擅自将藏书楼范围内之房屋或未使用之多余家具，转借使用。二、在清理期间，不准将书籍出借、阅览。三、未经直属上级核准，并备有正式介绍文件者，不得擅自容许任何人进入藏书楼内部参观。

1951年3月24日

汪大铁在一封信中说：关于清点嘉业堂藏书的技术问题，他已分别向北京图书馆副馆长王重民和南京图书馆馆长贺昌群写信请教。

1951年3月27日

汪大铁致信刘承幹。先是自我介绍，说“曩在北京曾从沅叔傅先生、次公邵先生问，故是以略知谱录之学。尊府之富，又有所闻”。然后向刘通报到南浔了解到的嘉业藏书楼状况。指出“今政府爱惜民族文化，不遗余力，是以对府上藏书备极关心，盖以执事所请保存文化之议，将由本馆派人代为清点，并烦先生襄助其事。如先生不能躬自莅临，亦可向嘉兴专署文教科推荐代表”。并询问刘藏书楼书箱钥匙在何处、所藏善本书及《永乐大典》是否仍在、现存藏书种数及藏书的目录等问题。

1951年3月28日

嘉兴专署文教科报告[（51）社字第1794号]：浙江省人民政府文教厅：钧厅一九五一年三月十三日文字第4967号代电敬悉。关于吴兴南浔刘氏藏书楼处理情况报告于下：首先为调查了解起见，于本月二十日特派省立嘉兴图书馆汪副馆长前往南浔了解刘氏嘉业堂实际情形，历时二天，现已回科。兹将南浔刘氏嘉业堂藏书楼情况报告一份奉上。并另函上海刘氏请参加清点指导，近接复函称，“因年老体衰，不克前来嘉兴”。本科现再去信，请派代表参加清理。

同日，浙江省立图书馆呈报省文教厅：“本省土改以后，地主藏书文物，概由当地政府收管。查吴兴南浔刘氏嘉业堂为全国最有名之藏书家，屡经兵事，大都散佚。现据调查，尚存数万册。”拟请“派员前往了解，如其藏书文物为我馆所无者，请拨归我馆收藏，供众研阅。”并附上了草拟的代电吴兴县政府公文：“查南浔刘氏嘉业堂藏书，据浙馆调查，尚存数万册，现由当地区政府保管。其中名贵图书，有为浙馆所无者，应拨归浙馆保存，以供众览。兹由浙馆派员前来，希转知南浔区人民政府，准予了解情况后，选择提运，由浙馆收藏，并将办理情形呈报为要。”

1951年4月3日

刘承幹复信汪大铁。信中说：“弟离乡十有五年，悬梦家山，有如隔世”。“执事奉命前往，实获我心。弟年逾七十，家业已倾，迟暮情怀，惟忧生计，如书籍由政府收买，庶一生苦心，不致泯没。…内部损失程度以及钥匙是否失去（当时据施君云确未携出），必须清理寻觅，方有端绪。”要求“点查之后现存书籍若干并祈赐示，俾知究竟。”对整理工作提出两条意见，一、“楼中书籍，嘉业堂藏书之外，尚有求恕斋藏书（即二重书），以及三重书、自印书等，清点时宜各自编目，以清眉目”；二、“弟之住宅在南浔镇南西街203号，昔闻施君云，当时因防书楼被飞机轰炸，曾移出一部分书籍暂置宅内楼上，…请至该宅楼上检寻，如有发见，可移回书楼一并整理。”施君指施维蕃韵秋。

1951年4月6日

中央文化部文件[51文秘物字第64号]：兹悉浙江省嘉兴图书馆近奉浙江省文教厅指示清理南浔刘氏嘉业堂藏书。查嘉业堂藏书宏富，所藏抄本及清代刊本均系珍品。周总理曾于一九四九年电令保护，防其散失。嘉兴图书馆规模未具，仅有职员六人，对版本目录之学，并颇生疏（曾有函致北京图书馆，请告以清理方法。），整理度藏，均恐不能胜任。为此，望考虑将嘉业堂藏书拨归规模较大之图书馆，如浙江省立图书馆规模不小，以入藏该馆为妥；否则宜拨南京图书馆或即将成立之上海图书馆。又其中有北京图书馆未入藏善本，请拨交北京图书馆集中收藏。望即办理见复。

同日，汪大铁向嘉兴专署文教科报告，要求文教科函知南浔区人民政府钦区长注意保护南浔镇南西街203号刘氏住宅内的藏书，“如有遗书，虽属断简残篇，亦宜妥为保护。以此项图书既因怕被轰炸特别移出者，当系善本。”但此事未引起应有的重视，也未见采取任何措施。后来，汪也不再提起，以致刘承幹蒙受了所谓“蓄意破坏”的不白之冤。

同日，王重民复信汪大铁：前接手教，述贵馆奉令接管嘉业堂藏书，的确是我们图书馆界的一个好消息。接到之后，即访郑振铎局长，他即与华东文化部王部长（适在京开会）洽商。嗣王冶秋副局长想到吴兴未解放前，曾由周恩来总理电解放军保护，应由文物局处理。即建议（北京中央）文化部，该项书籍，最好由南京图书馆接管与整理。究竟如何处置，想不久可以决定。弟与郑局长商谈时，原意贵馆急需者为普通旧书与普通新书，最好以嘉业堂比较少见之书，去换新文化书。但不知华东王部长作何主张也？

1951年4月10日

汪大铁再次致信王重民，内容主要为：一、汇报工作近况。二、嘉业堂藏书不宜分散。三、希望王重民“能与文物最高领导上谈起，清点与管理嘉业堂的藏书，我馆尚有条件，能担负这个任务。当然在工作中能有先生与贺昌群先生的指导，也是我们良好的条件之一。”

1951年4月11日

省文教厅指示浙江省立图书馆：兹接中央文化部文秘物字64号公函乙件，现将该件送请你们研究，准备具体意见提交本星期五（13号）厅务会议讨论。

同日，浙江省立图书馆向省文教厅提供了具体意见。

1951年4月14日

浙江省文教厅向嘉兴专署发出[秘字第7781号]文：奉中央人民政府文化部（51）文秘物字第64号函，关于南浔刘氏嘉业堂藏书，你署如有条件、有力量，可由你署负责。不然，并可由浙江省立图书馆办理。未知你署意见如何？请复。

1951年4月17日

汪大铁向嘉兴专署文教科专题报告，“本馆业经准备足够力量与足够条件，清点并整理嘉业堂藏书”。特别强调：一、已团结了嘉兴县的文化工作者组成古书整理小组；二、本馆负责人对版本目录学亦有相当修养；三、刘承幹本人愿协助本馆工作；四、与王重民通信，乃是技术上的征询意见。

1951年4月19日

嘉兴专署代电[（51）署教字第2376号]：浙江省人民政府文教厅：4月14日秘字第7781号代电敬悉，关于吴兴南浔镇刘氏嘉业堂藏书楼清理工作，本署前曾接省委统战部及你厅先后函示，…查该楼藏书系我国具有历史价值之文物，需妥为保护，责任重大，经研究之后，为了慎重起见，我们的意见，同意由浙江省馆负责整理，如人员不足，省立嘉兴图书馆可作协助。

同日，嘉兴专署向浙江省政府报告[51署秘第2495号]：浙江省人民政府钧鉴：顷接钧府来函，谓，三野卫生部第二野战医院即将自嘉善移驻南浔，收容志愿军伤员，嘱协助解决房舍等问题。本署已遵照办理…。惟来示中迁让南浔藏书楼及仓房问题实难解决，因该楼系私人所有，公家尚未接收清点，所藏书宏富珍贵，周总理曾电令保护，华东、省统战部、文教厅亦数次示知妥为保管，本署方于今日提出清点意见电告文教厅，倘将书籍搬移由伤员居住，恐不妥当。另，仓房均满存粮谷，又处梅雨季节，实无处搬运。因此，我们意见该藏书楼不能住用，仓房亦难让出，可借住民房。（华东公安后勤部在南浔住房子百余间已让给该院，光线稍差）是否有当？特派员前来请示，请即鉴核明确具体指示并望函告该院为祷！

1951年4月20日

华东文化部函浙江省文教厅［化物字第869号］：一、接奉四月六日中央文化部文秘物字第六四号函，为清理南浔刘氏嘉业堂藏书，嘱考虑将该处藏书拨归规模较大之浙江省立图书馆保管等语到部。二、我部拟同意上项办法并请你厅提出意见，俾凭办理。

同日，嘉兴专署文教科代电［（51）教文字第2920号］：浙江省人民政府文教厅钧鉴：兹奉省府函示略谓："第二野战医院即将自嘉善移驻南浔，收容志愿军伤员，嘱迁让南浔藏书楼及仓库房屋"。查该楼所藏版本古书颇多，曾由本署提出意见电请钧厅核示中，同时该楼藏书具有历史价值，周总理等曾有电令保护，根据实际情况，目前实难迁让，万一迁让，藏书恐受损失，因此除由专署直接请示省府核示外，兹派本科谭其蔚同志前来钧厅请予面示，并给予书面批复。

同日，浙江省人民政府民政厅复省文教厅长刘丹：关于第二野战医院住房问题，如南浔镇之藏书楼及仓库不能迁让，可予同意，不过，该批志愿军伤员休养地点，系三野总部划定，恐难他移，在回复中请告诉嘉兴专署，另外想办法安置伤员，尽量使其适于治疗和休养，这批伤员同志月底即至，请专署和县能够帮助其解决房舍问题，以免到时无地方安排。

同日，浙江省文教厅电复嘉兴专署：教文字第2920号代电悉，南浔刘氏嘉业堂确藏有古版书本颇多，最近中央文化部亦来电嘱本厅注意整顿。兹为保护古有文物起见，本厅不同意将该书楼作为伤员住所，应请当地机关另设法解决伤员住所，使其有适宜治疗和修［休］养。

1951年4月24日

省文教厅长刘丹对嘉兴专署代电［（51）署教字第2376号］作出批示：同意专署所提意见，请专署文教科王竞民主任与省图书馆作清理准备。

1951年4月25日

省文教厅向浙江省立图书馆发去秘字8538号代电：吴兴南浔刘氏嘉业堂藏书清理工作，经嘉兴区专员公署提出意见，并经本厅研究决定，由你馆主持其事，省立嘉兴图书馆协助。除电复专署外，希迳前去洽商进行，并报本厅备查。

1951年4月26日

王重民再次复信汪大铁：承一再惠告刘氏嘉业堂藏书消息，殊为感荷。…去年该项藏书有出售之意，赵斐云先生曾去过一次。当时并携有旧编藏书目十二册，事后留在上海。该目于整理时或有帮助，恐已交回刘氏本人。

但此事上海文管会或知道，托人索回，依目清点，亦是一办法，不知尊意如何也？如需用该目，可托文管会徐森老设法。

1951年4月27日

浙江省文教厅向华东文化部报告［文秘字第8741号］，大意为：你部化物字869号函敬悉。根据中央文化部指示，已征求嘉兴专署意见，并经与浙江图书馆研究，决定以该馆为主，派干员2人对南浔嘉业藏书楼藏书进行清理，嘉兴图书馆拟临时聘用4人前往协助。报告最后说："中央文化部与你部来文，均提及保管问题，因此，我厅特向你部请示，该刘氏嘉业藏书，系私人所有，目前，我厅只着手负责清点，终究该刘氏藏书，属代管性质，还是予以没收归公（刘氏系南浔地主），尚请明确指示，以便遵办。"

1951年5月5日

汪大铁写信给上海文管会的徐鸿宝（森玉），恳请徐设法将嘉业堂旧编书目惠寄嘉兴图书馆。徐收信后向刘承幹提起过，但刘未提供书目。

1951年5月24日

华东军政委员会文化部复浙江省文教厅秘字第8741号报告［化物字第1031号］：…关于刘氏嘉业堂藏书，先由浙江省立图书馆负责清理一节，我部同意办理，除将原报告转呈中央文化部核示外，特此函复查照。

1951年5月26日

省立嘉兴图书馆致函浙江省立图书馆，表示该馆已对协助藏书清理做好各项准备，希望就工作计划给予指示。

1951年6月9日

刘承幹为南浔藏书楼事拜访张元济。张元济认为，如政府欲没收，可据理与争。

1951年6月30日

刘承幹接浙江图书馆馆长张宗祥函，得知浙江、嘉兴两馆赴南浔人员将于7月成行，张并敦促刘派人与嘉兴专署接洽。

1951年7月5日

浙江省立图书馆致函嘉兴专署，通报派本馆特藏组组长毛春翔，助干朱炳华前往嘉业堂工作。

1951年7月6日

毛春翔、朱炳华从杭州出发，前往南浔。次日，省立嘉兴图书馆派出吴藕汀、沈启文、朱世祥、屠培元4人赴南浔。

1951年7月12日

中央文化部［51文秘物字第131号］文《刘氏嘉业堂藏书，不应没收，应即责成浙江图书馆会同嘉兴图书馆接收代管》：华东文化部：你部五月廿四日化物字第1031号呈，为转呈浙江省文教厅报告处理刘氏嘉业堂藏书的意见，请核示。兹核复如次：根据土地改革法第二章第二条的规定及刘少奇副主席一九五〇年六月十四日《关于土地改革问题的报告》第四项最后一节的补充解释说："各地名胜古迹、历史文物，如无人管理而又需要派人管理者，当地人民政府必须注意派人管理，不使破坏"。因此，刘氏藏书不应予以没收，应即由浙江图书馆会同嘉兴图书馆接收代管。代管后再相机发动其捐献。

1951年7月17日

毛春翔、朱炳华向浙江省立图书馆上报《整理嘉业堂藏书工作报告》，要点如下：一、经过详细检点，计书箱681只，大橱80个，书架30架。藏书册数，约略估计，当在10万册以上。其中一小部分为抄本书，一部分为刘氏自刻自印书。其余8/10的书，以地方志书及清代别集为大宗。明以前刊本未见。箱橱均完好，书之排列，亦不甚凌乱。二、堂中无人居住，门窗深闭，经会同南浔镇政府所派人员开门入内，见书箱书橱均上锁，无法开启，乃雇铜匠开锁，因数量太多，费时2日方完工。打扫卫生，又费时1日。工作人员6人，均住嘉业堂楼上靠南3间，堂中电灯线及火表被人偷窃。堂之左边原有翼屋20余间，在堂之围墙以外，现为三野二院借作医院，满住伤员同志。三、6人分为2组，每组2干部1工友，1人审阅，1人抄写目录，工友负责搬运书籍。四、附带报告。[一]、头本索回问题：嘉业堂现存图书，每部10册以上的及不满10册而其书少见的，均无头本，百册以上则首尾两册皆缺，请上级派人前往上海向刘氏交涉。[二]、书版问题：嘉业堂所刻书版甚多，不知何时，由平房移置北楼下，堆积如山，如听其自然，必至霉烂。[三]、整理经费问题。报告中并拟定了《浙江省立图书馆、省立嘉兴图书馆嘉业堂藏书管理处条例》。

1951年7月18日

浙江省立图书馆将毛春翔、朱炳华的报告摘要向省文教厅汇报。

1951年7月19日

省文教厅向浙江省立图书馆发出秘字14580号文，传达文化部51文秘物字131号文件精神，要求慎予处理。

1951年7月21日

华东文化部发文浙江省文教厅（化物字第1662号），要求遵照文化部文秘物字第131号文办理，并将办理情形报部。

1951年7月23日

刘承幹呈文浙江省府及嘉兴专署。

同日，浙江省立图书馆向省文教厅汇报嘉业堂藏书整理工作情况和缺少首册问题。

1951年7月24日

浙江省立图书馆派推广部主任刘子亚赴沪向刘承幹了解首册书缺少的问题。刘子亚了解到的情况与刘承幹4月3日致汪大铁信中所说的一样。

1951年7月26日

嘉兴专署将刘承幹来信转报省文教厅，并提出“仍按文化部指示办理，由政府代管”的意见。同日，省文教厅刘丹厅长批示同意嘉兴专署意见。

同日，刘承幹致函张宗祥，说明嘉业堂一部分书1937年移存到203号住宅内一事，已向刘子亚详述，“请其至住宅阁楼上详细检寻，并查明楼中之书是否皆缺首册，弟对此甚为悬系也。如刘主任回杭，乞将视察情形示知”。并说，“弟前月函复汪君大铁，请其须将该书一并检出清理，以免朽腐。至于首册如何缺少，弟全属茫然。因自抗战至今，敝楼驻军络绎不绝，甚至欲入内一观亦不可得。既已毫无主权，不知内容奚若。”函内另附一纸，署名刘承幹，呈送单位为省文教厅，内容也是关于1937年移书到203号之事，并特别说明“此项书籍直至本年旧历正月内，看守之工友奉当地政府命撤退之时，尚保存在三层阁楼上，应请详细寻觅并问明区政府，必可发现，敢保证本人从未将首册之书携至沪上。”

1951年7月27日

浙江省人民政府文教厅报告华东文化部[秘字第15211号]：七月廿日化物字第1662号敬悉。关于处理南浔刘氏嘉业楼藏书事宜，兹将办理经过情形报告如下：(一)在未奉文化部指示前，对嘉兴南浔刘氏藏书，即按接收代管性质进行工作。(二)本厅于七月一日正式决定以浙江图书馆为主，派图书业务较好干部二人，会同嘉兴图书馆，负责进行清点，嘉兴图书馆因机构不健全，干部仅六人，所以又批准临时工作人员二人，勤工二人协助工作。(三)本厅接钧部指示后又分别通知嘉兴专署及浙江图书馆，系接收代管并非没收。(四)经半月工作后发现刘氏藏书很多部之第一册缺少，因此进行整理非常困难，所以已派图书馆刘子亚去上海面晤嘉业楼［主]刘翰怡先生查询情况，特一并报告如上。(五)待工作告一段落时，则详细总结呈报。

1951年7月28日

刘子亚偕同毛春翔前往203号刘宅，结果在该宅3楼找出约百余麻袋书，其中多系头本及末本书，当即运往嘉业堂。

1951年7月29日

省文教厅函省府办公厅［秘字第15839号]：7月23日转来为请收购南浔嘉业藏书楼书籍并陈处理意见附件悉。处理刘氏嘉业楼藏书问题，根据中央文化部文秘物字第131号函称：根据土地改革法第二章第二条的规定，及刘少奇副主席1950年6月14日《关于土地改革问题的报告》第四项最后一节的补充解释，刘氏藏书应即由浙江图书馆会同嘉兴图书馆接收代管。据此，本厅认为，刘氏所藏的南浔嘉业藏书楼的书籍应按照中央指示由政府接收代管，请你厅函复刘氏为敬。

1951年8月1日

刘承幹收到张宗祥来信，得知已于南浔203号宅找到百余麻袋书。

1951年8月4日

浙江省立图书馆向省文教厅报告《整理南浔嘉业堂藏书近况及提供接收代管后之意见》，汇报了在203号刘宅找到百余麻袋藏书的情况，提出年内完成整理任务。

1951年8月7日

毛春翔、唐贡新向浙江省立图书馆递交《整理嘉业堂藏书报告》（第二号）要点如下：一、至8月6日，合共整理2928种、20529册。二、由203号提出之书，计115麻袋，各书首册，共检出1296册。另有志书137种，皆为康、雍、乾三朝刻本；其他杂书若干。但图书集成缺册数十，从刘宅书中检出补入，尚缺16册，遍检不获。再由盛书麻袋之编号至二百数十号看来，足证当初所提之书必不止今所检获之数。

1951年8月9日

浙江省人民政府办公厅函省文教厅[总字第16921号]：接你厅7月29日秘字第15839号函，为南浔嘉业藏书楼的书籍，应按中央指示由政府接收代管，请由本厅函复刘氏一节，经研究应由你厅与省立图书馆和嘉兴图书馆组织力量深入调查，查清该部图书与本人之关系！并详加查点登记，调查清楚后，再行研究处理。

1951年8月22日

华东文化部发文浙江省文教厅[化物字第1821号)]：一、7月27日秘字第15211号函悉。二、刘氏藏书已由你处分别通知嘉兴专署及浙江图书馆接收代管，并非没收一节，业经我部转报中央文化部。 三、该项整理工作结束后，请即详报我部，俾凭转报中央。

同日，浙江省人民政府文教厅函省府办公厅[秘字第16921号]，主要内容为：一、刘承幹系南浔大地主，在苏北也有田地，在上海及其他城市还有房产、当店，靠剥削为生。二、汇报清理藏书工作情况。三、首册书及在刘宅找到百余麻袋书的情况，认定刘氏是有计划有企图的破坏藏书。四、应按中央文化部指示由政府接收代管刘氏藏书。

1951年8月30日

浙江省人民政府办公厅致省文教厅：接8月22日秘字第16921号公函，为南浔嘉业藏书楼主人刘承幹（即翰怡）系大地主，有计划进行破坏藏书，拟由政府接收代管等语，经研究后由你厅汇报华东军政委员会文教部即可，以资迅捷。

同日，省文教厅发文浙江省立图书馆：关于嘉业堂藏书，本厅前已分别通知嘉兴专署及你馆予以代管，并已呈报华东军政委员会文化部在案。兹接华东文化部八月廿二日化物字第1821号函，责令本厅将该项整理工作结束后详报该部以便转呈中央，为此，希你馆在该项整理工作结束后，迅速作出专门报告一式三份，呈报本厅，以便遵时转呈。

1951年9月6日

省文教厅向华东文化部报告[秘字第18539号]，内容与该厅8月22日致省府办公厅函一样，报告最后说，“刘氏所藏图书应由政府接收代管，但刘氏本人曾来函请求本省省府，要求政府出价购买，实有意阻挠。为此特先将情况报请钧部核示。”

1951年9月10日

毛春翔向馆里汇报，三野二院人员要借用嘉业藏书楼内的家具，他们不同意，产生矛盾。请示：嘉业堂家具是否可外借医院使用，如不可借，需要上级出示布告。

1951年9月14日

浙江省立图书馆指示毛春翔：此项家具尚未清查，应向军方同志婉告声明不能出借理由，如非重要而军方确属需要者，请其具借据借用。希与该院协商办理。

1951年9月

刘承幹写信给毛春翔，诉说自己“生活已达山穷水尽之境”，希望将书售与政府。

1951年10月5日

中央文化部发文华东文化部[(51)文秘物字第202号],《批复关于处理南浔嘉业藏书楼图书之办法》：你部1951年9月22日化物字第2284号报告暨附件均悉。南浔刘氏嘉业藏书楼之全部图书，自应由政府接管。所请价购一节，可不置议。原藏书人刘承幹既蓄意将其藏书加以破坏情事，应由当地政府正式通知该刘承幹不得破坏；如发现有严重情节，应即依法拘送当地人民法院法办。至所隐藏之书籍，亦应予以追查。

1951年10月12日

浙江省立图书馆接省文教厅秘字21096号代电：兹奉中央人民政府文化部十月五日（51）文秘字第二〇二号批示…希你馆即会同省立嘉兴图书馆与嘉兴专署及吴兴县人民政府接洽，遵示研究办理。

1951年10月17日

由浙江省立图书馆毛春翔、唐贡新，省立嘉兴图书馆吴藕汀、沈启文等4人署名的《整理嘉业藏书楼藏书总报告》撰写完成，这意味着两馆会同对嘉业堂藏书的清理告一段落。

1951年10月22日

张元济致函刘承幹：前日枉临，畅聆教益。续奉大札，展诵敬承。嘉区专员于邺架弃藏，可谓巧偷豪夺，当时未即向省署再四抵拒，至令木已成舟，及今补救殊非易易。常熟瞿氏书原可援例。惟铁琴铜剑楼书目数十年前久已脍炙人口。尊府珍藏自可抗衡，但精椠名刊究有若干卷，未见谱录。即欲收购，无从参详。且省府未列预算，由中枢指令追加，现在政体亦有未合。

1951年10月下旬

汪大铁摘录总结报告要点，致函王重民、贺昌群。

1951年11月19日

刘承幹致函浙江省立图书馆，愿将书楼与四周空地并藏书书版连同各项设备等悉以捐献，但要求将求恕斋书箱内之书（复本书）、自印各书及石印铅印说部以及碑拓字画之类领回。

1951年11月28日

浙江省立图书馆函复刘承幹，“顷接十一月十九日来书，…自当转呈准行，成此美举。至于来书所称领回现存复本及自印各书等，俟呈准上级后，再行函达。”并通报了整理嘉业堂藏书的结果，明确指出没有发现字画藏品。

1951年11月29日

浙江省立图书馆就刘承幹捐献之事请示省文教厅：…我馆意见，除字画部分我馆接管时，并无有是项储藏，已去函声明，复本及自印各书，可交其领回，尚有石印铅印之说部及碑帖，当再请其悉数捐献。

1951年12月29日

浙江省文教厅批复［文艺字第二六二五号］：1、南浔嘉业堂藏书楼业主刘承幹既来函自愿将其藏书房屋设备及空地等捐赠政府，自应同意接受，其申请领回之图书，如铅印说部及碑帖等，可再动员其自觉捐献，但不要过于勉强。2、该楼之接管由你馆会同嘉兴图书馆联合办理。管理人员指定职员二人，工友一人。3、该楼图书应详加整理，可分为三类：(1)珍贵版本应运杭保存者。(2)应由原地保存者。(3)有复本多种，可与其他地区交换者。

1952年1月2日

浙江省立图书馆函告省立嘉兴图书馆：“顷接文教厅一九五一年十二月二十九日文艺字第二六二五号批复，…我馆现已根据指示各点，分别办理。”此后，南浔嘉业藏书楼作为浙江图书馆的一部分，一直由浙江图书馆派员管理。

1952年1月16日

刘承幹致函张宗祥：前为捐献敝藏书事，奉读十一月廿八日贵馆公函，谓当转呈准行，成此美举，至于所称领回现存复本及自印各书等，俟呈准上级后再行函达，云云。迄今一月有余，未识上级有无批示。

1952年1月18日

浙江图书馆函复刘承幹，告知对他的慨然捐献，省文教厅已有批文，动员他将复本及自印各书一并捐献。

1952年2月10日

浙江图书馆向省文教厅呈送嘉业藏书楼整理工作专题报告。

1952年4月11日

朝鲜人民军访华代表团成员朴时亨由有关方面人员陪同参观嘉业藏书楼，书楼赠送《嘉业堂善本书影》一部。

1952年4月13日

吴藕汀（1952年1月调浙江图书馆，在嘉业堂工作）通过南浔镇人民政府，请三野二院在所居之刘氏宅中调查是否尚有原嘉业藏书楼书籍存留。

1952年4月19日

吴藕汀得三野二院通知，又检出书籍若干，遂即前往接收。此项书籍确系与以前之书同属书楼所迁出者，抽出之首尾册亦有发现。

1952年5月6日

浙江图书馆指示吴藕汀：接收三野二院检出之书，除将其中所有原书缺少之首尾册检查造册外，其他书籍亦应点造书目报馆存查，不可随意淘汰。

1952年5月12日

吴藕汀向馆里报告整理从三野二院接收来的书籍的情况："共计一千二百〇四册。其中完整者四十一部，残缺者十三部，与前有残缺配全者十三部，与前有残缺配而不全者十二部，上列均属乾隆以前刊本。又首尾册归入原书者二百二十七册，内有抄本四册。兹编造清册附上，存馆备查。…此项书籍搁置已久，潮湿殊甚，似均散乱在地，践有泥迹，当时损失谅亦不少。"所附清册中收录的清康熙刊本有15种196册；清乾隆刊本有22种185册；清乾隆聚珍版有11种86册。

1952年5月15日

浙江图书馆通知吴藕汀：接收三野二院的书籍既因搁置已久，潮湿特甚，应于晴时及早晒干，以免损坏。

1952年 11月28日

刘承幹以340万元的价格将藏于沪寓的《续藏经》752册（商务印书馆影印本）出让与来薰阁。

1953年1月14日

刘承幹以《四库提要辨正》等书8种售与来薰阁，价100万元。

1953年7月10日

来薰阁先后从刘承幹处购去抄本58种395册，刻本38种269册，价1150万元。

1953年12月1日

浙江图书馆将馆藏《龙藏》一部装30只大橱连同3万余册古籍复本提往南浔书楼存放。

1953年12月3日

来薰阁从刘承幹手中购去《四部丛刊》（初编）计3122册，售价850万元。

1954年1月5日

浙江图书馆馆务会议决定，南浔嘉业藏书楼归阅览部特藏组管理，特藏组负责人为毛春翔。

1954年4月

南浔淫雨连续数十日不止，河水大涨，书楼前后尽没，园林花木损失不少。

1954年6月26日

经王大隆（欣夫）介绍，刘承幹将御制诗文集22种，清代诗文集722种，共计4917册售与复旦大学图书馆，得价1550万元。

1954年9月4日

王大隆以100万元从刘承幹处购去抄本书68种共490册。

1954年9月30日

刘承幹将《清儒学案》99册售与来薰阁，得价35万元。

1955年3月8日

根据浙江图书馆图书典藏规则，对嘉业藏书楼藏书进行清点，结果与接收时的数目相符。

1955年11月17日

王大隆告诉刘承幹，嘉业堂于民国初年花巨资从清史馆传抄之清代十三朝实录及《国史》两抄本复旦大学图书馆已以4600元定议。

1955年12月27日

刘承幹将点石斋书报一箱计44册售于来青阁，价12元。

1956年2月27日

吴兴县委及南浔镇政府个别人未经同意，从嘉业藏书楼携去家具63件（桌25件、橱5件、几6件、凳14件、架1件椅12件）。

1956年4月11日

刘承幹鬻抄本902册于复旦大学图书馆，值1804元（平均每册2元）。

1956年7月12日

下午，南浔风雨交加，霹雳惊人，藏书楼前两株大梧桐被连根拔起，其他花木损害不少。

1956年7月25日

浙江图书馆根据省文教厅关于嘉业藏书楼中珍贵版本应运杭保存的指示精神，从书楼提书328种1233册运杭，存孤山路古籍部，此后多次提书，共计41428册，另书箱等亦有提往杭州者。

1956年10月6日

浙江图书馆派员前往南浔，会同嘉业藏书楼管理员清点藏书，费时一周，结果与1951年点收原目所载符合。

1956年11月12日

浙江省文化局关于嘉业藏书楼藏书情况的报告[化社(56)字第197号]：中华人民共和国文化部：接郑振铎部长电报后，我局即电话告知中共吴兴县南浔镇委，嘱其将历年来该镇古旧书出口情况进行调查。后据该委电告：除省图书馆曾拿走一部分藏书到杭州外，并无发现其他偷运事故。与此同时，浙江图书馆也曾派员前往该镇检查藏书情况，也未发现任何弊病，现将该馆《检查南浔嘉业堂藏书情况的报告》摘录于后："关于我馆在南浔嘉业堂藏书，在1951年我馆接收时即派人在浔编造清册目录并派干部一人负责保管，所有书目清册，除馆中收藏一份外，即以一份呈报当时主管机关浙江省文教厅备案。因该处离杭较远平时难以照顾，所藏图书也未曾加以检视。最近于十月六日派干部一人备带目录前往南浔会同该处保管员将全部藏书按目清点，于十三日结束，计有图书 114155 册，与 1951 年点收原目所载符合，并无短少。藏书库内外周围及住处，均进行检查，未发现弊病。除乃督责该处保管员加强经常的保管工作外，特将检查情况奉报。特此上报，并请转告郭沫若先生。”

1956 年 12 月—1957 年 1 月

南浔镇人民委员会移交给嘉业藏书楼书籍 731 册、书画轴 40 个、碑帖 6 份。

1957 年 3 月

中华书局陈乃乾至嘉业藏书楼调查嘉业堂的书版，在楼 3 日。

1957 年 7 月 1 日

刘承幹致函浙江图书馆：本人于一九五一年十一月备函将嘉业藏书楼捐献于贵馆永久保存，函内声明重复之书（即同一书名同一版本一部以上之书）及自刻诸书及石印铅印说部以及碑拓字画之类归本人领回。现在事隔数年，希望准予早日发还本人具领，并祈先行惠复，至为感荷。再自刻应提出每种一份捐献贵馆度置浔楼以留纪念，合并陈明。

1957 年 7 月 30 日

浙江图书馆函复刘承幹，说明其欲领回之书，于 1951 年曾代为申请，希望他遵照上级指示，将其悉数赠与浙江图书馆。

1957 年 8 月 5 日

刘承幹再次函致浙江图书馆，要求浙馆“转呈上级慎重考虑准予领回”原先要求领回之书。

1957 年 8 月 20 日

浙江图书馆函复刘承幹，一方面表示“手续未周，歉疚殊深”；另一方面仍动员刘承幹捐献。

1957 年 8 月 25 日

刘承幹又一次给浙江图书馆来信，重复以前的要求，指出：“嘉业藏书楼为本人毕生心力所萃，当捐献之时，本人非常审慎”，坚持要求领回重复及自印之书。

1957 年 9 月 2 日

浙江图书馆函复刘承幹，再一次表示工作上有疏忽，对复本等书，还祈终予捐赠为盼。

1957 年 9 月 8 日

刘承幹于年内第四次致函浙江图书馆：贵馆先后来札终未能使本人完全了解。现在本人所要求者，厥惟请贵馆反映上级，更予考虑。此为本人正当之请求，亦为贵馆责无旁贷。幸鉴微忱，勿再峻拒，是所至祷。

1957 年 9 月 25 日

浙江图书馆就刘承幹再三要求领回复本等向省文化局请

示：衡量捐赠自愿原则，拟予发还。但局里未予批复。

1958 年 5 月 17 日

刘承幹到杭州探亲。18 日至孤山路浙江图书馆访张宗祥馆长，未遇。19 日往张馆长家，刘当面又提出捐赠信中的归还请求。

1958 年 6 月 27 日

北京书商葛鸿年以每册 40 元从刘承幹处购去嘉业堂影抄明内务府《永乐大典》37 册，另明版《昭代典则》20 册，价 440 元。

1958 年 9 月 10 日

北京中国书店李新乾与上海书店李大宸到刘家购得一批书，总价 2620 元。

1958 年 9 月 28 日

李大宸同天津中华书局王仲珊到刘家，购去了一批书。

1959 年 3 月 1 日

书商孙实君、韩振纲从刘承幹手中购去明本及杂书 15 种，价 260 元。

1962 年 6 月—9 月

浙江图书馆组织对嘉业藏书楼进行全面的检查，清点藏书、家具，曝晒图书，房屋修漏，施放 DDT 灭虫，添加樟脑丸防蛀。

1963 年 1 月 3 日

浙江省文化局批复，同意浙江图书馆将《嘉业堂丛书》等版片借给上海古旧（籍）书店印刷。

1963 年 2 月

刘承幹逝于沪上。

1964 年

嘉业藏书楼接待参观与查阅资料 1131 人次。

1965 年 7 月 6 日

浙江省军区后勤营防处、中国人民解放军南字三六九部队向浙江图书馆移交九九医院（原三野二院）借用的嘉业藏书楼东侧四进平房。

1965 年

嘉业藏书楼接待参观及阅览 1236 人次。

1966 年 3 月 7 日

丰子恺到嘉业藏书楼参观。

1979 年 3 月 20 日

刘承幹遗孀冯秀芳向国家文物局王冶秋局长提出申请报告，“…关于吴兴嘉业堂藏书楼，我要求按文物保护和管理有关规定，并作为生活资料对我酌情落实政策”。此后，冯多次写信给中央及浙江省的领导同志，提出相同的要求。

1979 年 5 月 16 日

国家文物局办公室将冯秀芳函 2 件转至浙江省文物管理委员会，要求研处并回复冯。

1979 年 6 月 28 日

浙江图书馆就冯秀芳向国家文物局写信之事，向浙江省文物管理委员会报告嘉业藏书楼捐献始末，并提出处理意见。

1980年1月

根据省委指示，浙江省文物管理委员会派赵佃岙处长、浙江图书馆邱力成副馆长赴上海找冯秀芳面谈。

1980年3月12日

浙江省文物管理委员会向浙江省委副书记、省长薛驹提交《关于“嘉业堂藏书楼”情况的调查报告》(浙文管(80)12号)，提出3点处理意见：一、嘉业堂的捐献与接收均符合党和国家的政策，不宜再另作处理。二、至于当时刘未同意捐献的自印书、复本、说部等书，应继续动员冯秀芳捐献国家，对于此项捐献，可发给奖状，并酌量发给奖金。三、直接与冯秀芳本人谈妥。

1980年8月29日

浙江图书馆与北京文物出版社签订《关于整理修补古籍版片及印刷古籍的协议书》，先后借出《嘉业堂丛书》等版片。

1981年4月13日

浙江省人民政府公布嘉业藏书楼为省级文物保护单位。

1981年5月20日

浙江图书馆发给冯秀芳捐献自印书、复本、说部等书奖金并发给了留作纪念的嘉业堂自印书80册。

1981年6月12日

冯秀芳致信浙江图书馆馆长王健英，表示感谢。并说她近日已趁探亲之便，参观了嘉业藏书楼，感到无限慰藉。

1981年

浙江图书馆整修、油漆了嘉业藏书楼的地板，用款8000元。

1982年2月18日

浙江图书馆向省文化局上报《关于加强嘉业堂藏书楼管理的报告》。

1982年8月9日

省文化局向省委上报《关于加强省级重点文保单位南浔嘉业堂藏书楼保护工作的请示报告》。

1982年

省财政拨款2.2万元，整修、油漆了嘉业藏书楼门窗。

1982年

复旦大学图书馆从上海古籍书店购入缪荃孙、吴昌绶、董康撰之《嘉业堂藏书志》以及《嘉业藏书楼书目》等稿本多种。

1984年1月25日

人民日报《情况汇编》第三十七期刊登《我国著名藏书楼嘉业堂应整顿开放》。

1984年1月30日

中共中央办公厅将人民日报《情况汇编》第三十七期批转浙江省委办公厅处理。

1984年2月18日

浙江图书馆《关于加强嘉业堂藏书楼管理的报告》提出：

一、落实管理人员，编制安排3人；二、要求省财政部门拨专款维修藏书楼及园林；三、成立藏书楼管理委员会或小组。

1984年2月22日

浙江省委常委、宣传部长罗东，副部长吴尧民，省文化厅厅长孙家贤，省文化厅副厅长兼文物局长毛昭晰，省文化厅图书馆处处长苏尔启，省财政厅佘绍方，会同湖州市委、市政府、南浔镇负责同志，在浙江图书馆有关领导的陪同下，到南浔实地了解嘉业堂现状，当晚，在湖州市府第一招待所会议室召开会议，讨论藏书楼管理方案和整修问题。

1984年2月

湖州市东迁建筑有限公司完成对嘉业藏书楼园林内厕所的改造，工程造价30550元。

1984年4月13日

浙江图书馆制订了《关于整修、开放嘉业藏书楼的计划》：修理房子和庭园，整理藏书和布局，国庆前开放。

1984年6月22日

浙江省文物局对浙江图书馆《关于嘉业堂藏书楼整修方案及施工预算的报告》作出批复。

1984年6月

由杭州快达安全工程有限公司完成南浔藏书楼消防报警系统改造，用资44919元。

1984年7月13日

浙江省文物局对浙江图书馆《关于嘉业堂藏书楼园林假山亭子等维修方案及拨款的报告》作出批复。

1984年9月27日

浙江图书馆公布《嘉业藏书楼工作条例（试行）》，明确设立嘉业堂藏书楼管理组，定编3人。

1984年9月

完成书楼和园林的全面整修，基本恢复了原貌。

1984年10月1—3日

藏书楼对外开放，接待参观350人次。

1985年6月9日

著名版本学家、目录学家顾廷龙参观嘉业藏书楼并留言。

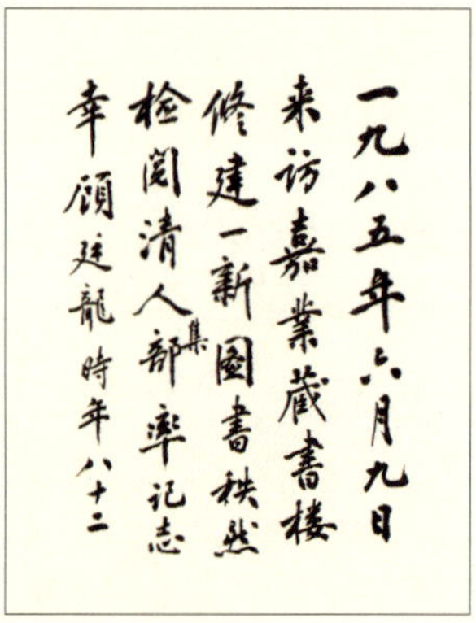

顾廷龙题词……→

1985 年

嘉业藏书楼接待参观 3686 人次、查阅资料读者 4 人次。

1986 年 3 月 25 日

谷牧副总理来楼参观。

1986 年 3 月

华东师范大学出版社出版周子美辑《嘉业堂钞校本目录·天一阁藏书经眼录》。

1986 年 6 月 12 日

刘承幹嫡长子刘䜣万参观嘉业藏书楼。

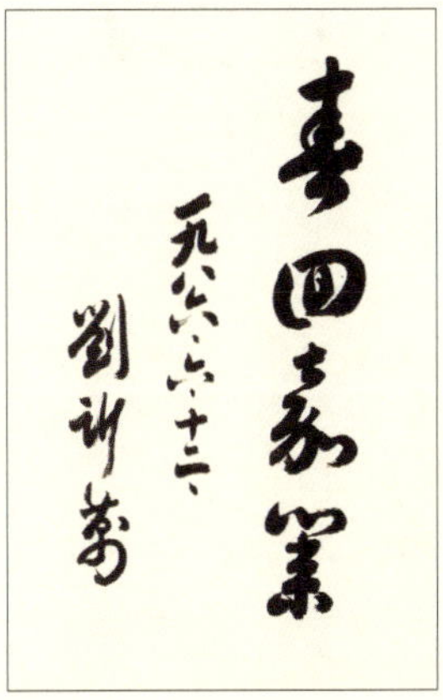

刘䜣万留言→

1986 年 9 月 4 日

华东地区第四次省级图书馆协作会全体代表参观嘉业藏书楼。

1986 年

为消除因电线老化发生火灾的隐患，切断了书楼内部所有电源，将酸碱灭火器全部更换为 1211 型灭火器。

1986 年

嘉业藏书楼接待参观 7336 人次、查阅资料读者 8 人次。

1987 年 2 月 11 日

著名书法家谭建丞参观嘉业藏书楼。

谭建丞题词→

1987年7月

原浙江省委书记铁瑛参观嘉业藏书楼，留言：“嘉业堂历史宝库”。

1987年10月

著名书法家郭仲选参观嘉业藏书楼。

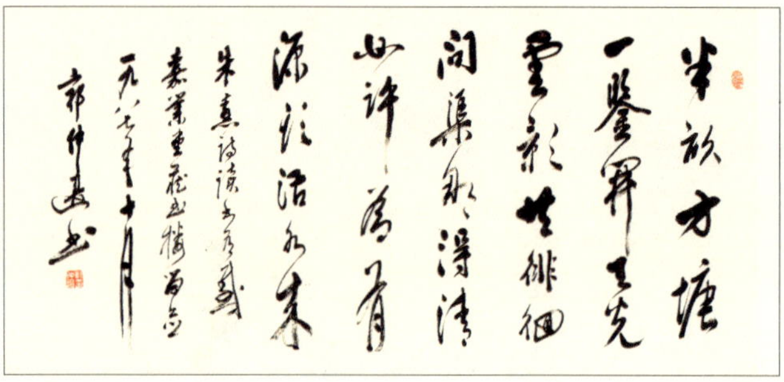

郭仲选题词……………………→

1987年

嘉业藏书楼接待参观12000人次、查阅资料读者14人次。

1988年

嘉业藏书楼接待参观12000人次、查阅资料读者11人次。

1989年

嘉业藏书楼接待参观9068人次、查阅资料读者4人次。

1990年4月

浙江图书馆就嘉业堂藏书楼扩大开放之事提出初步意见，一、书楼和附属园林是一个整体，不能由隶属关系不同的单位分管。嘉业堂藏书楼是浙江图书馆的一个组成部分，因此无论开放或其他管理工作自应一如既往由浙江图书馆负责。 二、书楼天井和附属园林同时对参观者开放，但楼下室内及楼上不对外开放，以保障安全。

1990年秋

原中顾委常委伍修权参观嘉业藏书楼。

1990年9月30日

著名作家徐迟参观嘉业藏书楼，并留言：“凡有事业心者必定成功”。

1992年

省政府下拨专项维修经费20万元，用于对嘉业藏书楼四进平房进行落架大修。

1993年5月1日

全国政协副主席胡绳参观嘉业藏书楼。

1993年12月2日

原全国人大副委员长李锡铭来嘉业藏书楼参观。

1993年

嘉业藏书楼接待参观19332人次、查阅资料读者6人次。

1994年9月13日

浙江省人大常委会副主任、浙江省图书馆学会理事长毛昭晰教授陪同国际图联第一副主席鲍登参观嘉业藏书楼，鲍登欣然提笔留言。

鲍登留言………………→

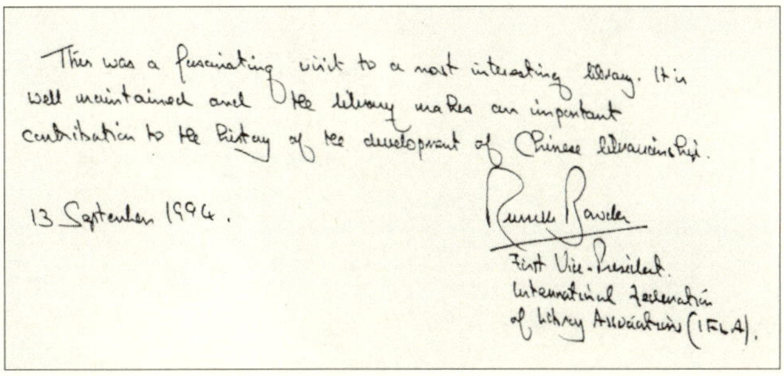
This was a fascinating visit to a most interesting library. It is well maintained and the library makes an important contribution to the history of the development of Chinese librarianship.

13 September 1994.

Russell Bowden

First Vice-President.
International Federation
of Library Associations (IFLA).

1994 年

嘉业藏书楼接待参观 26332 人次、查阅资料读者 3 人次。

1995 年 4 月 26 日

学者傅璇琮来嘉业藏书楼参观。

1995 年 9 月 9 日

日本庆应义塾大学斯道文库尾崎康、日本早稻田大学文学部教授村山吉广参观嘉业藏书楼。

1995 年 11 月

原国务委员王芳参观嘉业藏书楼。

1995 年

嘉业藏书楼接待参观 13400 人次、查阅资料读者 4 人次。

1996 年 12 月

由浙江快达安全有限公司负责，在嘉业藏书楼各厅室以及平房内安装了“烟感报警系统”一套，型号为 JB—QB—RT800，并由该公司负责维修和保养。用资 20 万元。

1996 年

嘉业藏书楼接待参观 21660 人次、查阅资料读者 3 人次。

1997 年 7 月

浙江省省长柴松岳参观嘉业藏书楼。

1997 年 12 月

《嘉业堂藏书志》(缪荃孙、吴昌绶、董康撰；吴格整理点校)由复旦大学出版社出版。

1997 年

嘉业藏书楼接待参观 22800 人次、查阅资料读者 2 人次。

1998 年 10 月 31 日

香港中文大学图书馆黎民颂馆长、社会学系吴白弢教授参观嘉业藏书楼。

1998 年

在嘉业藏书楼东侧与平房相邻天井处安装了避雷针。

1998 年

嘉业藏书楼接待参观 33683 人次、查阅资料读者 5 人次。

1999 年 1 月 4 日

浙江图书馆就嘉业堂开发旅游事宜同湖州市南浔区人民政府、南浔旅游开发总公司签订合作协议。

2000 年 7 月 15 日

浙江省文物局向国家文物局上报“关于推荐嘉业堂藏书楼及小莲庄为第五批全国重点文物保护单位的报告”。

2000年8月

成立“浙江图书馆嘉业藏书楼管理部”。

1999年-2000年

嘉业藏书楼更换主楼白铁檐沟和维修全部外墙，费资4万元。

2001年3月

浙江图书馆与华宝斋富翰文化有限公司签订《〈[景]宋四史〉版片借用协议书》，先借出《三国志》，由富阳华宝斋古籍印刷厂承印，页数预计达1000多页。

2001年6月

嘉业藏书楼被国务院列为全国重点文物保护单位。

2001年

嘉业藏书楼接待参观113729人次、查阅资料读者1人次。

2002年7月29日

上海市委书记黄菊、市长徐匡迪到嘉业藏书楼参观。

2002年

更换嘉业藏书楼平房白铁檐沟220米，做木栏杆5个，维修明瑟亭，共耗资3万元。

2002年

嘉业藏书楼接待参观15万人次、查阅资料读者1人次。

2003年1月4日

中共中央政治局常委、国务院副总理李岚清在浙江省委书记、代省长习近平的陪同下参观嘉业藏书楼。

2003年

嘉业藏书楼接待参观122065人次、查阅资料读者7人次。

2004年6月25日

浙江图书馆与杭州快达安全工程有限公司签订对南浔嘉业藏书楼的消防报警系统工程改造的合同，工程预算造价44919元。

2004年7月

12块石碑运往嘉业堂，每块大小为67cm×34cm，其中刘承幹1951年的“捐献函”1块、1937年撰写的“嘉业藏书楼记”8块、浙江图书馆1984年“重修嘉业藏书楼记”3块。“嘉业藏书楼记”立于嘉业厅走廊西侧的正面墙上，“捐献函”和“重修嘉业藏书楼记”立于嘉业厅西边坐南朝北的厢房的墙上。

2004年10月16日

国际图联当选主席亚历克斯·伯恩(Alex Byrne)参观嘉业藏书楼并留言。

2004年10月17日

国际图联管理委员会成员与专业委员会成员玛莉安·科琳(Marian koren)参观嘉业藏书楼。

2004年

嘉业藏书楼接待参观18万人次。

2005年10月19日

台湾图书馆界人士一行6人参观嘉业藏书楼。

2005年

嘉业藏书楼接待参观20万人次、查阅资料读者14人次。

2006年

嘉业藏书楼接待参观60万人次、查阅资料读者13人次。

2007年11月

省财政下拨专项资金30万元，对嘉业藏书楼以及明瑟亭进行了重新油漆。

2007年12月

在嘉业藏书楼西侧与厕所相邻处建造了一处“泵房”，房间面积9.45平方米，由“上海喜之泉泵阀有限公司”负责安装，型号为Y180M-2。

2007年

嘉业藏书楼接待参观57万人次、查阅资料读者9人次。

欽若嘉業
嘉業藏書樓
東壁餘光與寶相得
南山多福爲文開基

第一章 综述

“嘉业堂”的命名在民国初年。根据刘承幹在《求恕斋日记》中的记载，1914年他出资助德宗崇陵种树经费，蒙逊帝溥仪赏“钦若嘉业”匾，他的挚友、也同是崇陵种树经费的筹集人梁鼎芬（节庵）对他说：“古人刻书多有以御墨中节取两字以名其堂或以名斋者，若王兰泉侍郎之‘春融堂’，潘文勤公之‘恭顺堂’等是也。因劝余以‘嘉业’名堂暨以名所刻之书，以志恩遇。”刘承幹感到梁鼎芬的建议道出了他的心声，于是，便以“嘉业”名上海青海路住宅及1915年爱文义路新宅正厅，嘉业堂由此诞生。在《〈嘉业堂丛书〉序》中，刘承幹也说过：“承幹昔年报效崇陵工程，御书额曰‘钦若嘉业’，用《华山碑》语也，承幹以名其堂”。1899年（清光绪二十五年）刘承幹的祖父刘镛去世，刘家随之析分家产，分立堂名，因此，在南浔求恕里，刘承幹有“尊德堂”。据说，“尊德堂”和“嘉业堂”两匾，均由陆润庠手书。当然，刘承幹开始有意识地、大规模地聚书还要早几年——时在1910年（清宣统二年），他参加由清廷工商部在江宁（今南京）举办的南洋劝业会期间。由此可见，嘉业堂已有近百年的历史。

1924年南浔嘉业藏书楼落成，标示嘉业堂进入全盛时期。然而经过十余年短暂的繁华之后，

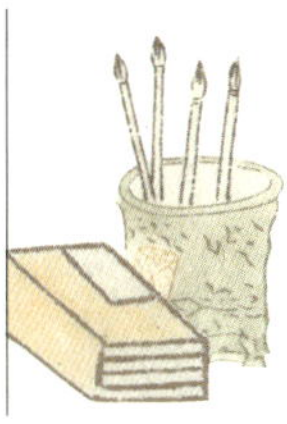

[1] 王国维：乐庵居士五十寿序。载《观堂遗墨》卷二，1930 年影印本

[2] 陈乃乾：上海书林梦忆录。载《中国现代出版史料・甲编》，中华书局，1957 年

[3] 刘承幹：嘉业堂丛书序。载《嘉业堂藏书志》，复旦大学出版社，1997 年

迫于家庭经济原因，更由于日本侵华战争造成的民族灾难，嘉业堂便由盛而衰，精品流失，管理乏人，南浔书楼的建筑与园林日益破败。所幸的是，1951 年 11 月，在时代潮流的感召下，为发展新中国社会文化事业，刘承幹化私为公，慨然将南浔“书楼与四周空地并藏书书版连同各项设备等悉以捐献”给浙江图书馆，嘉业堂由此获得新生。现在，它已成为全国重点文物保护单位，浙江省爱国主义教育基地。

远在南浔嘉业藏书楼落成之前，嘉业堂便已流誉学林。王国维说：1911 年辛亥革命后他流寓日本期间，就听人称赞“今日江左藏书有三大家，则刘翰怡京卿、张石铭观察与居士（指蒋汝藻）也。”[1] 陈乃乾也说过：“在民国十年前后，上海藏书家最著者，为刘氏嘉业堂、蒋氏传书堂、张氏适园…嘉业堂主人刘翰怡，宅心仁厚，凡书贾挟书往者，不愿令其失望，凡已所未备之书，不论新旧皆购之，几有海涵万象之势。其时风声，明清两朝诗文集，几于无人问鼎，苟有得者，悉趋于刘氏，积之久，遂蔚成大观，非他藏书家所可及；至其所藏《明朝实录》、《永乐大典》残本，则海内孤帙也。”[2] 1918 年 2 月，刘承幹请缪荃孙编解题书目，称之为《嘉业堂藏书志》。《嘉业堂丛书》的策划、开雕、印行都在沪上。刘承幹在《〈嘉业堂丛书〉序》中就说过：他自 1913 年至 1917 年用了 5 年多的时间“延江阴缪艺风参议、辽阳杨芷姓太守、海宁许子颂大令，举世间不经见之书，分别部居，次第墨之于版。书则兼采之海内外藏书家，工则征之上海、苏州、扬州、金陵，…成书一百余部，其中别择五十种，附以所得朱子涵观察旧刻《金石录》、《张燕公集》、《刘宾客集》、《司空表圣集》版片，定目装本，名之曰《嘉业堂丛书》。”[3]

由于刘承幹早已携家定居上海，即使在南浔嘉业藏书楼落成之后，他

[4] 鲁迅：病后杂谈。载《鲁迅全集》第6册，人民文学出版社，1981年

[5] 刘哲民、陈政文编：抢救祖国文献的珍贵记录——郑振铎先生书信集。学林出版社，1992年

的藏书和刻书活动仍与上海密切相关，人们仍称上海刘承幹的寓所为“嘉业堂”。1934年5月，鲁迅收到许寿裳寄来的《嘉业堂刊印书目》，激起了买书的兴趣，但两次登爱文义路刘宅之门，都吃了闭门羹，他的感叹是：“到嘉业堂去买书，可真难。”[4] 1940年4月，蛰居孤岛的郑振铎正不顾环境的险恶而为“文献保存同志会”四处奔忙，抢救中华珍贵古籍，得知刘承幹有意将储于上海的藏书出售时，惊呼“嘉业堂书甚可危”。[5] 1951年之后，一方面，南浔嘉业藏书楼得到浙江图书馆的精心管理，另一方面，存于上海刘承幹家中的嘉业堂藏书孑遗部分还在源源不断地出售，大概直到刘承幹去世后，《嘉业堂藏书志》等一批稿本为上海古籍书店收购，嘉业堂藏书的流失才画上句号。因此，本《嘉业堂志》所涉及的，是发生在上海与南浔的有关嘉业堂的事件。另外，刘承幹1935—1937年间，曾寓苏州，并在那里藏有书籍，编有苏寓藏书目录，这批书后虽全毁于日军战火，但毕竟是刘氏藏书的一部分，亦不能忽视。

嘉业堂的创办者刘承幹(1882--1963)，字贞一，号翰怡，别署求恕居士、嘉业老人，浙江湖州南浔人。他之所以成为一代藏书家和刻书家，与其家庭的资财、文化期望及追求密切相关。

刘家祖籍浙江上虞，清康熙、雍正年间，二十四世祖刘尚贤举家迁居南浔，至刘镛（1826--1899）为二十九代。刘镛家境贫寒，15岁学业于绵绸布店，17岁到丝行当伙计。四年之后，与人合伙创业，开办丝行。37岁时，已殖财数十万，号巨富，其事业也从南浔发展到上海。刘镛以丝业起家，后又涉足盐务、茶业、典当、垦牧、房地产等，终成大业。正如张謇所说：“方是时，欧洲诸国开商埠于上海，大购湖丝，岁出口八九万包，业是者赢获过当。公赀薄，用智力与角，紝舟楫，狎霜露，并晨夜，突寒暑，饴苦啬嗜，

赴时雷动，不数年而业大起。…以是淮之盐、徽之茶、苏松海门之田，若质库孳乳胚胎，转益浸广，群赀宾附，若水汇泽，亦益舒公发踪张弛之才。”[6]当时的南浔，诞生过一大批富商和实业家，人们用四象、八牛、七十二条金黄狗来形容，身价千万（一说五百万）以上的为“象”，而刘镛雄踞“四象”之首。刘镛去世后，刘承幹以长子、长孙，更兼祧长房香火，得资独厚，使得他十余年后笃志芸编时，往往能一掷千金不吝啬。

刘镛治家严谨，注重教育，希望后代由商而仕，更上一层。因此，不惜重金聘请名师来家课子，如首任授课老师秀水陈雪渔（其炯），就是鸳湖名宿。四个儿子果不负所望，在仕途上均有所成就。长子安澜，附贡生，捐工部郎中；二子锦藻（安江），1888 年（清光绪戊子）举人，1894 年（清光绪甲午）进士，官工部郎中；三子安泩，廪贡生，捐候选直隶州知州；四子安溥，国学生，捐候选分省同知。张謇认为，自清咸丰同治以来，东南商富最著称，而能以风义自树立于当时者，浙江有 3 人，即杭州的胡雪岩、宁波的叶澄衷和南浔的刘镛，胡、叶子弟仍商，而刘镛“终以诗礼督诸子致通显，加级被二品封，胡叶不能及也”。[7]

刘镛是晚清颇有名的慈善家。捐资在家乡南

❶

❷

❶ 青年时代的刘承幹

❷ 刘承幹藏书印：乌程刘氏伯子名承幹字贞一号翰怡印

[6] 张謇：诰封通奉大夫工部郎中加五级南浔刘公墓志铭。载《嘉业藏书楼》，浙江人民美术出版社，2004 年

[7] 张謇：诰封通奉大夫工部郎中加五级南浔刘公墓志铭。载《嘉业藏书楼》，浙江人民美术出版社，2004 年

[8] 刘锦藻年谱。抄本。

[9] 缪荃孙：刘紫回水部家传。载《嘉业藏书楼》，浙江人民美术出版社，2004 年

❶

浔发起成立抚恤义举公所、义塾、育婴堂等自不用说，战乱时期，在上海集资设粥厂救济难民，在浙江严州施医给药、掩埋尸骨；河南、河北、山西、江苏、浙江等地发生水灾、旱灾、风灾，俱慷慨解囊，大力助赈。清廷颁发的“乐善好施”匾是对他从事慈善事业的褒奖，是应予以肯定的。

刘镛创下的万贯家财，刘镛对儿孙的文化教育，刘镛身体力行赈灾善举，都对刘承幹的人生道路起着重要的作用和影响。

刘安澜（1857——1885），字紫回，年幼时因战乱随父避居沪上，14 时才回家乡南浔，从此奋志读书。其弟锦藻在怀念这位哥哥时说：“默念吾家读书自先兄始，造端之艰，先兄实尝之，惟余深知之。厥后用功之勤，名心之热，十倍于余。南北五试，不获一第；结缡十载，膝下犹虚。”[8] 1872 年（清同治十一年），16 岁的刘安澜补县学生；后屡次赴杭州参加乡试和一次在京参加京兆试，均名落孙山。他最大的成就不在科场上，而在对清诗的收集和研究上，其手辑的《国朝诗萃》一书，“博征群籍，托始顺治，下迄同光，…于诸家略加芟择，而尤于高人逸士堙晦无闻者，以网罗为职志。暝抄昕写，历有年载，期以成有清一代之诗史。”[9] 惜乎英年早逝，未

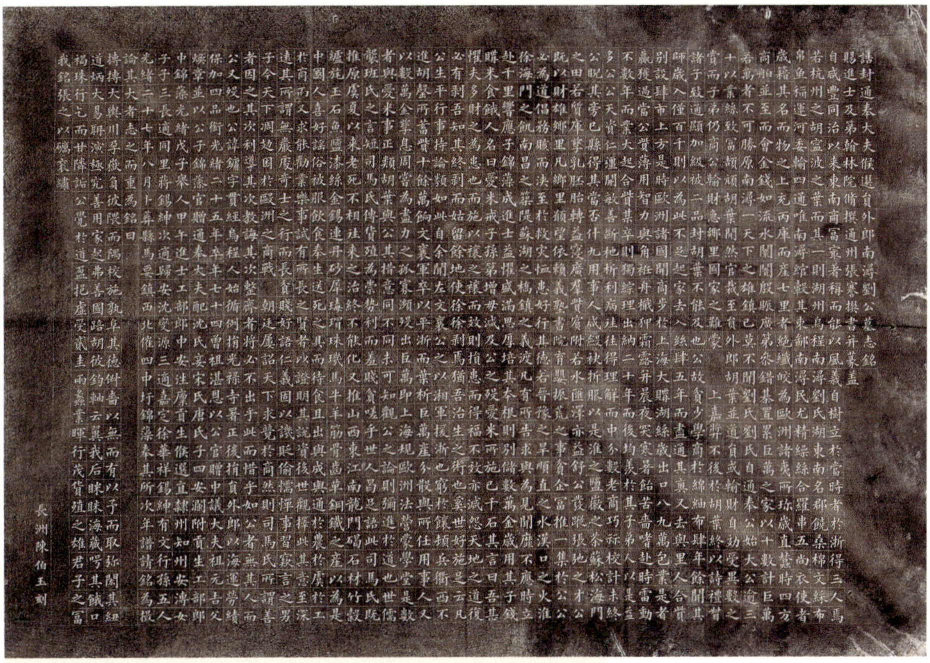

❷

及完稿。另刘锦藻曾裒辑刘安澜的遗文二百数十篇，汇而存之，后不幸烬于火。收入《吴兴丛书》的《葭洲书屋遗稿》系刘锦藻据平昔所熟复而欣赏者，笔而述之，首尾完具者仅得12篇。

刘安澜无子，他去世后，刘镛命刘锦藻的长子承幹出继给他。

刘承幹的本生父刘锦藻（1862—1934）字澄如，谱名安江，号橙墅，晚号坚匏盦。1894年（清光绪二十年）登甲午科进士，以郎中签分工部都水司行走，受命劝募直隶赈捐。1895年（清光绪二十一年）以父病去官。1901年（清光绪

❶ | 刘镛像
❷ | 刘镛墓志铭拓片

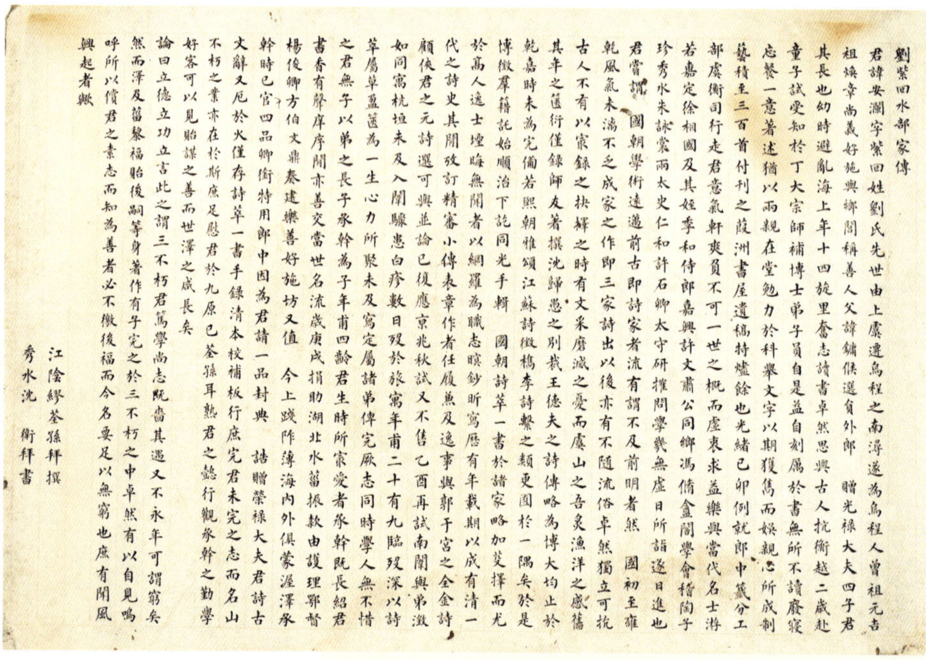
劉紫回水部家傳
君諱安瀾字紫回姓劉氏先世由上虞遷烏程之南潯遂為烏程人曾祖元吉
祖煥章尚義好施興鄉閭稱善人父諱鏞候選員外郎　贈光祿大夫四子君
其長也幼時避亂海上年十四旋里奮志讀書卓然思興古人抗衡越二歲赴
童子試受知於丁大宗師補博士弟子員自是益自刻厲於書無所不讀廢寢
忘餐一意著述猶以兩親在堂勉力於科舉文字以期獲雋而娛親心所成制
藝積至三百首付刊之葭洲書屋遺稿特燼餘也光緒己卯例就郎中籤分工
部虞衡司行走君意氣軒爽負不可一世之概而虛衷求益樂與當代名士游
若嘉定徐相國及其姪季和侍郎嘉興許文肅公同鄉馮偁盦閣學會稽陶子
珍秀水朱詠裳兩太史仁和許石卿太守研摧問學蔑無虛日所詣遂日進也
君嘗謂　國朝學術遠邁前古即詩家者流有謂不及前明者然　國初至雍
乾風氣未漓不乏成家之作即三家詩出以後亦有不隨流俗卓然獨立可抗
古人不有以裒錄之抉擇之時有文采磨滅之憂而虞山之吾炙漁洋之感舊
其年之篋衍僅錄師友著撰沈歸愚之別裁王德夫之詩傳略為博大均止於
乾嘉時未為完備若熙朝雅頌江蘇詩徵檇李詩繫之類更囿於一隅矣於是
博徵羣籍託始順治下訖同光手輯　國朝詩萃一書於諸家略加芟擇而尤
於高人逸士堙晦無聞者以網羅為職志瞑鈔昕寫歷有年載期以成有清一
代之詩史其開放訂精審小傳表章作者任履兼及逸事與郭于宮之全金詩
顧俠君之元詩選可與並論已復應京兆秋試又不售乙酉再試南闈與弟澂
如同寓杭垣未及入闈驟患白疹數日歿於旅寓年甫二十有九臨歿深以詩
萃屬草盈篋為一生心力所聚未及寫定屬諸弟俾完厥志同時學人無不惜
之君無子以弟之長子承幹為子年甫四齡君生時所裒愛者承幹既長紹君
書香有聲庠序聞亦善交當世名流歲庚戌捐助湖北水菑振款由護理鄂督
楊俊卿方伯文鼎奏建樂善好施坊又值　今上踐阼溥海內外俱蒙渥澤承
幹時已官四品卿銜特用郎中因為君請一品封典　誥贈榮祿大夫君詩古
文辭又厄於火僅存詩萃一書手錄清本校補板行庶完君未完之志而名山
不朽之業亦在於斯庶足慰君於九原已荃孫耳熟君之懿行觀承幹之勤學
好客可以見貽謀之善而世澤之咸長矣
論曰立德立功立言此之謂三不朽君篤學尚志既嗇其遇又不永年可謂窮矣
然而澤及菑黎福貽後嗣等身著作有子完之於三不朽之中卓然有以自見嗚
呼所以償君之素志而知為善者必不徼後福而令名要足以無窮也庶有開風
興起者歟
江陰繆荃孫拜撰
秀水沈　衛拜書

❶

二十七年）因向清廷出资助赈陕西灾荒，钦加三品衔，特命以五品京堂候补。1909 年（清宣统元年）以刘氏义庄奏案，蒙赐御笔“承先睦族”匾。1910 年（清宣统二年）任崇陵工程处监修，工竣，御赐“令裕衍蔓”匾额。同年进呈所撰《皇朝续文献通考》得赏内阁侍读学士衔。另著有《坚匏盦集》、《南浔备志》、《陆放翁年谱》、《新政附考》、《南浔刘氏支谱》等。

他的一生，有诸多亮点。一是金榜题名，是四兄弟中科名最著者。二是开拓发展实业，在继承家传的生丝出口贸易、盐业、典当、房地产业

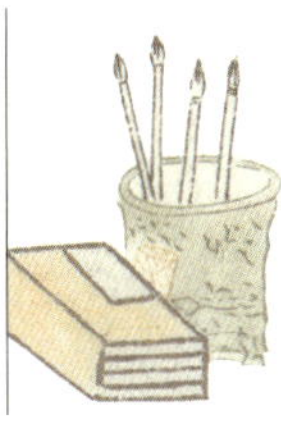

的同时，还投资船运、电力、金融、纺织、铁路等，业务遍布大江南北。三是1901年（清光绪二十七年），美国传教士Henteley等人勾结浙江归安知县朱懋清，以建教堂、医院、学校为名，低价圈占了今湖州市区人民广场一带的“海岛”范围内的尊经阁、颜鲁公祠、曹孝子祠等房地60亩，并擅自将土地范围扩大至120余亩，继而胁迫居民出卖房地。刘锦藻为伸张正义，率领湖属乌程等7县地方知名人士与美国传教士打了一场旷日持久的官司。他们不屈不挠，先后诉至归安县衙、浙江巡抚署、总理衙门等，又诉诸美国驻上海领事馆、美国驻华大使馆，都无结果。最后，他们将官司打到美国国务院，终因证据确凿而获胜诉。四是1905年（清光绪三十一年）浙江铁路公司成立，汤寿潜任总理，刘锦藻任副总理。1907年（清光绪三十三年）苏杭甬铁路沪嘉段开始动工兴建，清政府屈服于英国的压力，准备签订借款150万英镑合同，将路权出卖给英国。刘锦藻协助汤寿潜，掀起“浙江保路运动”，

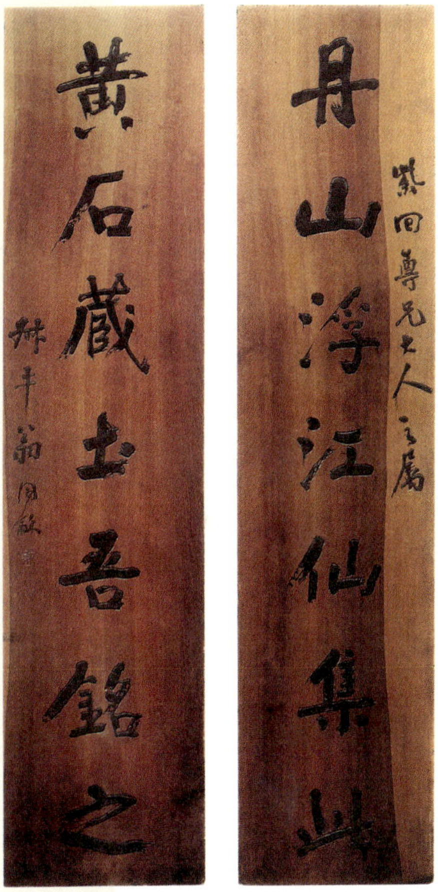

❷

❶ | 缪荃孙：刘紫回水部家传
❷ | 翁同龢赠刘安澜联

[10] 刘锦藻年谱。抄本

[11] 刘承幹：嘉业老人八十自叙。载《嘉业堂藏书志》，复旦大学出版社，1997 年

❶

最后，迫使清廷还路权于民。五是著述宏富，尤其是《皇朝续文献通考》，记录清乾隆至宣统的典章制度，反映这一时期中国政治、经济、军事、外交、文化体制等递嬗剧变的历史，成为今传“十通”之一。《皇朝续文献通考》初稿完成于 1905 年（清光绪三十一年），计 320 卷 28 门。辛亥革命之后，又续编至 1911 年（清宣统三年）。1929 年，已 68 岁高龄的刘锦藻仍在“编纂续考，昕夕不辍”[10] 1931 年，全书编就，共 400 卷 30 门，由大东书局铅印出版。六是刘锦藻像其父刘镛一样，亦热心社会公益活动：在南浔兴建义仓，贮谷救灾；又订定条规，创立刘氏义庄，兴办义学，支助本族贫寒儿童免费入学。

在刘承幹的身上同样寄托着家族的厚望，他晚年回忆时对此仍刻骨铭心：“先考既积学早世，先妣暨本生考妣皆望余成名綦切。”[11] 他少时就读浔溪书院，1905 年（清光绪三十一年）考取秀才，以优行，附贡生。因历次捐金助赈，累奖分部郎中，特赏四品卿衔、三品卿衔。就在他考取秀才的这一年，清廷推行学校教育，科举制度废除，随后不久，辛亥革命爆发，这彻底粉碎了家族寄托在他身上金榜题名光宗耀祖的梦想与追求，但已在他内心深处点燃的对

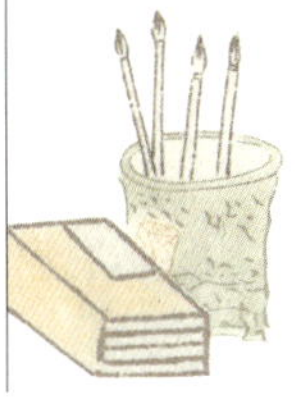

[12] 刘承幹：嘉业老人八十自叙。载《嘉业堂藏书志》，复旦大学出版社，1997年

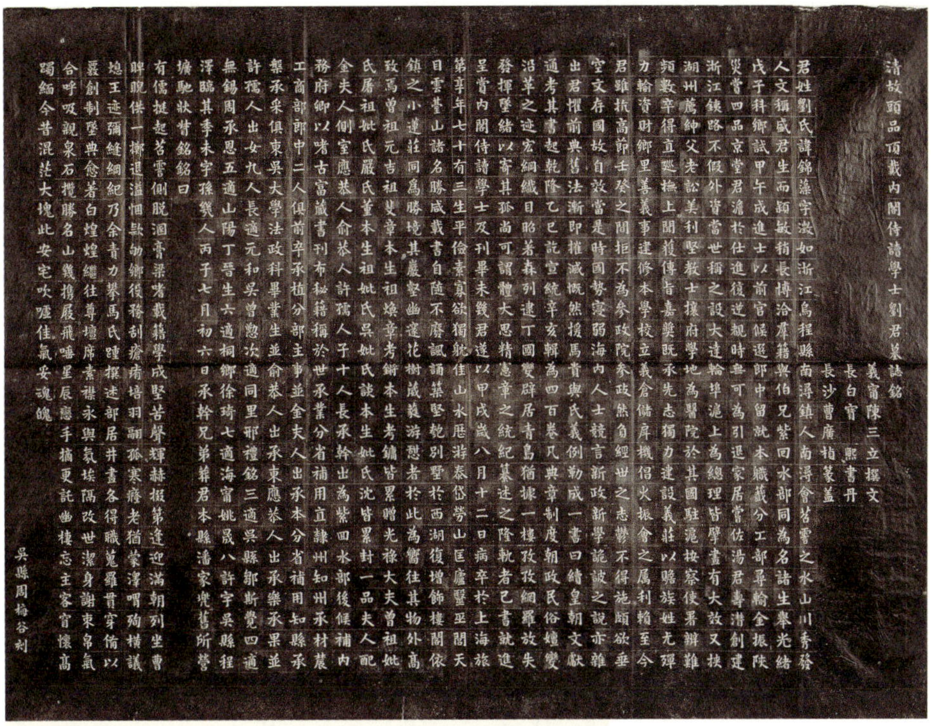

❷

中华传统文化的热情丝毫没有冷却，反而日益强烈。于是，为完成承继父未竟之业，在续编《国朝诗萃》时，他穷搜集部书；“本生考之纂《皇朝续文献通考》也，每命余甄采故实”，[12] 他又大量网罗史部书。从此，一发不可收拾，遂成一代藏书大家。

21 世纪之初，浙江省社科院启动“浙江文化名人传记”系列丛书 100 部科研项目，其中古代 50 部，二十世纪 50 部，刘承幹因创办嘉业堂，在文化领域作出巨大贡献而入选，确实当之无愧。

❶ | 刘锦藻像
❷ | 刘锦藻墓志铭碑片

[13] 刘承幹：嘉业老人八十自叙。载《嘉业堂藏书志》，复旦大学出版社，1997年
[14] 周子美：嘉业堂钞本目录序言。载《嘉业堂钞本目录·天一阁藏书经眼录》，华东师范大学出版社，1986年

文献典籍是人类积累、存储和传播知识与信息的重要载体，凝聚着社会的精神生产与物质生产的发展过程。藏书是收集、典藏、整理文献典籍的活动，它对人类文化的保存、传播与发扬光大有着难以估量的积极意义。中华民族优秀文化的薪火之所以能代代相承，就与书籍的收集、保管、流传及利用息息相关，这其中，私家藏书功不可没。刘承幹是我国私家藏书中的巨擘。刘承幹晚年回忆嘉业堂藏书有57万册[13]；嘉业藏书楼第一任主任周子美回忆有20万册[14]；有不少研究者认为，嘉业堂藏书有57万卷（或60万卷）、18万册（或20万册）；而这次编志根据有关档案及书目统计，嘉业堂古籍藏书总计册数至少在19．6215万以上，依据是：1951年代管与接收捐赠112770册，1952年4月从南浔刘宅找回1204册，1956年12月和1957年1月南浔镇人民委员会移交731册，抗战时期运沪书籍清单所载62081册，1946年8月运沪书籍清单所载13087册，刘氏苏州寓所藏书目录载4015册，杭州别墅西湖留余草堂藏书目录载2297册。至于卷数，刘承幹多次提及有60万卷。《求恕斋日记》1935年9月24日记载：溥仪曾当面问刘承幹："'闻汝藏书很多？'答以六十万卷。上曰：'已很多矣'。"以刘承幹对溥仪的忠心，他说的应是事实。当然，平装书、杂志及碑拓字画的收藏因无据可依，尚未统计在内，而这一部分的数量也不容小觑。如碑拓收藏，虽历经战乱，捐赠时尚存散装1829份，外加417种699册，后又从南浔镇人民委员会接收了6份。刘承幹专刻有一方"南浔刘翰怡收藏书画"章，说明他对书画的收藏是颇看重的，嘉业堂并编有收藏的字画目录，计652件，而这个目录很可能还不足以反映嘉业堂书画收藏的实际情况。所以，就嘉业堂藏书的规模而言，不但近代以来无与伦比，放眼整个中国私人藏书史，恐怕也无出其右者。

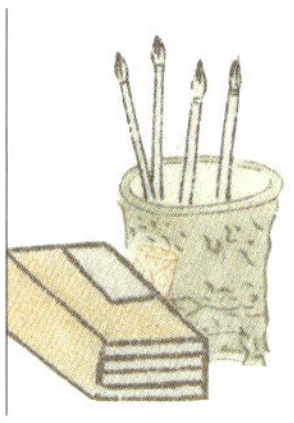

[15] 缪荃孙：嘉业堂丛书序。

[16] 刘承幹：嘉业藏书楼记。载《嘉业堂藏书志》，复旦大学出版社，1997 年

[17] 刘哲民、陈政文编：抢救祖国文献的珍贵记录——郑振铎先生书信集。学林出版社，1992 年

嘉业堂藏书，合流众长，兼收并蓄，“诸收藏家多佚出之本，无不归之。”[15]刘承幹自己也说：“如甬东卢氏之抱经楼，独山莫氏之影山草堂，仁和朱氏之结一庐，丰顺丁氏之持静斋，太仓缪氏之东仓书库皆积累世之甄录，为精英所钟聚；以世变之日亟，人方驰骛于所谓新说者，而土苴旧学，虑仓卒不可保，为余之好之也，遂举而委贾焉。而江阴缪艺风参议，诸暨孙问清太史，亦各以宋元精椠，取值畀余。论者喜书之得所归，余亦幸适会其时，如众派之分流而总汇于兹楼，以偿夙愿。”[16]

其实，嘉业堂藏书的来源远不止上述几家，文源阁、文澜阁劫后之《四库全书》，翰林院部分四库底本，范氏天一阁、鲍氏知不足斋、丁氏八千卷楼等散出之卷，袁克文（寒云）、董康（授经）、郭嵩焘（筠仙）、江标（建霞）、徐绍桢（固卿）、陆纯伯（树藩）、王雪岑（秉恩）、费念慈（西蠡）等人之旧物，名收藏家诸如毛氏汲古阁、祁氏澹生堂、朱氏潜采堂、彭氏知圣道斋、吴氏拜经楼、劳氏丹铅精舍等之抄校本，都能在嘉业堂见到。这里要提一笔沈韵斋之藏书。此人原是归安皕宋楼陆家的会计，同时兼管藏书。他也是个嗜书之人，空余时笔头又勤，常抄录皕宋楼内之秘本，作为自己的收藏。皕宋楼藏书被日本静嘉堂囊括而去后，他抄录的副本当然更可宝贵了。后陆家境况支绌，他被辞退，迫于生计，不得已出卖藏书，刘承幹得知后，花了不止千元的代价加以收购，其中如《弁山小隐吟录》，元黄玠撰，黄玠原籍慈溪，钟情吴兴山水，卜居弁山，自号“弁山小隐”。该书为罕见之地方文献，刘承幹后将其付之梨枣，收入《吴兴丛书》中。

嘉业堂精椠秘笈，世间不经见之书插架森森，琳琅满目。尤以明刊本与稿抄本为洋洋大观，同为其菁华所萃。正如郑振铎所说，嘉业堂的明刊本是“奇秘之宝藏”，“‘佳本’缤纷，如在山阴道上，应接不暇”。[17] 稿抄

[18] 刘哲民、陈政文编：抢救祖国文献的珍贵记录——郑振铎先生书信集。学林出版社，1992 年

[19] 刘承幹：嘉业老人八十自叙。《嘉业堂藏书志》，复旦大学出版社，1997 年

本中，《明实录》、《清实录》、《宋会要》、《旧五代史》、《罪惟录》等，皆为保存史料之渊薮；《永乐大典》、《四库全书》残本、翰林院四库底本，为燹后佚存之物，可称稀世珍品。而宋元椠本及地方志中亦不乏世所称艳的海内孤本，如号称镇库之宝的宋椠四史：《史记》、《汉书》、《后汉书》、《三国志》；宋开庆 110 卷本《鹤山先生大全集》、1178 年（宋淳熙戊戌）本《窦氏联珠集》；元刊本《金陵新志》、1491 年（明弘治四年）刊浙江《湖州府志》、1554 年（明嘉靖三十三年）刊河南《滑县志》、1578 年（明万历六年）刊湖北《郧阳府志》等。类似的例子，举不胜举。对嘉业堂的藏书品质，郑振铎在将其与晚清四大藏书楼中的瞿氏铁琴铜剑楼、杨氏海源阁以及与刘氏嘉业堂齐名的张氏适园作比较后，评论说："嘉业之书，论版本或不如瞿、杨二家及适园之精，论有用与罕见，则似较此数家为尤足重视"。[18] 此乃公允之论。

更难能可贵的是，嘉业堂不但藏书汗牛充栋，精品迭出，而且注重传播利用。南浔嘉业藏书楼设置了阅览室，用以接待读者；不少珍贵的图籍或被长期外借，或被传抄录副，甚至连日本的学界人士都能得到满足。

充分的利用还体现在出版上。为嘉惠士林，流布社会，嘉业堂花巨资先后将约 3000 卷罕见之籍付之剞劂，化身千百。对嘉业堂刻的书，社会上好评如潮。鲁迅、蔡元培、胡适、梁启超、王国维、罗振玉、张元济、傅增湘、姚名达等各界学人对嘉业堂的刻书都予以积极的评价。

嘉业堂刻书不但追求内容质量，而且非常讲究形式的美观，不惜工本，精益求精，"一书之成，费或逾万"。[19] 1931 年 11 月间，曾发生过这样一件事：北平文楷斋将其承刻的《晋书斠注》、《旧五代史》两种书版装箱运沪过天津时，竟为海关税务司扣留，理由是按照古玩，须纳捐税及印花等

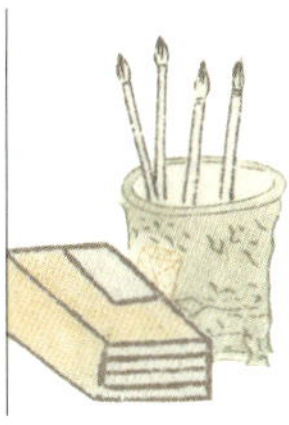

[20] 高平叔：《蔡元培年谱长编》。人民教育出版社，1998 年

[21] 伦明：辛亥以来藏书纪事诗。燕山出版社，1999 年

约千二三百元。将新刻书版混同古玩，看起来有点荒唐，但也说明其雕版技术之精美。

嘉业堂刻印古籍从不以盈利为目的，对这一点，蔡元培非常赞赏："刘君承幹，住居上海，为中国[华]图书馆协会会员。平日校刊各种国学书籍，志在流通，凡国内外各公私图书馆函索，无不捐赠巨帙。"[20] 对于学者、友人，刘承幹同样免费赠送嘉业堂的刻印书，据叶鞠裳《缘督庐日记钞》，嘉业堂每刻印一书，他必获赠；伦明在《辛亥以来藏书纪事诗》中也说："余未与君谋面，而君屡赠余书盈数百册。"[21] 南浔嘉业藏书楼至今还保存着一册赠送嘉业堂自印书的名录，据上面登记，1915 年 – 1919 年，嘉业堂赠送出的自刻书共 4882 部，受赠者计 207 人，其中，有一时名流若蔡元培、叶圣陶、康有为，有众多藏书家若傅增湘、瞿良士、葛词蔚、单不厂、潘明训、叶揆初、罗振玉、董授经，有刘承幹的友人若梁鼎芬、喻志韶、劳玉初、周湘舲，有关系密切的书商若陈立炎、罗子经、柳蓉春、邱绍周，有日本人富冈，有美国人施永高…尽管该名

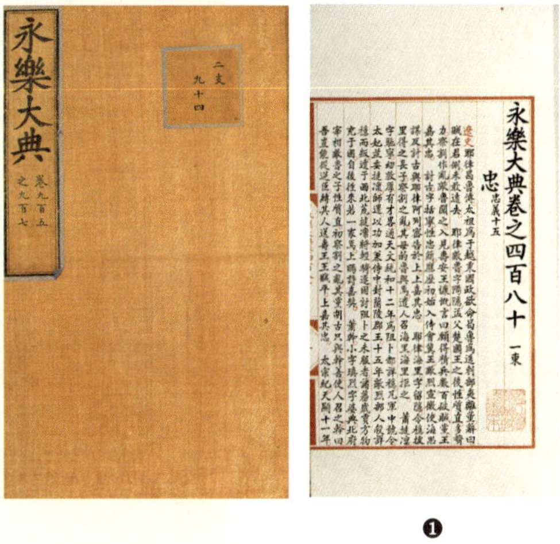

❶

❶ | 浙江图书馆抄录的《永乐大典》

[22] 高平叔：《蔡元培年谱长编》。人民教育出版社，1998 年

[23] 吴方：仁智的山水：张元济传。上海文艺出版社，1994 年

录极不完整，如叶鞠裳、伦明、张元济、缪荃孙等人皆无登记在内，而已登名录者受赠书籍的记载也有缺失，如蔡元培日记云："《雪桥诗话》凡三集，辽阳杨锺羲所著，吴兴刘承幹君为刻之，编入《求恕斋丛书》，前数年，刘君曾以续集及三集赠我，而无初集"。[22]名录登记向蔡赠送 31 部书，却无《雪桥诗话》续集及三集。但管中窥豹，从中不难体会蔡元培所说"无不捐赠巨帙"这句话的含义。

除自刻外，对于其他机构或个人的出版需求，嘉业堂均予支持，即便是精椠秘笈，也毫不私秘。张元济主持商务印书馆系统整理出版古籍期间，就得益于嘉业堂良多。《四部丛刊》初编"刻入刘氏藏书八部，其中宋版二部、元版一部、明刻本五部，宋刻《监本纂图重言重意互注点校尚书》、《重校鹤山先生大全集》为海内孤本。"[23] 为《百衲本二十四史》的校勘、配补，张元济先后向嘉业堂借过宋椠《魏书》60 册、《唐书》67 册、《宋书》40 册，南监本《宋书》29 册、《梁书》9 册、《陈书》5 册、《北齐书》7 册以及《史记》、《明史》等。其中宋刊《魏书》，张元济于 1931 年 5 月初商借，以作影印配补。1932 年日本侵略者发动"一 · 二八"事变，涵芬楼之藏尽遭兵燹，是为中国文化史上的一场浩劫，不幸中之万幸的是，张元济在事变前为防不测，将借来的《魏书》连同其他 546 部珍本储入租界内金城银行的保险库中，才使之得免于难。在事变炮火中，《魏书》原影存的底版已尽数毁去，张元济不得不从头再来，直到 1934 年初，这部珍贵的宋刊本仍不能归还嘉业堂。宋版书世上本已不多见，却被外借了四年，中经劫难，甚至差点灰飞烟灭，却难改嘉业堂向需要者开放楼藏的初衷，这在今天看来，也是感人至深的！此外，傅增湘、张寿镛、卢靖、张宗祥等许多专家学者在整理出版古籍时都从嘉业堂借到过善本。

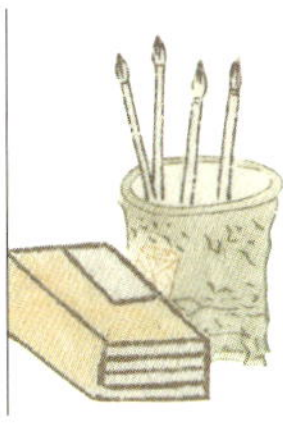

[24] 鲁迅：病后杂谈。载《鲁迅全集》第 6 册。人民文学出版社，1981 年

晚清至民国初年，随着封建政治、经济的衰落，农民战争的冲击与外国资本主义势力的侵入，一方面，依附于封建世家大族的私家藏书活动日趋式微，原先扃锁密室的典籍不断流失，另一方面，在“西学东渐”思潮的影响下，公共藏书观念愈来愈深入人心。正是在这一社会与文化转型时期，嘉业堂在保存流播中华传统典籍上作出了巨大贡献。鲁迅赞誉刘承幹为“傻公子”，一个“傻”字，真是神来之笔！因为在那样的历史时期，耗费巨资，为发扬光大中华传统典籍而聚书、刻书，绝非一般人所能为、所愿为。

嘉业堂之所以取得非凡的成就，与一大批学人的支持有莫大的关系。

刘承幹在政治上是极端保守的，他一生效忠逊帝溥仪，不遗余力。在他晚年所写的《嘉业老人八十自叙》中，对此仍津津乐道：1914 年，输金崇陵种树，蒙溥仪赐“钦若嘉业”匾；1917 年，进呈《纶旅金鉴》，获“抗心希古”匾；1922 年溥仪大婚，北上觐贺献礼，…1946 年，听说苏军拘溥仪于西伯利亚，奔走呼吁，反对引渡。鲁迅在批评刘承幹的遗老情结时一针见血地指出：“他对于明季的遗老很同情，对于清初的文祸也颇不满。但奇怪的是他自己的文章却满是前清遗老的口风；书是民国刻的，‘仪’字还缺着末笔。”[24] 民国建立时刘承幹还不及而立之年，但由于政治取向一致，与诸封建遗老却成了知交密友，他们之中，不乏通儒硕彦，可以说，这些人对嘉业堂的贡献至巨。其中，最杰出的代表人物非缪荃孙莫属。

缪荃孙（1844--1919），字炎之，又字筱珊（亦作小山），号艺风，江苏江阴人。近代藏书家、版本目录学家，曾先后长江南图书馆、京师图书馆。主要著述有《艺风堂文集》、《艺风堂文续集》、《艺风堂文外集》、《艺风堂文漫存》等。辛亥后侨寓沪滨。1912 年刘承幹结识缪氏后，对其依赖尤多。

❶

❶ | 刘承幹与吴昌硕、缪荃孙等人合影。
自右至左：
前排：
吴仓石 刘葱石 钱履樛
郑小坡 汪渊若 缪艺风
许子颂 吴子修 刘语石
杨芷姓 陶拙存
后排：
刘翰怡 俞瘦石 褚稺昭
钱听邠 沈絜齐 陆纯伯
李梅龛 朱念陶 潘兰史
杨颂庄 沈醉愚 周梦坡

翻阅缪荃孙的《艺风堂日记》和刘承幹的《求恕斋日记》，我们会发现，缪荃孙与嘉业堂的关系，确实非同一般。概而言之：

一、嘉业堂善本的增添，缪荃孙在版本鉴定、书价估值、书源提供等方面都起到了很大的作用，并且往往是一言九鼎，起决定性的作用。“代翰怡阅书”、“翰怡以书目求定”、“翰怡以新来各书求定价”构成缪荃孙晚年生活的一部分。一次，书商求售《烈女传》，因破碎不堪，书品太差，

[25] 叶昌炽：缘督庐日记钞。1933年石印本
[26] 刘承幹：求恕斋日记。稿本

刘承幹难以决断，缪鉴定的系宋椠，终使之归嘉业堂插架。又一次，有友人托售旧刻汉杨雄著《太玄经》，以元刊本索价200元，缪鉴定为明刻，值120元。徐松从《永乐大典》辑出之《宋会要》，是治宋史者必备之案头物，当初送到嘉业堂时，少刑法一门，索之不得，是缪荃孙力劝才得以1100元价购留。原来，当年徐松辑出后，未及排比整理，即撒手人寰，卒后其稿流落北平琉璃厂书肆，为缪荃孙所得，旋归广东广雅书局。所以缪知道其价值。近代著名藏书家董康所藏的明刊本、旧抄本7种，其他如稿本《罪惟录》、《翁覃溪未刻诗稿》、《曹子建集注》等，都是经缪荃孙之手而入藏嘉业堂的。艺风堂楼上下五楹，藏书11万卷，3万余册，触目皆佳籍，其中的善本更是多次让售嘉业堂。叶鞠裳《缘督庐日记钞》1916年8月5日载："艺风以精椠易米，翰怡持函目见示，以宋刻《尚书正义》二十卷、《新唐书》二百二十五卷为巨擘，《圣宋文选》有荛圃跋，《庶斋老学丛谈》明钱功甫抄本，又有唐《窦氏联珠集》，宋范文正、吕东莱两集，共宋本十四种，抄本四种。"[25] 据说这批书缪荃孙原拟售给袁克文（寒云），价2万元，后让售嘉业堂，成交价1．1万元。当然，刘承幹对缪荃孙送来的个别书，也有不满意的，如一次送来的所谓明抄《太平御览》，补抄甚杂，本应退还，却碍于情面，只得留下。

二、总司嘉业堂刻书事宜。1913年初，刘承幹与张石铭合请缪荃孙主持两家的刻书事宜，"遇有善本，送至伊处察核，应刻与否，请伊主裁。得可，交子颂先生校勘。然后再请伊复核付刻。其若何刻法，均归缪主持之。"[26] 从此，"代翰怡勘书"也成为缪荃孙对嘉业堂责任的一部分。不久，缪即圈定《查他山年谱》等4种书交刻。缪荃孙并常为嘉业堂择定刻书底本、推荐可刻之书。清代禁书李清的《三垣笔记》，世无足本，独缪氏藏有李

[27] 吴格：嘉业堂藏书志前言。载《嘉业堂藏书志》，复旦大学出版社，1997年

[28] 刘承幹：嘉业堂藏书志自序。载《嘉业堂藏书志》，复旦大学出版社，1997年

氏族人代代相传之完整的6卷本；《顾亭林年谱》，他过录的系作者张穆之的自校补本，附已见于其间，又录牟房、许瀚之说，资料更为丰富；《厉樊榭先生年谱》，原稿寥寥数叶，盖未成之作，他详加考释，并重加编订；收入《嘉业堂丛书》的《订讹类编》，是缪荃孙从另一著名藏书家叶焕彬（德辉）处借到的；长兴钟廛撰之稿本《易书诗礼四经正字考》残本4卷由其子送到嘉业堂要求刻入丛书中，刘承幹交缪荃孙定夺，缪荃孙审定认为可以授梓，后收入《吴兴丛书》。从1913年至1917年，在五年多的时间里，嘉业堂在缪荃孙的主持下，举世间罕觏之笈，次第墨之于版者达百余部，奠定了嘉业堂出版业的基础。

三、为嘉业堂编撰书志。缪荃孙为清末公认的版本目录大家，曾协助张之洞编撰《书目答问》，编有家藏书目《艺风堂藏书记》、《艺风堂藏书续记》、《艺风堂藏书再续记》、《艺风堂金石目》等，辑刻书目题跋多种。众望所归，聘请其编纂书志，成沪上藏书家一时之风尚，如盛宣怀的《愚斋图书馆藏书目录》就是请他编辑的。缪氏自1917年末至1919年去世，应刘承幹之请，共成嘉业堂书志1200余篇。虽然其时缪荃孙由于年事已高，精力不济，世务又多，撰写的书志有不尽如人意之处，如“解题多采摭《四库提要》及前人评骘，殊少出于己裁，语多重复，间又漏略。”[27] 但他的工作毕竟使《嘉业堂藏书志》初具了雏形。所以刘承幹说：“《藏书志》创稿，以艺风之力为多”。[28]

四、为嘉业堂物色、推荐人才。缪荃孙和刘承幹交往密切，他们不但经常互相登门，而且频繁聚会。举两个例子：1913年农历五月十一，是著名藏书家黄丕烈150岁诞辰，缪荃孙在望平街醉沤斋设宴，邀叶鞠裳、王秉恩、徐积余、张元济、张石铭、刘承幹等人共庆，与会者携所储士礼居

旧籍有黄手跋者不下二三十种，陈列几案，奇书共赏；1914 年 5 月 29 日，刘承幹设家宴，邀缪荃孙、汪渊如、杨锺羲、吴子修、程平园、喻志韶、梁鼎芬等人，观赏新买之天一阁旧藏抄本。往往在这种聚会上，通过缪荃孙的介绍，刘承幹得以结交不少对嘉业堂事业发展的有用之才。刘承幹初识叶鞠裳就是在上述庆祝黄丕烈 150 岁诞辰的聚会上。1914 年底，清史馆馆长赵次珊（尔巽）通过缪荃孙给刘承幹送来名誉纂修聘书，正是由于有这层关系，嘉业堂后来才得以抄录数千卷之钜帙的清代历朝《实录》和《国史》稿本。

此外，缪荃孙还为嘉业堂物色推荐过各种人才：如推荐刘谦甫（富曾）校勘书籍，《宋会要》入藏后，嘉业堂曾加以整理并重抄，此项工作就是由刘谦甫主持完成的；推荐陶子麟、饶星舫为印行《景宋四史》影写、雕版；推荐南京梓人姜文卿刻印嘉业堂出版物，引人注目的《章氏遗书》便是姜文卿处雕印的；推荐京城书客段

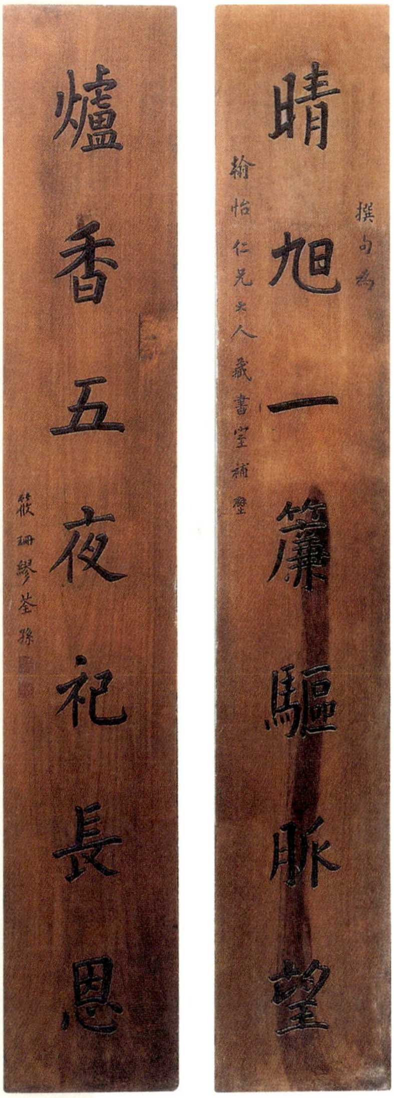

❶

❶ 缪荃孙赠刘承幹联

[29] 刘承幹：嘉业藏书楼记。载《嘉业堂藏书志》，复旦大学出版社，1997年

[30] 洪亮吉：北江诗话。上海古籍出版社，1983年

镜轩上门售书，通过段镜轩之手，部分广东丰顺丁氏持静斋旧物归入嘉业堂；嘉业堂早期的专职图书管理员陈步云亦是缪荃孙介绍的。

缪荃孙晚年因家用浩繁，生活时陷困顿，甚至到了以精椠易米的地步，他为嘉业堂效力，刘承幹是给予酬劳的，总不忘及时送“月脩”、“年敬”和其他酬劳。但是，他们之间的关系又不是金钱所能衡量的。对于刘承幹来说，缪荃孙亦师亦友，他一生都心存感激。“辛亥寓居沪上，获从缪艺风诸老游，流略文学，稍稍闻知。”[29] 正是他的肺腑之言。

大凡藏书家都离不开书商，尤其是古旧书商。古旧书商们“于旧家中落者，贱售其所藏；富室嗜书者，要求其善价，眼别真赝，心知古今，闽本蜀本，一不得欺，宋椠元椠，见而即识。”[30] 他们头脑灵活，信息灵通，熟悉版本知识，了解藏书家心态，除设店铺交易外，还常常上门推销图书。对刘承幹这样一个一掷千金的买家，古旧书商们怎会轻易放过？就像缪荃孙《艺风堂日记》一样，叶鞠裳的《缘督庐日记》多处记载：“翰怡淫于书，书估踵门者如市”，“翰怡出示群籍，皆书肆送来样本”，“翰怡以书肆送阅数十册属为甲乙而择其尤”。综合《求恕斋日记》与留存至今的嘉业堂购书清单中的有关记录，从1910年至1937年，登嘉业堂之门求售古籍次数较多的书商有数十人，他们来自北平、南京、上海、苏州、扬州、杭州等地，上门时间最长的如朱甸卿、钱长美、柳蓉春、李紫东等人，从民国初至1937年，与嘉业堂的古书交易可谓几十年如一日。

这些书商中的不少人在天长日久的贩书实践中积累了丰富的经验，长期的耳濡目染，使他们的版本学见识和目录学功底往往非比寻常。“柳蓉春外号人称‘柳树精’。虽未尝学问，但勤于研讨，富于经营，且获交于江建霞、章硕卿、朱槐庐诸前辈，习闻绪论，遇旧本书，入手即知为何时何地所刻，

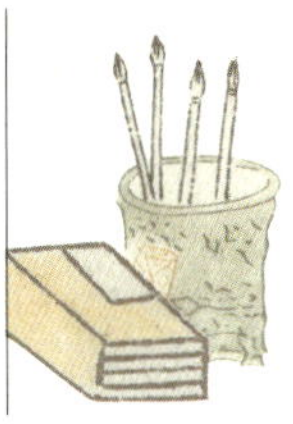

谁家装潢，及某刻为足本，某刻有脱误，历历如数家珍。”[31] 李紫东“曾受业于旧京翰文之韩心源，韩则保文斋徐苍崖之徒，颇为缪荃孙称道者，”故李紫东的“版本之学，独步一时，又与刘翰怡、刘晦之、董绶经诸公接，所见愈广，沪之市书者，每倩其鉴定。”[32]“杨寿祺在古书业中颇有声望，精通目录学，是鉴别古籍版本的专家”。[33] 李宝泉“鉴别古籍颇有眼光，在杭颇有名望，专门替北京的大藏书家傅增湘收罗宋元善本。”[34] 正是这些书商的慧眼，为嘉业堂物色到了南北各大藏书家的精善珍藏。1911 年的时候刘承幹还慨叹“余家之书，精椠殊少，坊局刻书为多。”[35] 但短短几年间，他便跻身于大藏书家行列，这其中，书商是功不可没的。

最典型的个案是宁波抱经楼藏书的流归嘉业堂，曾轰动一时。陈乃乾说：“三十年来，大江以南言版本者，书肆以古书流通处为第一，藏书散出者以抱经楼为第一。古书流通处初开幕时，列架数十，无一为道光以后之物，明刻名抄，俯拾皆是”。[36] 抱经楼主人卢址（1725——1794），字青崖，一字丹陛，浙江鄞县人。博览嗜古，尤喜聚书，遇有善本，或不惜重金购藏，或不分晨夕借抄，经 30 余年的努力，积书至 10 万卷。所藏史部书籍中颇多佳本，又多地方志书。“乙卯（1915 年）秋，卢氏以藏书求售，…为书估陈立炎以三万五千金得之”。[37] 陈立炎，名琰，1912 年在上海设六艺书局经营新书。卢氏遗书散出时，上海的古旧书店还寥寥无几，且营业场地狭小，资本亦短缺，无人敢于问鼎；陈琰虽不擅长版本，但极有胆识，并与沪上书业界实力雄厚的世界书局总经理沈知方、广益书局经理魏炳荣等颇有交情，融资能力强。其他人无能力、无魄力，他却靠集股捆载抱经楼藏书至沪，在三马路惠福里进步书局楼下设立古书流通处。据《古书流通处旧书目录》所载，共得抱经楼藏书 2036 种，56378 卷。初以为奇

[31] 陈乃乾：上海书林梦忆录。载《中国现代出版史料・甲编》，中华书局，1957 年

[32] 纪庸：白门买书记。转引自徐雁《中国旧书业百年》，科学出版社，2005 年

[33] 上海出版志编纂委员会编：上海出版志。上海社科院出版社，2000 年

[34] 王松泉、王巨安：杭州百年书肆记。载《湖上拾遗》，杭州出版社，2007 年

[35] 刘承幹：求恕斋日记。稿本

[36] 陈乃乾：上海书林梦忆录。载《中国现代出版史料・甲编》，中华书局，1957 年

[37] 傅增湘：藏园群书经眼录。中华书局，1983 年

[38] 叶昌炽：缘督庐日记钞。1933年石印本
[39] 伦明：辛亥以来藏书纪事诗。燕山出版社，1999年

货可居，索价甚昂，不料无人问津，后不得不降价，并愿先售一半给嘉业堂以归本。从1916年6月至8月，叶鞠裳整整花了两个月的时间，手不停披，目不停瞚，为嘉业堂审阅了抱经楼书目9册，鉴别样本200余册。所择者“舆地书为多，浙江一省府州县志十不遗一，苏松两郡亦过半，史部奏议类，子部医书类，类书类圈出亦不少。”[38] 伦明《辛亥以来藏书纪事诗》有云：“抱经堂外抱经楼，此日卢家嫁莫愁。万卷校雠何处去，绿签碧轴尽归刘。”并有注云：抱经楼“所藏于丙辰全散出，惟史类颇有佳本，皆为刘翰怡所得。若李焘《续资治通鉴长编》，即昆山徐氏进呈副本。他若抄本明袁袠《皇明献实》，抄本明范守质《肃皇小史》，抄本明黄昉《国史唯疑》，抄本无名氏《南渡录》，皆极罕见者也。”[39] 嘉业堂藏书中的殿本《古今图书集成》，宋刻《春秋经传集解》，元刊《马石田集》、《欧阳文忠公集》，抄本薛居正著《旧五代史》、陶南村著《说郛》等亦皆于此际入藏。

刘承幹和书商在长期的买卖过程中，建立了深厚友谊。他出手大方，颇讨书商欢心。如王锡生介绍郭氏的前后汉书给嘉业堂，刘承幹除付给郭家3000元书款外，另付给王锡生300元酬劳，在当时，这可是一笔不菲的进账；好几年，每当年关逼近，李紫东就会携书上门求售，向刘承幹诉苦，说回家川资尚无着落，刘承幹总是叫他将书留下，付他现金。而对刘承幹需要帮忙的事情，书商们也乐意为之。嘉业堂从郭氏购藏的《汉书》有缺卷，为印行《景宋四史》，刘承幹欲往访藏书家李盛铎（木斋），向其借南宋庆元间建安刘元起刊本，以便影写补所缺之卷，靠李紫东从中牵线搭桥，1937年李盛铎去世，刘承幹挽联中有“旧史一瓻相借更何人”之叹，指的就是此事。刘承幹向潘氏宝礼堂借来的宋刊《史记》被校勘者不小心损伤，王锡生知道后便介绍修书人张天麟来嘉业堂修复。

[40] 刘承幹：嘉业藏书楼记。载《嘉业堂藏书志》，复旦大学出版社，1997 年

❶

1924 年冬南浔嘉业藏书楼的落成是嘉业堂发展史上的里程碑。

刘承幹之所以在南浔小莲庄旁选址营建书楼是有其深谋远虑的。“然昔贤聚书，良亦不易，乃聚而旋散，既散而重聚于余。揆厥所由，盖亦有故。眉山苏氏谓，李公择之书不藏于家，而藏于其所居之僧舍，为仁者之用心。余亦取其意焉。余之为是楼，非徒藏之，又将谋所以永其传，略仿李氏之意，隶之义庄，与宗人共守之，或亦眉山苏氏许为仁者之用心，而仰瞻宸翰，庶几继昆山、新城、秀水之盛。凡吾子孙，其世守弗替乎。”[40]

❶ | 嘉业藏书楼正立面图

藏书楼内庭院景（天井）

许寅《“傻公子”作出的“傻贡献”》一文中说：嘉业藏书楼“兴建时并未请专家擘划，只是按照旧式厅堂建筑，依样画葫芦而已。”他是根据周子美先生提供的材料结合刘承幹嫡长子刘䜣万的回忆而成文的。周家与刘家系世交，周子美在嘉业藏书楼落成后应聘任第一任主任，后虽离开嘉业堂赴沪任教于圣约翰大学等校，但仍与刘承幹有密切来往；刘䜣万出生于1914年，嘉业藏书楼的兴建是他童年的记忆。因此，这个说法应是可靠的。

关于书楼的建造经过，今天人们只能从《求恕斋日记》中得其大概：1920年正月，地基已选定；四月，工程已开工。负责工程的崔振声是刘承幹的雇员，《求恕斋日记》1911年四月十六日就提到“将求恕斋书重复者带杭，嘱醉愚、厚斋、叔云、振声前往董理”。书楼的铜工由南浔镇上的宋聚昌铜匠店负责。荷花池周围的假山出自杭州人金鹤声之手。1921年六、七月，南浔刮大风，下暴雨，工地墙倒架塌，损失三、四千元。因质量或其他问题，书楼的窗门、铜工、园林的荷花池、假山等都曾返工过，如因荷花池太狭，绕池假山“原有者计四十二丈，做二千多工（每日工费大洋六角）。现开大两面，共六十七丈（外四十五丈，内二十二丈），约三千四五百工，需费二千余元”。为此，刘承幹多次训斥管理工程的崔振声。直到1924年年底，书楼及其设备才基本就绪。1925年三月园林植树，大概是整个工程的尾声了。书楼建造期间，刘承幹曾到宁波天一阁、京师图书馆等处参观，并收集、研究了国内各处图书馆的章程。

刘承幹曾两撰《嘉业藏书楼记》，勾画书楼布局及周围的环境、园林：“楼与余家小莲庄毗连，四周有水，环之如带。面南向池，池中及四周叠石为小山，有峰曰‘啸石’，阮文达之所题咏也。有亭三，中曰明瑟，左曰障红，右曰浣碧。杂树花木，纷红骇绿，随风旋靡。由池而上，有楼七楹，中一

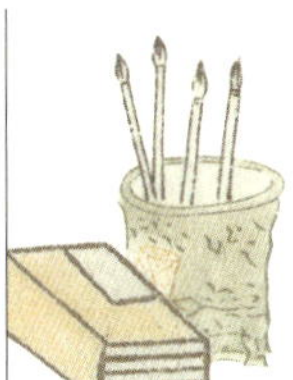

[41] 刘承幹：嘉业藏书楼记。载《嘉业堂藏书志》，复旦大学出版社，1997 年

[42] 刘承幹：嘉业藏书楼记。载《嘉业堂藏书志》，复旦大学出版社，1997 年

[43] 胡道静：嘉业堂钞校本目录总序。载《嘉业堂钞本目录・天一阁藏书经眼录》，华东师范大学出版社，1986 年

[44] 张崟：南浔刘氏嘉业堂观书记。载《浙江省立图书馆馆刊》，第 4 卷第 3 期

[45] 王欣夫：嘉业堂群书序跋序。载《嘉业堂藏书志》，复旦大学出版社，1997 年

楹为大门，东三楹为宋四史斋，以置宋椠《四史》；西三楹曰诗萃室，以置先府君及余编《国朝正续诗萃》。斋、室均北向，斋楼多旧抄精校各本，室楼皆宋元椠本。再进，亦楼七楹，左右缭以两庑，庑各九椽。楼下为嘉业厅事三楹，分列甲乙两部。上为希古楼，庋殿本、官印，而内府秘籍亦在其中。楼东西上下各二楹，杂置书五百余箱。左、右庑则各省郡县志，庑楼均为丛书，约二百种。由楼而东，有室五楹，中三楹为抗昔居，左栖息编勘诸君，右则阅书。后三进居印刻各工，庋历年所刻书版，庖湢亦分厕焉。又东南隅铁扉双峙，为出入之所，有石桥以通路。门侧小屋，则阍者所居。”[41]

南浔地处江南水乡，因此，书楼除对防火措施十分注重外，对防潮、防虫、通风也周密设计，精心构筑。

嘉业藏书楼落成后，聘有职员 4 人，工友 4 人。“楼之岁费，约三千余金，以历年所置田贰千伍百亩，取其息为常费，有余则添购书籍。”[42] 在楼主任周子美的领导下，当时的主要工作，就是编目。“吴兴周丈子美韶岁司同郡刘氏嘉业堂藏书楼管钥，八易寒暑，日理缥缃，含精茹英，穷其窔奥。嘉业所藏，盛日超五十七万余卷，数十八万册强。悉如稽检，辑成总目，存在书楼”。[43] 据浙江图书馆张崟 1935 年参观嘉业藏书楼时所见，有“善本书目一册；普通书，经部一册，史部一册，方志一册，子部一册，集部明以上一册、清人二册，总集以次及丛书合一册，另补编一册，抄本书二册，都共十二册。”[44]

1931 年，北平图书馆因董康之介绍，斥资四千元，从嘉业堂购去徐松《宋会要》原稿。表面上看，是因为该书卷帙浩繁，刘承幹有感于一人之精力不能尽传，将其交北平图书馆出版。[45] 实际上，一叶知秋，当藏书家抛

花园全景

[46] 郁达夫：图书的惨劫。载《郁达夫海外文集》，三联书店，1990 年

[47] 刘承幹：求恕斋日记。稿本

售心爱的精品时，往往是败象的凶兆。果然，至 1934 年 7 月，刘承幹迫于经济压力，又不得不将嘉业堂宋元版书 15 种押于中国实业银行，半年为期，洋 2 万元月息 9 厘。半年之后这批书虽被如期赎回，但嘉业堂盛况不再，已是无疑的了。之后，嘉业堂部分宋元本归于潘明训的宝礼堂，40 册《永乐大典》被满铁大连图书馆收购而去，抄本《明实录》全部及零种之洪武、成化、嘉靖、隆庆四朝实录归于中央研究院历史语言研究所。

嘉业堂之所以在 20 世纪 30 年代走向衰落，一个重要的原因就是日本侵华所造成的社会动荡和民族灾难。“倭骑纵横，中原浩劫中之最难恢复的，第一莫如文物图书…我所亲见之藏书家，如山东聊城杨氏之海源阁，常熟瞿氏之铁琴铜剑楼，吴兴刘氏之嘉业堂，宋元旧籍各具数百，明清以下之版本无虑千万，现在则虽不全部被焚，也都已被敌人窃去。”[46] 可见，嘉业堂之走向衰落，并不是孤立的现象。

继“九 · 一八”之后，1932 年 1 月 28 日深夜，上海滩枪声骤起，日军发起了大规模的进攻。“一 · 二八事变”给上海带来的灾难是空前的。据南京国民政府统计局初步统计，直接经济损失 15.6 亿元（不包括嘉定），其中居民财产损失 7.88 亿元，工业损失 0.97 亿元，商业损失 0.59 亿元。共有 597 家工厂遭受破坏，占全市工厂总数的 25%。全市银行和钱庄的营业额下降 85%，进出口贸易下降 87%。战争引发了上海的房地产危机、金融危机，而刘氏是上海的房地产大鳄，在金融界的投资亦巨，损失之惨重可想而知。《求恕斋日记》1938 年年末有题为“违难纪事”的一段话，其中谈及刘家“典铺九间，五家受损，青浦同济典则被劫一空，而贻德、崇德、景德之典铺亦多罹刦”。[47]

1937 年“八 · 一三”淞沪之战爆发后，日军飞机经常飞临南浔上空

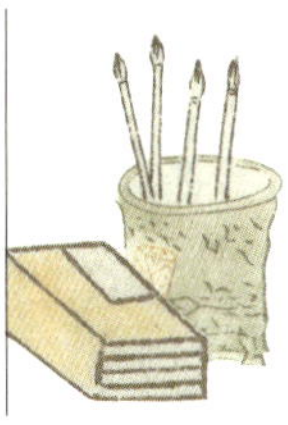

[48] 王克文：湖州市志。北京昆仑出版社，1999 年

侦察、轰炸，当时社会上有传言，谓藏书楼为文化机关，引日本人注目，故嘉业藏书楼内的珍本曾一度被转移出去。同时，为了防止书楼万一被炸藏书灰飞烟灭的惨剧发生，楼中多种珍藏的首册或末册被装进 200 余只麻袋里，秘密转移到刘承幹在南浔镇南西街 203 号住宅的阁楼上。1937 年 11 月 19 日，日军占领南浔，"见人就杀，见屋就烧，被害有 400 余人，沿街电线杆上挂满人头，全镇烧毁房屋 4993 间。"[48] 住在嘉业藏书楼平房内的 2 位雕版刻字工友在混乱中先后死于日军之手。日军破书楼之门而入时，守门的狗狂吠不已，也遭枪杀。藏书楼内之书画箱被日军打开，书画遭劫，最使刘承幹痛心疾首的是，他满望身后之名藉以传、花了 20 余年心血及不少金钱求多位名人题咏的勘书、藏书两手卷被劫走。

混乱之际，藏书楼主任施韵秋不得不率领员工加入到难民行列中。其间，为保护藏书，施韵秋曾于一个深夜组织书楼人员偷运出一批书存放到乌镇。至年底，南浔镇上稍为安定，管理人员才轮流回书楼值班。

南浔沦陷期间，日伪先后在书楼贴了不下 10 张布告，如以日本军特务部名义公布的"擅自侵入者照军法惩罪"；以日本帝国宪兵队名义公布的"未经宪兵队许可，搬出货物及出入者，依军律严加惩处"等。日本人真的要保护书楼吗？其目的又何在？这是一个有待进一步探讨的问题。

关于南浔沦陷时期嘉业堂的命运，有着各种各样的说法。许寅《"傻公子"作出的"傻贡献"》一文引述了 3 种传说："抗战初期，南浔沦陷，日寇烧掠严重，十室九空，唯独藏书楼和刘氏家园得以保全，纹丝不动。其故安在？据说日本有一著名汉学家松崎鹤雄，抗战前多次来信向嘉业堂讨书，刘承幹总是有求必应。一九三七年，日本侵华战起，他的妻舅'牧少将'出发前，松崎一再叮嘱如到南浔，务必要保护嘉业堂及其藏书楼。事

[49] 许寅："傻公子"作出的"傻贡献"。载《学林漫步》第8集，中华书局，1983年

[50] 项文惠：嘉业堂主——刘承幹传。浙江人民出版社，2005年

[51] 刘承幹：嘉业老人八十自叙。载《嘉业堂藏书志》，复旦大学出版社，1997年

有凑巧，这个'牧少将'后来果然成为这一带的日军司令官，便命令部下保护，自己还亲到藏书楼察看。这岂不是一段趣闻？（另有一说：侵入南浔日军，进入藏书楼，看到溥仪所赐匾额，所以加以保护。据分析，此说不可靠。日本侵略军向来视满洲国为附庸，溥仪为傀儡，岂有买他账之理！）不过藏书楼藏书，抗战八年间所以未受损失，除了这个传说，还有一个重要原因：刘承幹深知日本人收书习惯，好全部而恶残本，因此战火一起，他便托人到南浔，一面将大量珍本送到上海租界家宅，一面从无法运出的整部书籍中抽走第一册，隐藏在私宅天花板内（解放后交出）。这样，等到日寇占领南浔，曾几次派人前来察看，却认为珍贵者不多，所以未曾下手。不过这些都是传说，并无确证。"[49] 也有人根据近几年披露的刘承幹与友人的通信，结合原满铁大连图书馆馆员大谷武男《回忆录》中所说的"1940年大连图书馆（满铁干部的企图，不是图书馆的企图）浙江南浔嘉业堂藏书接收计划，因华东政府反对就中止了"的话，推断刘承幹友人中的前清遗老为嘉业堂事求过汪精卫，汪精卫也做了一点工作。当时汪伪政府刚刚建立，日本人为获取更大的在华利益，对藏书楼之类小事，给点面子是可能的。所谓的"满铁干部"，指的就是松崎鹤雄等人。[50] 而据刘承幹晚年回忆："丙子（1936年）夏五月，余作大连之行，寓王君九学部家，遇日本人松奇鹤雄（字柔甫），为王壬秋太史门生，诗文兼擅，彼此曾往还酬酢。其明年丁丑，战衅突起。彼邦派遣军司令松井，为松奇之戚。松奇函松井，谓有湖州友人刘某藏书楼，须加保护。松井以此达杭嘉湖司令牧次郎，能如其言，绝不损碍，且入楼见御赐匾额及先人遗像，均行礼致敬。"[51]

无论哪种说法，似乎都与松崎鹤雄有关。松崎鹤雄到底是何许人也？

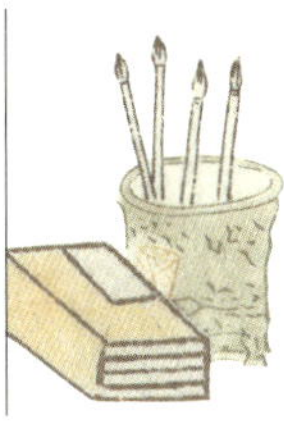

[52]－[53] 转引自王若：嘉业堂藏书未毁之谜。载《文汇读书周报》，2003 年 12 月 8 日

[54] 张廷银、刘应梅整理：嘉业堂藏书出售信函。载《文献》2002 年第 4 期、2003 年第 1、2 期

日本学者草柳大藏在《满铁调查部内幕》中说：日本有一个以“满洲建国、亚洲开放”为目的的大雄峰会，其头目笠目“在满洲有两个知己，即松崎和桔朴，他们是满铁的特约人员，松崎是圣海舟的门徒，受海舟之命早已来到中国，以研究汉学和古典书籍入手，掌握了中国社会的奥秘。”[52] 据当时任满铁大连图书馆馆长的柿沼介回忆：“日军在杭州湾登陆后，驻守嘉兴地区的守备队长是居住在大连的松崎柔甫的义弟牧二郎少将，当时松崎给牧少将打电报，请他将管辖下的南浔刘氏藏书控制在手，并找机会调集出来。牧少将和武骨为保护书库不受损，命令南浔驻在地士兵严加防范，防止中国人掠夺，以便完好地将嘉业堂秘籍运往大连图书馆收藏。”[53] 可见松崎鹤雄是个负有特别使命的人，他之所以设法“保护”嘉业藏书，最终的目的恐怕还是为了掠夺。

刘承幹是 1936 年在大连王君九家里认识松崎鹤雄的，1939 年至 1940 年间，为嘉业藏书事，松崎鹤雄与刘承幹、王君九、罗振玉等人频繁通信，从目前发现的松崎鹤雄的信中，大致可以归纳出以下几点：一、刘承幹愿以不少于 35 万元的价格出售嘉业堂藏书，松崎鹤雄提议大连满铁图书馆以 40 万购买，得到该机构内大部分人的赞同，但亦有反对者，一时决定不了。松崎鹤雄致王君九：“弟既以四十万金提议，皆赞成，莫挟异言。价格非问题也。但干部中初反对之者，以买书为不急之事业，其数占干部之半，顷渐减至三分之一弱，稍见生色矣，毕竟反对是系个人的反感，虽事小，然亦极麻烦，此间事不可促成，暂待之可也。”[54] 二、为了满铁能得到完整的嘉业藏书，松崎鹤雄确实托牧少将、松井少将对书楼进行“保护”。 松崎鹤雄致王君九：“牧次郎日前来连时弟言之，牧亦快诺而去。现任杭州警备旅团长松井贯一少将，系弟老友军医中将饭岛茂氏女婿（饭岛为砚谱学

[55]－[59] 张廷银、刘应梅整理：嘉业堂藏书出售信函。载《文献》2002 年第 4 期、2003 年第 1、2 期

[60] 王茜整理：刘承幹致许汝棻函稿。《历史文献》第 8 辑，上海古籍出版社，2004 年 12 月

者，有著书，兼备好古方面及科学分析的研究，曰《砚墨新语》，又名《新古墨质科学研究》者，其藏砚过数百枚）。弟裁简饭岛，请松井少将搬书等保护，请以此事告翰怡为荷。关书事，与伊藤上海商量最好。”[55] 伊藤指满铁上海事务所所长伊藤武雄。三、松崎鹤雄之所以要满铁收购嘉业藏书，实有其私心。松崎鹤雄致王君九：“书事成，第一全对翰翁责任；第二对松井大将、牧少将等之劳聊得报之；第三在大连研究中国文化，弟死可也。”[56] 四、由于军部及上海同文书院的反对，满铁未能如愿。松崎鹤雄致王君九：“今日伊藤上海所长来谈，云军部反对移嘉业堂于大连（或想是同文书院之策动耶），曰满铁买之而置上海资研究者，不然，不听移大连。岂料事至九仞，败于一篑。噫！未知满铁调查部对案何如也，是亦命运乎？弟何面目再见翰怡翁乎！”[57] 松崎鹤雄致罗振玉：“昨夕有人来云，满铁拟买收嘉业堂藏书，既派调查部资料课长，又调查部长田中老人（七十余岁）亦抵沪，岂料遭上海兴亚文化局及军部峻拒，不许着手（该局员同文书院出身多），又云满铁妨害同文书院买书者也。不知刘先生前约同文书院卖书否。此以田中部长等回来云，事惟如此，不可不停止这次购书也云。”[58] 五、另外，据王君九一封致松崎鹤雄的信透露，同文之所以反对满铁收购嘉业藏书，是因为它自己想霸占。“如果同文必买此书，何妨照满铁所许之四十万以向刘氏购此书，刘氏既允满铁，亦必能允同文也，乃同文计不出此而愿以武力没收此书，是何理由。”[59] 另据刘承幹的信，他对同文是极不信任的，“同文承购，侄亦无所不可，特彼中人言而无信，即如侄迁出愚园路住所允之迁移费，信誓旦旦，乃至今历八阅月仍在虚悬，而况大于此事者乎。”[60]

满铁即南满洲铁道株式会社，是日本对中国进行侵略的机构。1905 年（清光绪三十一年）日本取得帝俄控制的东清铁路南段（长春至大连）权

[61] 王茜整理：刘承幹致王季烈函稿。《历史文献》第 9 辑，上海古籍出版社，2005 年 11 月

[62] 张廷银、刘应梅整理：嘉业堂藏书出售信函。载《文献》2002 年第 4 期、2003 年第 1、2 期

益和财产后设立，1907（清光绪三十三年）年开业。总社设在大连，日本东京设有分社。在我国东北经营铁路、煤矿、航运、码头、电力、农场等，并搜集中国的军事、政治、经济情报；上海同文书院是日本于 1900 年（清光绪二十六年）在我国设立的教育机构，但受日本官方和军部的干涉与支配。或许正是因为他们之间的钩心斗角，才使南浔嘉业藏书楼暂时得以在夹缝中生存下来。

身处孤岛上海的刘承幹，心系南浔嘉业藏书楼。一方面，他对日本人以所谓“保护”为名使他丧失书楼主权非常不满，他在致王君九的信中反复说：“书楼既有军部暂管之牌示，则一切均须听军部指挥（此节日人亲去书楼司事者），不能自由，欲求保全，最好能设法取消军部暂管，则不保全而自保全矣。”[61]“近日又有军人至敝书楼取去碑帖数种，彼久已视为囊中物，何尝有公理之可言耶？”[62] 另一方面，日伪人员及偷盗之辈不断光顾书楼，强行取书、借设备、偷东西，使他非常不安。为此，他找过日本人，托过汉奸梁鸿志（众异），欲求得特许通行证，将书从南浔运至上海，但都不得要领。最后，他终于下决心冒险，将藏书中的精品分批装麻袋交从南浔至上海的客轮偷运出去，储于尊德里账房。最先启运的是翁覃溪手纂《四库全书提要》稿 150 册，缪荃孙、吴昌绶、董康编纂之《嘉业堂藏书志》及《编志体例》42 册，时在 1939 年 6 月 2 日。在这之前，曾陆续有零星藏书被带往上海，但有计划的行动始于此时。9 月 20 日至 10 月 7 日，宋刻元椠如《周易兼义》3 册、《东莱先生诗律武库》8 册、《文献通考》172 册等悉被运走，然后是明清精刻本、稿抄本、明清刻本，1942 年 12 月 1 日运走了最后一批书。据统计，嘉业藏书楼此次被运去上海的古籍共 4028 部，62081 册，大都为楼藏精品。

[63] 郑振铎：求书日录序。载《西谛书话》，三联书店，1983 年

[64] 徐雁：中国旧书业百年。科学出版社，2005 年

抗战期间，东南各省著名藏书家所藏古籍大半散入上海旧书市。"'八·一三'事变以后，江南藏书家多有烬于兵火者。但更多的是，要出售其所藏，以赡救其家属。常熟瞿氏铁琴铜剑楼燹矣，楼中普通书籍均荡然一空，然其历劫仅存之善本，固巍然犹存于上海。苏州滂喜斋的善本，也迁藏于沪，得不散失。然其普通书也常被劫盗。南浔刘氏嘉业堂、张氏适园之所藏，均未及迁出，岌岌可危。常熟赵氏旧山楼及翁氏、丁氏之所藏，时有在古书摊肆上发现。其价奇廉，其书时有绝佳者。南陵徐氏书亦有一部分出而易米，一时上海书市，颇有可观。"[63] 而对此虎视眈眈者大有其人，日本人不用说，驻上海的美国"哈佛燕京学社"在为美国收购，敌伪的"华北交通公司"在为伪满收购，旁及北方汉奸梁鸿志、南方汉奸陈群，也在纷纷攫取。在北京大学图书馆，藏有一册"哈佛大学图书馆采访处（汉籍）账单粘存簿（1940 年 7 月—1941 年 6 月）"，上面记载哈佛大学图书馆采访处曾有计划地不时请书手布置过抄书事务，书手奉抄的书单中，赫然列有《嘉业藏书楼善本书目》，[64] 可见，嘉业堂藏书殆矣，不仅日本人欲得之而后快，美国人也大有收购之意。

储于上海的嘉业堂藏书开始大批流失是在 1941 年 4 月，由文献保存同志会出面，代中央图书馆以 25 万元收购了嘉业堂明刊本 1200 余种，抄校本 36 种。事后，刘承幹曾在家中宴请文献保存同志会的郑振铎、何柏丞，徐森玉，以及叶揆初、瞿凤起、顾起潜、张芹伯等人；郑振铎也邀请刘承幹去自己家中观书，可见双方对这次交易都较为满意。

1942 年 10 月，刘承幹与张叔平订立合同，将储于上海、南浔两地的所有嘉业堂藏书及书箱、箱垫卖给张叔平。不久，刘承幹认为张叔平违反协议，提出中止交易。张叔平不肯。由此风波迭起，一直闹到 1946 年。但

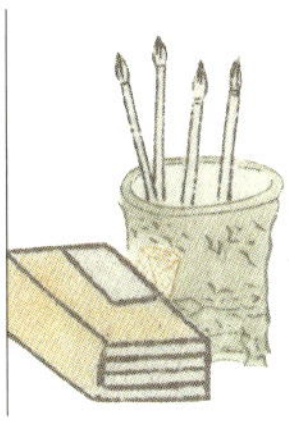

[65] 刘承幹：求恕斋日记。稿本

[66] 浙江图书馆编：嘉业藏书楼。浙江人民美术出版社，2004 年

[67] 刘承幹 1951 年 7 月 26 日致张宗祥函。存浙江图书馆档案室

无论如何，张叔平通过这次交易，得到了大量嘉业堂的精品，并转手倒卖。人们今天在浙江大学图书馆、香港冯平山图书馆、澳门何东图书馆、美国柏克莱加州大学东亚图书馆等处所见到的原嘉业堂宋、元、明、清刊本及稿本、抄本，都是张叔平转手卖出去的。另据黄裳《来燕榭读书记》，1948 年夏，上海三马路文海书店中插架者多嘉业堂旧藏，可见一直到 40 年代末，嘉业堂藏书还在不断地流失。

需要指出的是，嘉业堂藏书有直接毁于战火者，那就是储于刘承幹苏州寓所的藏书，据《[苏寓藏]书目录》，计有 995 部、4015 册。刘承幹曾说："最痛心者，苏寓粗细物件靡有孑遗，书籍虽无贵重者，而历年诂文等稿别无副本，亦尽失去。手卷一在浔，一在苏，均失去。苏寓之先像，及余小照在苏、浔者，无一余剩，可惜之至。"[65]

嘉业堂声名远播，也引起了中国共产党和人民军队的关注。1949 年 5 月 7 日，周恩来致信中宣部，要求人民军队对"南浔镇（吴兴、吴江之间，在太湖南岸）刘氏嘉业堂藏书楼特予保护以重文化。"[66] 1949 年 6 月下旬，嘉兴甫解放，县委便接到省、地委转来的周恩来的电报，命令立即派出部队保护嘉业堂，嘉兴县委当即指派嘉兴独立营第一连连夜赶往南浔执行任务。

自 20 世纪 30 年代以来，嘉业堂虽幸免于战火，但驻军不断，日本侵略军和国民党部队都来骚扰过，作为楼主，刘承幹一直只能望楼兴叹："自抗战至今，敝楼驻军络绎不绝，甚至欲入内一观亦不可得。…已毫无主权"。[67] 由于战乱多年，由于藏书精品运往沪上后刘承幹相继将施韵秋等职员调到了上海，南浔嘉业藏书楼此时已乏人管理，一片破败。当时有一份调查报告是这样描述的：上下二层的主楼内蛛尘遍布，疮痍满目。虽然书籍、

[68] 文件复印件存浙江图书馆档案室

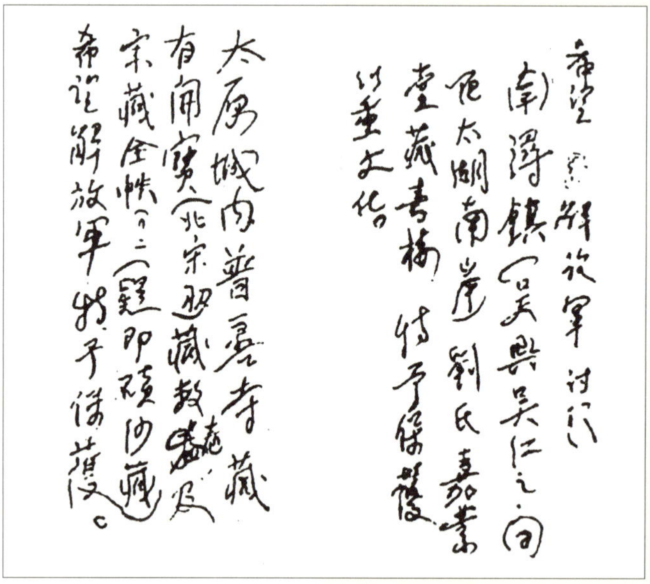

希望解放军讨伐南浔镇（吴兴吴江之间）近太湖南岸刘氏嘉业堂藏书楼，特予保护，以重文化。

太原城内晋嘉寺藏有开宝（北宋版）藏数卷及宋藏金帙（约二）（疑即碛沙藏）希望解放军对予保护。

❶

书橱、书架基本完好，箱橱上锁，但有的书橱玻璃门已碎，书被取走，藏书情况不明，箱橱钥匙不知所踪。电表、电线、桌椅板凳等损坏严重。主楼东侧的抗昔居更是一片破败，四进平房有的门窗皆无，有的地板腐烂，有的房顶漏水，个别地方甚至倒塌了，版片胡乱堆放，随处可见，且有的已霉烂不堪。花园荒芜。

1951 年 1 月 2 日，刘承幹写信给浙江省委统战部。当时的南浔属嘉兴专署管辖，省委统战部收到信后，即责成嘉兴专署处理。2 月 23 日，嘉兴专署就此事向省文教厅报告。3 月 13 日省文教厅指示："暂不接管，仍以私人名义保留该藏书楼。可派一人前往管理，并吸收刘氏参加管理清点"。[68] 3 月 17 日，嘉兴图书馆接到专署指示：着手保管、清理嘉业堂，保管是使之不继续坏下去，清理是要知道藏书的内容及价值，并在短期内编出书目，作为上级处理这一文化遗

❶ | 周恩来保护嘉业堂的指示

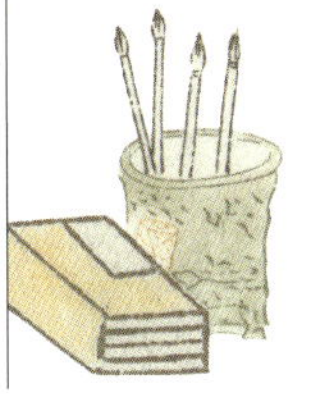

产的依据。当时主持嘉兴图书馆工作的汪大铁副馆长一方面积极准备，一方面写信给北京图书馆副馆长王重民与南京图书馆馆长贺昌群，希望必要时得到他们的帮助。王重民即将此一信息向文化部文物局局长、主持全国图书馆工作的郑振铎作了汇报。嘉业堂的命运引起了文化部的重视。4月6日，文化部向华东文化部下达文物秘字第64号文，要求由浙江省立图书馆负保管、清理嘉业堂之责。4月11日，浙江图书馆向上级汇报了工作方案。4月25日，省文教厅指示浙江图书馆主持嘉业堂藏书清理工作，嘉兴图书馆协助。至此，浙江图书馆与嘉兴图书馆联合保管、清理嘉业堂藏书的历史拉开了帷幕。

浙江图书馆指派特藏组组长毛春翔赴南浔负总责。很快，成立了浙江省立图书馆、省立嘉兴图书馆嘉业堂藏书管理处，制定了管理处条例，规定了管理处的职责和任务，强调书楼建筑不能占为他用，防止藏书与设备的散失，并搞好清点。这个条例，在当时对保护嘉业藏书楼起到了很关键的作用。

此时的刘承幹犹在为争取政府收购南浔嘉业堂藏书而努力。新中国成立后，他曾先后托张葱玉、徐鸿宝、张元济等人与政府有关部门联系，并曾亲自向浙江省政府、嘉兴专署写信，希望政府收购。在信中他提出3点：一、请政府给价收购以资保存；二、版片悉数捐献政府；三、求恕斋重复之书及自印书暨拓本碑帖等请发还领回。

经张葱玉介绍，北京图书馆一度有意收购，于1950年9月派赵万里赴沪与刘承幹联系，赵并带着刘提供的嘉业堂书目前往南浔书楼实地查看核对，但最后未果。代管初发生了所谓的“头本书”事件，使收购顿成泡影。

原来，两馆联合清理嘉业堂藏书时，发现凡每部10册以上的书或不

[69] 1951年10月5日文化部发文华东文化部[（51）文秘物字第202号]。文件复印件存浙江图书馆档案室

[70] 郑振铎：一年来“文物工作”纲要。载《郑振铎文博文集》，文物出版社，1998年

[71] 刘承幹捐献信。原件存浙江图书馆档案室

满10册而少见的书，均无首册，或缺末册。浙江图书馆一方面向上级汇报，一方面派人赴上海找刘承幹了解。在当时的历史条件下，此事很快被上纲上线，文化部指示：“原藏书人刘承幹既蓄意将其藏书加以破坏情事，应由当地政府正式通知该刘承幹不得破坏；如发现有严重情节，应即依法拘送当地人民法院法办。至所隐藏之书籍，亦应予以追查。”并指示：“所请价购一节，可不置议。”[69] 其实，正如前文所述，“头本书”问题是抗战期间遗留下来的，早在1951年4月3日给汪大铁复信时，刘承幹就明明白白地告诉汪务必将这批书移回书楼一并清点，汪也如实向嘉兴专署文教科作了汇报，但文教科竟置若罔闻，汪亦不再提起。刘承幹得知浙江图书馆来人了解此事，又不厌其烦地给予解释，并给浙江图书馆馆长张宗祥及浙江省文教厅专门写信说明事情的来龙去脉。但文化部文件已下达，刘最终还是蒙受了“不白之冤”。

1951年11月19日，刘承幹写下了那封永留史册的捐献信。

20世纪50年代，中华人民共和国成立之初，全国涌动着捐赠私人收藏的热潮。“由于人民对于中央人民政府的爱戴与信赖，一年来将其私人所藏的文物、图书捐献出来的很多。其中，…张伯驹捐献的宋人尺牍、赵世暹捐献的水利文献、傅忠谟捐献的宋元明刻本及抄本、常熟瞿氏捐献的宋元刻本、翁之熹捐献的明清抄校本书籍等尤为国之重宝。化私为公，得为人民所有，实为从来未有之举。”[70] 刘承幹“为发展新中国社会文化事业之需要”，[71] 将一生心力所萃的嘉业藏书楼慨然捐献，是顺应历史潮流之举。

刘承幹祖父刘镛、本生父刘锦藻及刘承幹自己，都是热心从事慈善事业的豪富。乐善好施，回馈社会，是刘氏祖孙三代的传统。而作为近代藏书家中的巨擘，刘承幹切身感受到了公共图书馆诞生后藏书为社会所用的

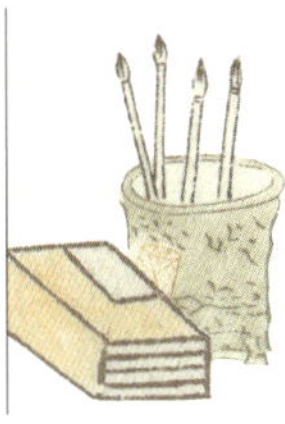

[72] 刘承幹：嘉业堂藏书志自序。载《嘉业堂藏书志》，复旦大学出版社，1997 年

[73] 刘承幹：吴兴丛书序。载《嘉业堂藏书志》，复旦大学出版社，1997 年

历史潮流不可阻挡，深知“书籍本天下之公物，聚散得失，自一人一家言之，或不能无坠履遗簪之惜，自天下之大言之，则失于此者得于彼，散于私而聚于公，其所损者固微而所益者转愈于斤斤私其所有者。昔人或有戒子孙勿以藏书假人者，适足以彰所见之隘，非达人所取也。”[72] 即使在他努力争取政府收购之时，也明确提出要捐献嘉业堂的自印书书版。家族回馈社会的传统与他本人开放的思想观念正是其捐献行为的基础。

刘承幹全家早已定居上海，那么，他为什么又向浙江图书馆捐献呢？分析起来，原因不外乎以下几点：首先，是爱乡的情怀。且听刘承幹对故乡的赞美：“吴兴为东南文物所萃，吴晋以降，代有作者。自胡安定教授以来，苕溪霅水之间，比于邹鲁。人物之盛，著述之富，固不止此，志书艺文所录尚多未见，其有录而书已佚者更勿论矣。”[73] 在他长期的藏书刻书生涯中，对故乡的文献特别重视，也形成了一大特色。正如 20 多年前他欲为堆积如山的藏书寻找栖息之地时选择了故乡一样，他捐献时目光同样投向了故乡。其次，是对浙江图书馆的信任。刘承幹与浙江图书馆渊源有自，早在 1914 年，他就曾托人向浙江图书馆借抄《炎徼纪闻》，此书后被作为《嘉业堂丛书》之一种于 1915 年开雕。1922 年文澜阁《四库全书》第三次补抄劝募经费时，刘承幹认捐 500 银圆，为发起人之一，兼评议干事。浙江图书馆的几任馆长如钱恂、陈训慈等都是他的朋友，尤其是 20 世纪 30 年代陈训慈就任浙江图书馆馆长后，与嘉业堂有了更多的接触，如委托抄录嘉业堂所藏的《永乐大典》以丰富馆藏；亲自率员赴南浔嘉业堂参观；特别是 1936 年 11 月举办“浙江省文献展览会”时，得到嘉业堂的倾力支持。浙江图书馆创办于 1900 年，历史悠久，是浙江省最大的公共图书馆，在全国有一定的地位和影响，在刘承幹的心目中，她是值得信赖的。第三，是与当时的浙江图书馆馆长张宗祥私交甚笃。1922 年文澜阁《四库全书》第三次补抄募捐的发起人就是时任浙江省教育厅厅长的张宗祥，张宗祥并亲赴上海募捐，那时刘承幹便与之相识。张宗祥是位著名学者，毕生搜抄古籍善本，从事校勘，由他整理出版的《罪惟录》、《国榷》、《说郛》等书，字数均在百万以上。有这样一位相知相交几十年的老朋友长浙江图书馆，他捐献就更放心了。

后来的历史证明，刘承幹选择浙江图书馆作为捐献对象确实独具眼光。

但是，嘉业藏书楼的捐献也留下了遗憾。在捐献信中，刘承幹要求领回求恕斋复本书、自印书、石印铅印说部书及碑拓字画，至 1957 年 9 月，他给浙江图书馆写了不下 5 封信，一再申明自己的要求，而浙江图书馆除及时回函告知字画在接收时已荡然无存外，每次回信都重复上级主管部门的批示意见，动员他一并捐献。在刘承幹生前，他的要求没有得到尊重，更没有得到完满解决。直至 1981 年 5 月，刘承幹遗孀冯秀芳与浙江图书馆再次办理捐献手续，浙江图书馆发给冯奖金和留作纪念的嘉业堂自印书，嘉业堂的捐献才完满地画上了句号。

嘉业藏书楼捐献后，浙江图书馆一直对其进行精心保护和管理，使书楼、藏书及四周园林完整地保存下来。

鉴于在兵荒马乱的岁月里嘉业藏书楼的部分藏书曾被转移出书楼，而从南浔镇南西街刘宅中找回的装有书籍的麻袋仅 100 余只，但麻袋上的编号至少超出 200 这一现象分析，当还有一批藏书流散在社会上。因此，接受捐献后，浙江图书馆把搜寻流散藏书当作一件重要任务，南浔镇政府对此亦非常重视。果然不出所料，后来陆续找回藏书 1935 册，书画轴 40 个，碑帖 6 份。其中清康熙刊本有 15 种 196 册，清乾隆刊本有 22 种 185 册，清乾隆聚珍版有 11 种 86 册。

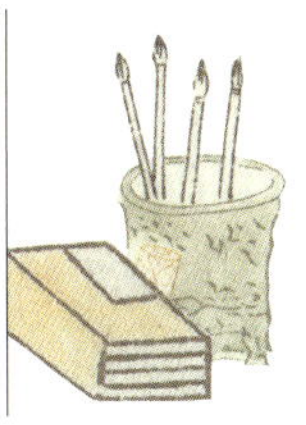

嘉业藏书楼捐献时，书楼东侧的四进平房包括抗昔居及版片库因部队驻军需要，已被中国人民解放军三野卫生部第二野战医院（即后来的九九医院）征用，住满伤病员。1962 年该院迁往他处，但并没有移交房屋。至 1965 年 7 月，浙江图书馆终于与浙江省军区后勤营防处、南字三六九部队办理了移交手续。至此，浙江图书馆管理所及的才是一个完整的嘉业藏书楼。

多年来，浙江图书馆一直派员驻守书楼，保管藏书，每年夏季，又组织一定力量检修房屋，晾晒图书，并根据图书典藏规则，对藏书进行清点。由于管理者只有一人，书楼对外实行有限度的开放，接待参观及查阅古籍者，如 1964 年接待参观与查阅资料共 1131 人次。丰子恺、陈乃乾等先生都曾登上书楼，一饱眼福。

“文革”动乱期间，由于管理人员忠于职守，也由于当地民众的支持，嘉业藏书楼未受冲击。

改革开放以来，嘉业藏书楼的保护、管理和开放日益受到重视。1980 年，浙江图书馆与北京文物出版社签订协议，共同整理、开发原嘉业堂书版印行古籍，使之为社会主义文化建设服务。协议规定，凡藏版缺损，由出版社修补，刷印之后，运回书楼。1981 年 4 月，浙江省人民政府公布嘉业藏书楼为省级文物保护单位。为进一步加强书楼保护和管理，浙江图书馆提出了整顿藏书、整修庭园、为古籍整理和查阅史料者更好地开展服务的规划。1981 和 1982 年，省财政 2 次拨专款，维修书楼门窗、地板。1984 年 1 月 25 日，人民日报《情况汇编》第三十七期刊登“我国著名藏书楼嘉业堂应整顿开放”，嘉业藏书楼的问题再次引起省里各级领导的重视。同年 2 月 22 日，由省委宣传部主持，省文化厅、省文物局、省财政厅、湖州市委市政府以及南浔镇有关领导，在浙江图书馆领导的陪同下，到南浔实地了解嘉业堂现状，并召开专题会议，讨论藏书楼管理方案和整修问题。浙江图书馆根据会议精神，于4月上报了《关于整修、开放嘉业藏书楼的计划》，开始清点藏书，调整布局，开辟陈列室，并制订了“嘉业藏书楼工作条例”；省财政又一次拨款，整修园林、维修房屋，书楼基本恢复了原貌。1984年国庆前夕，藏书楼正式对外开放。此后，书楼管理人员逐渐增加，2000年，成立嘉业藏书楼管理部，编制3—4人。近年来，为确保安全，保护原貌，二度对消防报警系统进行改造、升级；三次对建筑和园林进行维修。嘉业藏书楼2001年6月被国务院列为全国重点文物保护单位；2008年5月被中共浙江省委宣传部确定为爱国主义教育基地。现在，它已成为南浔镇上一道亮丽的风景线，吸引着海内外的学者和游客，据统计，2007年接待参观和查阅古籍者已达60万余人次。

国际图书馆界的专家在参观南浔嘉业藏书楼后都赞叹不已。1994年9月13日，国际图联第一副主席鲍登留言：“This was a fascinating visit to the most interesting library. It is well maintained and the library makes an important contribution to the history of the development of Chinese librarianship.（这是一次令人难忘的参观，这是一座十分令人感兴趣的藏书楼。藏书楼得到了很好的保护。对中国图书馆事业的发展，藏书楼作出了非常重要的贡献。）”2004年10月16日，国际图联当选主席亚历克斯·伯恩（Alex Byrne）留言：“This library is a tribute to the urge to preserve and make available the history of mankind and benefits of civilization through tines of war, political upheaval and need. Its survival is a wonderful tribute to Chinese librarianship and

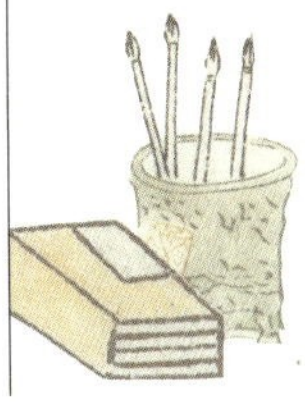

the support of the Provincial authorities. Greeting from the International library community! Our colleagues in China and especially Zhejiang (嘉业藏书楼在促进保存和记录战争及动乱时期的人类历史、文明进步和需求等方面做出了很大的贡献。她的存在是中国图书馆界的骄傲，也与省级政府的支持分不开。国际图书馆协会对此表示热烈的祝贺，祝贺中国图书馆界的同行，尤其是浙江的同行们。)”2004年10月17日，国际图联管理委员会成员与专业委员会成员玛莉安 · 科琳(Marian koren)留言：“Where the light is　Where the books are　A source of wisdom　A well of peace　A silent library　For every human being (有光明之处，就有图书／智慧的源泉，为每个人／涌出和平、宁静的藏书楼)”

与嘉业藏书楼受到精心保护形成鲜明对照的是，20世纪30——40年代被运到上海存于刘承幹沪寓的嘉业堂藏书仍在不断地流失，所幸的是，除少量为北京、天津、上海的书商收购外，绝大多数进入了上海复旦大学图书馆的善本库。

清末维新派人士王韬指出：自近代图书馆诞生以来，“藏书于私家，固不如藏书于公所。

❶

❶ | 2003年1月4日，中共中央政治局常委、国务院副总理李岚清在浙江省委书记、代省长习近平的陪同下参观嘉业藏书楼

[74] 王韬：弢园文录外编。中州古籍出版社，1998 年

私家之书积自一人，公所之书积自众人。私家之书辛苦积于一人，而其子孙或不能守，每叹聚之艰而散之易。惟能萃于公，则日渐其多而无虞其散矣。”[74] 这从嘉业堂近百年的历史中也可得到印证。

第二节 藏书缘起

浙江省吴兴县（今湖州市）向有“藏书之乡”的美誉，自六朝的沈约以来，藏书家代不乏人，清末四大藏书家之一的“皕宋楼”更名闻海内外。南浔镇“在吴兴东南，为水陆走集。人情开涤，民物丰昌，膏腴所萃，人文蔚然。由明以来，自成风尚，户习弦诵之音，家识文献之贵。簪缨世第，蓬荜名儒，相尚藏书，辉炳邑牒”。这一传统对刘承幹的人生道路有着重大的影响。

续辑承继父的《国朝诗萃》，协助本生父编辑修订《皇朝续文献通考》，使刘承幹在集部和史部书的征集、收藏上特别花费心血。

刘承幹开始有意识地大规模聚书是在清宣统庚戌（1910 年 6 月），次年，辛亥革命爆发，众多东南旧家世族麇集沪上，遭逢鼎革，他们家道中落，生计维艰，纷纷以藏书易米，使大量旧籍流向社会。此时刘承幹已携家移居上海，又拥有巨额财富，加上结识缪艺风等诸遗老，版本目录学知识日增，遂成一代藏书大家。

第三节

藏书来源

嘉业堂藏书来源有三个途径，一为购买，二为抄录，个别藏书来自向刘承幹借款而到期无力赎回的抵押品。

购买有三种方式：从友人处购买或由友人代购、到书店现购及购买书商上门推销之书。

从友人处购买或由友人代购。如：缪荃孙生前多次向刘承幹价让艺风堂善本。缪荃孙、蒋孟蘋、张元济、章一山、陆纯伯等都曾为嘉业堂代购过。

到书店现购。嘉业堂购书的足迹遍及北平、南京、苏州、扬州、杭州及上海的书店。上海的书店主要有：扫叶山房、蟫隐庐、博古斋、来青阁、古书流通处、中国书店、商务印书馆、中华书局、世界书局、新华书局、同文书店、觉民书店、中西书局、医学书局、校经山房。除刘承幹本人亲自到书店购买外，沈醉愚（焜）、黄孝纾（公渚）两人在受刘氏之聘期间购过的书最多。

携书登嘉业堂之门推销的书商大多来自上海、北平、南京、苏州、扬州、杭州等地，有：段镜轩（北平镜古堂书铺），朱甸卿（亦作朱甸清，金陵萃文书局），钱长美（后来在南京经营合作书店），王仁权（后来在南京经营保文堂），刘少卿（后来在南京经营聚雅书店），柳蓉春、柳企云父子（先是在苏州、1917 年后又在上海开设博古斋），杨云溪、杨寿祺祖孙（苏州来青阁书庄，1913 年在上海建立分号），邱绍周（扬州文富堂），郑长发（杭州古欢堂），李宝泉（杭州述古堂），李紫东（上海忠厚书庄），陈立炎（上海六艺书局及古书流通处），罗振常（上海蟫隐庐）以及卞瑞芝、杨馥堂、汤治平、李培华、汤怀之、魏照明、管振之、冯选青、夏炳泉、唐升、徐松甫、陈新斋、金守梅、严志斋、倪子卿等。

这些书商为嘉业堂增添了大量善本：

江苏江阴缪荃孙艺风堂藏书。1912 至 1921 年，除缪荃孙亲自售与嘉业堂的外，还从书商朱甸卿、陈立炎处购入。

广东丰顺丁日昌持静斋藏书。1913 年 8 月和 1915 年 9 月从段镜轩处购入 14 种；1913 年 7 月，从汤治平处购入 4 种。

浙江仁和朱学勤结一庐藏书。1913 年 1 月，从钱长美处购入结一庐所刻版片 4 种，1913 年 9 月至 1914 年 11 月，从钱长美处购入朱氏藏书 284 种。

南雍本二十一史。1913 年 8 月，从柳蓉春处购入。

浙江宁波天一阁藏书。1914 年初，天一阁

❶

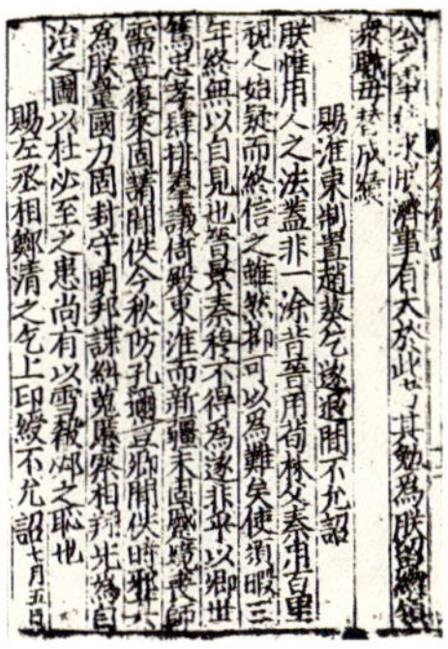

❷

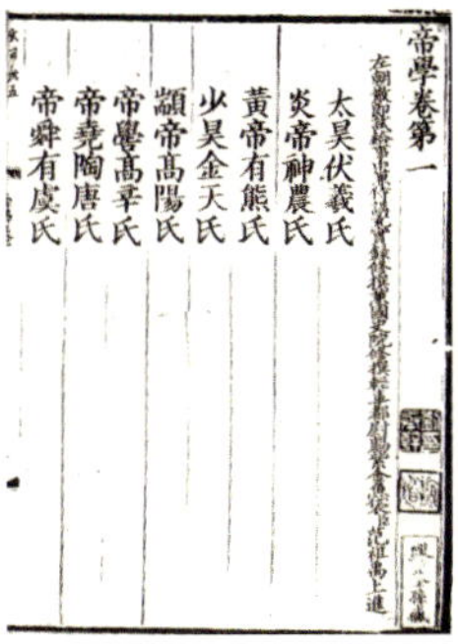

帝學卷第一

太昊伏羲氏
炎帝神農氏
黃帝有熊氏
少昊金天氏
顓帝高陽氏
帝嚳高辛氏
帝堯陶唐氏
帝舜有虞氏

❸

❶ 嘉业堂藏书印之一：嘉业堂藏善本

❷ 重校鹤山先生大全集

❸ 原艺风堂藏之《帝学》

遭窃，部分藏书流入书肆。分别从朱甸卿、柳蓉春、陈立炎等人手中购入明刻、明抄数十种。

湖南郭调元藏书。经王锡生介绍，1915 年 1 月购入宋白鹭洲书院刊本《汉书》、宋一经堂刊本《后汉书》

贵州独山莫氏影山草堂藏书。1915 年 9 月至 1917 年 8 月，从柳蓉春处购入 97 种。

江苏太仓缪蘅甫东仓书库藏书。1916 年 6 月从钱长美处购入 23 种。

浙江宁波卢氏抱经楼藏书。1916 年 9 月，从陈立炎处购入明抄《明实录》以及其他明刻、明抄 92 种。后又陆续购进抄本《旧五代史》等。

袁克文（寒云）藏书。从钱长美、李紫东处购入。

永乐大典。从李紫东处购入数册。

抄录。有些难以用金钱购到的要籍则斥金雇人抄写，如《清实录》、《清史列传》、《湖录经籍考》等，其中以《清实录》、《清史列传》最为珍贵。《清实录》4474 卷、863 册，收录有关有清各朝重要的国典大政、社会现象、军事外交、经济活动、思想文化等等的奏章谕旨，是清代官修的编年体史料长编；《清史列传》80 卷，计《宗室王公传》3 卷、《大臣画一传档正编》22 卷、《大臣传次编》10 卷、《大臣传续编》9 卷、《大臣画一传档后编》12 卷、《新办大臣传》5 卷、《已纂未进大臣传》3 卷、《忠义传》1 卷、《儒林传上》2 卷、《儒林传下》2 卷、《文苑传》4 卷、《循吏传》4 卷、《贰臣传》2 卷、《逆臣传》1 卷，它是定本《清史稿》的底本，其中有约 2000 余篇传记未被《清史稿》收录，具有很高的史料价值。

刘氏经营当铺，部分他人抵押的古籍藏书到期无力赎回，即归嘉业堂所有。最引人注目者是宋蜀大字本《史记》。该书是经陆纯伯介绍，由费叔

迁抵押刘承幹处的，同一批抵押品中，还有宋刊本《宋书》、《监本附音春秋谷梁传注疏》、《仪礼正义》，元椠本《文献通考》，明刊本《通鉴记事本末》等8种。费叔迁系清末江左太史费念慈之次公子，这批善本原是费念慈的藏书。

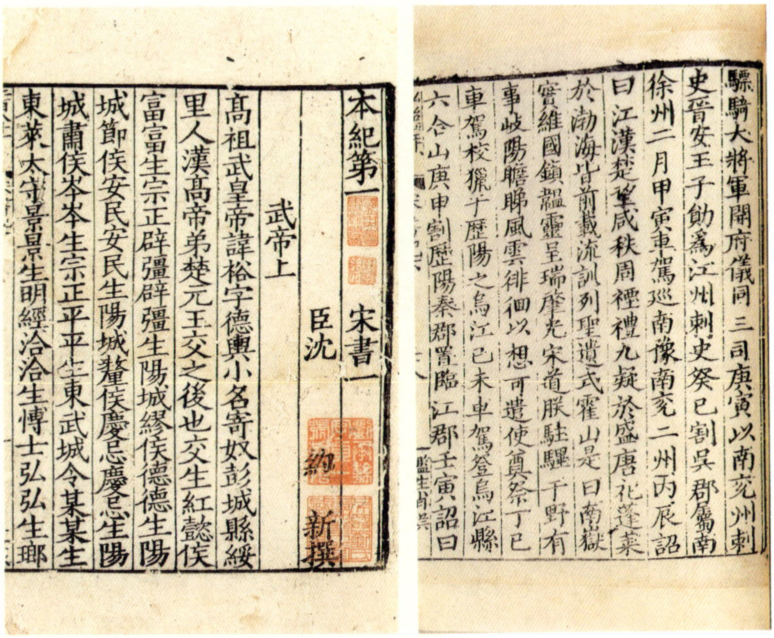

本紀第一 宋書一
武帝上 臣沈約新撰
高祖武皇帝諱裕字德輿小名寄奴彭城縣綏
里人漢高帝弟楚元王交之後也交生紅懿侯
富富生宗正辟彊辟彊生陽城繆侯德德生陽
城節侯安民安民生陽城釐侯慶忌慶忌生陽
城肅侯岑岑生宗正平平生東武城令某某生
東萊太守景景生明經洽洽生博士弘弘生瑯

驃騎大將軍開府儀同三司庚寅以南兗州刺
史晉安王子勛爲江州刺史癸巳割吳郡屬南
徐州二月甲寅車駕巡南豫南兗二州丙辰詔
曰江漢楚望咸秩周禮禮九疑於盛唐祀蓬萊
於渤海皆前載流訓列聖遺式霍山是曰南嶽
實維國鎮韞靈呈瑞肇光宋道朕駐蹕于野有
事岐陽瞻睇風雲徘徊以想可遣使奠祭丁巳
車駕校獵于歷陽之烏江己未車駕登烏江縣
六合山庚申割歷陽秦郡置臨江郡壬寅詔曰

❶

❶ | 宋书

第四节 藏书特色

嘉业堂藏书以宋元椠本、明清刊本、稿抄本及地方志书为四大特色。

宋元椠本。《吴兴刘氏嘉业堂善本书景》收录嘉业堂收藏的宋本69部，元本70部，日本刊本2部，南雍三朝本21部，录其目如下：

卷一经部

宋本十三　元本十六

周易兼义九卷附音义一卷略例一卷　宋刊本

监本纂图重言重意互注点校尚书十三卷　宋刊本

附释音尚书注疏二十卷　宋刊元修本

附释音毛诗注疏十七卷　宋刊残本

附释音周礼注疏四十二卷　宋刊本

附释音春秋左传注疏六十卷　宋刊本

春秋左氏传句解七十卷　宋刊本

音点春秋左传十卷　宋建安刘氏刊残本

春秋释义集传十二卷　宋刊本

监本附音春秋公羊注疏二十八卷　宋刊本

监本附音春秋谷梁传注疏二十卷　宋刊本

乐书二百卷　南宋刊元修本

韵补五卷　宋刊本

尚书蔡氏传旁通六卷　元至正乙酉余氏勤有堂刊本

仪礼正义十七卷图十七卷旁通图一卷　元刊本

仪礼集说十七卷　元刊本

仪礼注疏十七卷　元刊本

大戴礼记二卷　元至正甲午刊本

礼书一百五十卷　元刊本

春秋属辞十五卷　元刊小字本

春秋左氏传补注十卷　同上

春秋师说三卷　同上

四书大全三十八卷　元刊本

广韵五卷　元至正丙申翠岩精舍刊本

古今韵会举要三十卷 元刊本

古今韵会举要三十卷 元刊明补本

急就章补注二卷 元刊本

说文字原一卷 元至正刊本

六书正讹五卷 同上

卷二史部

宋本十六 元本十三

史记一百三十卷 蜀大字本

史记一百三十卷 宋刊本

汉书一百二十卷 宋白鹭洲书院刊本

后汉书一百三十卷 宋一经堂刊本

三国志六十五卷 宋刊本

魏书一百十四卷 宋刊本

唐书一百八十八卷 宋刊本

通鉴纲目五十九卷 宋乾道壬辰刊本

通鉴总类十五卷 宋刊残本

两汉诏令二十三卷 宋绍定刊本

皇宋中兴两朝圣政三十八卷 宋刊残本

列女传二十卷 宋刊本

汉丞相诸葛忠武侯传一卷 宋刊本

新刊名臣碑传琬琰之集五十卷 宋刊残本

诸儒校正东汉详节二十卷西汉详节十八卷 宋刊残本

名公增修标注隋书详节二十卷 宋刊巾箱本

史记一百三十卷 元中统二年段子成刊本

宋书一百卷 元刊本

隋书八十五卷 元尧学刊大字本

宋史全文续资治通鉴三十六卷 元刊本

通鉴续篇二十四卷 元刊本

范文正公政府奏议二卷尺牍三卷年谱一卷 元统甲戌岁寒堂刊本

通志二百卷 元至治福州刊本

文献通考三百四十八卷 元刊本

圣朝混一方舆胜览三卷 元刊本

金陵新志十五卷 元刊本

伊洛渊源录十四卷 元至正刊本

东莱先生十七史详节二百七十三卷 元麻沙本

东莱先生校正隋书详节二十卷 同上

卷三史部

南雍三朝本二十一

史记一百三十卷

汉书一百二十卷

后汉书一百三十卷

三国志六十五卷

晋书一百三十卷

宋书一百卷

南齐书五十九卷

梁书五十六卷

陈书三十六卷

魏书一百十四卷

北齐书五十卷

周书五十卷

隋书八十五卷

南史八十卷

北史一百卷

唐书二百二十五卷

五代史记七十五卷

宋史四百九十六卷

辽史一百十六卷

金史一百三十五卷

元史二百十卷

卷四子部

宋本二十一　元本二十三　日本刊本二

荀子二十卷　宋景定刊本

帝学八卷　宋嘉定辛巳刊本

朱子语类六十一卷　宋刊残本

西山真文忠公读书记甲乙丁三集六十一卷　宋开庆刊本

心经一卷　宋刊本

政经一卷　宋刊本

新编性理群书句解前集二十三卷后集二十三卷　宋刊麻沙本

重刊孙真人备急千金要方三十卷　宋刊本

自警编五卷　宋刊本

博物志十卷　宋刊本

东莱先生诗律武库二十卷　宋刊本

大方广佛华严经三卷　宋刊残本

仁王护国般若经疏五卷　宋刊明印本

佛说众许摩诃帝经一卷　宋刊残本

菩萨地持经一卷　宋刊残本

阿毗昙毗婆沙论一卷　宋刊残本

广弘明集一卷　宋刊残本

经律异相十卷　宋绍兴戊辰福州开元寺刊本

祖庭事苑八卷　宋刊本

纂图互注老子道德经二卷　宋朝景定刊本

纂图互注南华真经十卷　宋刊本

新序十卷　元刊本

新刊补注释文黄帝内经素问十二卷　元至元己卯古林书屋刊本

素问人式运气论奥三卷　元刊本

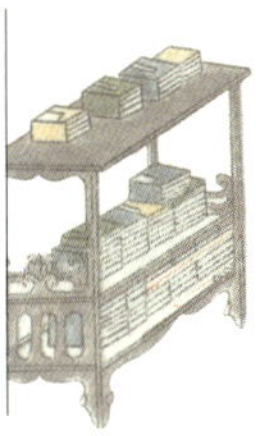

新刊东垣十书脾胃论三卷　元至元丙子刊本

内外伤辩三卷　元刊本

局方发挥一卷　元刊本

吕氏春秋二十六卷　元嘉禾学宫刊本

吕氏春秋二十六卷　元刊明修本

困学纪闻二十卷　元刊本

新编事文类聚翰墨全书庚集十七卷　元刊本

新笺决科古今源流至论四十卷　元刊本

新编排印增广事类氏族大全五卷　元刊残本

玉海二百卷附词学指南四卷　元至元庆元路儒学刊本

韵府群玉二十卷　元刊本

搜神广记二卷　元刊本

碧岩集十卷　元大德刊本

临济慧照元公大宗师语录一卷　元至元刊本

狮子林天如和尚剩语集二卷　元至正刊本

空谷传声集三卷　元至元刊本

释氏稽古略四卷　元至正刊本

密庵禅师语录一卷　日本五山刊本

横川和尚语录一卷　日本五山刊本

冲虚至德真经八卷　元刊本

紫阳真人悟真篇集注三卷　元刊本

易外别传一卷　元至元丙申刊本

卷五集部

宋本十九　元本十八

韦苏州集十卷　宋书棚本

增广注释音辩唐柳先生集四十卷附外集　宋乾道刊本

朱文公校昌黎先生文集四十卷外集十卷　宋刊本

范文正公集二十卷别集四卷年谱补遗各一卷　[宋]嘉定壬申刊本

范文正公集二十卷别集四卷年谱补遗各一卷　[宋]元祐刊本

王荆文公诗十七卷　宋抚州刊大字残本

注东坡先生诗四卷　宋刊大字残本

东坡先生后集五卷　宋刊残本

淮海集四十卷后集六卷　宋刊明配本

东莱吕太史文集十五卷别集十六卷外集五卷附录一卷　宋刊本

晦庵先生朱文公全集一百卷　宋刊本

鹤山先生大全集一百十卷　宋淳祐刊本

魏鹤山先生渠阳诗一卷　宋刊本

后村居士集三十九卷　宋淳祐刊本

文选三十三卷　宋赣州学宫刊残本

窦氏联珠集五卷　宋淳熙五年刊本

宋文鉴一百五十卷 宋刊元修本

东莱集注类编观澜文甲集二十五卷乙集七卷 宋刊本

乐府诗集一百卷 宋刊本

陆宣公集二十二卷 元刊本

分类补注李太白诗二十五卷 元余氏勤有堂刊本

集千家注分类杜工部诗二十五卷文集二卷 元广勤堂刊本

增广注释唐柳先生集四十三卷外集三卷附录一卷 元刊本

朱文公校韩昌黎先生文集五十一卷 元刊本

欧阳文忠公集五十卷 元刊本

徐节孝先生集三十卷 元大德刊本

王状元注分类东坡先生诗二十五卷 元刊本

精选陆放翁诗集十卷后集八卷别集一卷 元大德刊本

香溪先生文集二十二卷 元刊本

郝文忠公陵川文集三十九卷 元延祐刊本

云庄类稿二十八卷 元延统刊本

松雪斋全集十卷 元至元刊本

马石田文集十五卷 元至元刊本

清庵先生中和集六卷 元大德刊本

唐诗始音四卷正音三卷遗响三卷 元至正刊本

国朝文类存七十卷 元翠岩精舍刊残本

瀛奎律髓四十九卷 元刊本

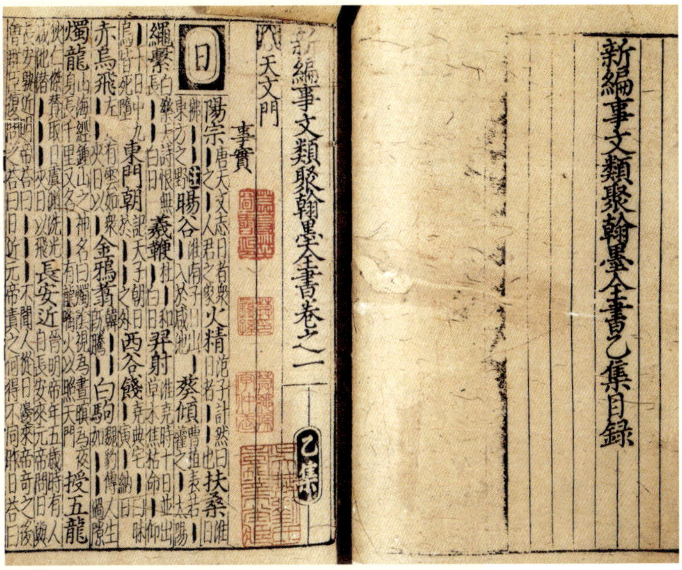

新編事文類聚翰墨全書乙集目録

新編事文類聚翰墨全書卷之一 乙集

天文門

事實

日

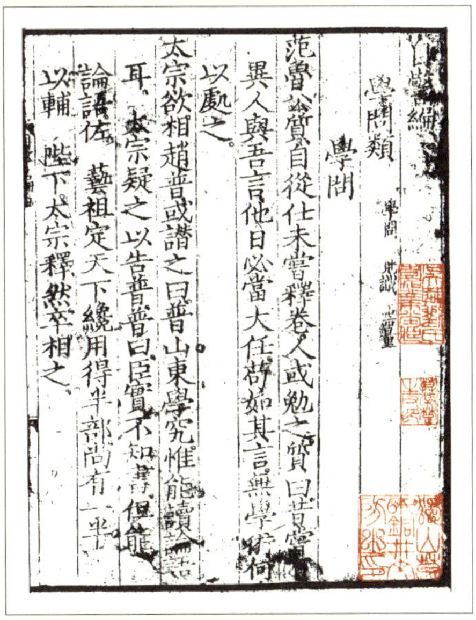

自警編

學問類

學問

范魯公質自從仕未嘗釋卷人或勉之質曰昔嘗
異人與吾言他日必當大任苟如其言無學何
以勵之
太宗欲相趙普或譖之曰普山東學究惟能讀論語
耳太宗疑之以告普普曰臣實不知書但能讀
論語佐藝祖定天下纔用得半部尚有一半
以輔陛下太宗釋然卒相之

❶ 新编事文类聚翰墨全书

❷ 自警编

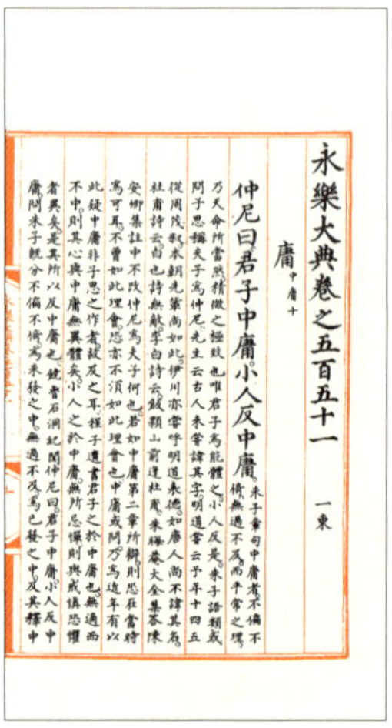
永樂大典卷之五百五十一　一東

庸 中庸十

仲尼曰君子中庸小人反中庸

❶

❶ 原藏嘉业堂之《永乐大典》卷五百五十一

明清刊本。嘉业堂收藏明刊本约 2000 种，其中明人别集约 600 种，以内容篇幅较多的文集为主；史部中较重要的是明代政制、经济、边防资料。1940 年印行有《嘉业藏书楼明刊本书目》。孤本及罕见之本颇多，有不见于《千顷堂书目》、《明史 · 艺文志》、《四库全书》所载者，有优于以上书目著录所依据的底本者，至于清禁书目中的明人文集，据《嘉业堂藏书志》所录，约有 40 种。有一方藏书印：“嘉业堂藏四库缺佚书”，说明刘承幹颇以这方面的收藏自豪的。郑振铎认为，利用嘉业堂的明刊本，再加上其所收藏的部分抄本，就可以纂辑“明史长编”了。清刊本中，有诗文集约 5000 种；有清雍正武英殿铜活字本《古今图书集成》1 万卷。

稿抄校本。约 2000 种。其中有《永乐大典》与文源阁、文澜阁《四库全书》残本，《四库全书》翰林院底本；有史料丰富，具有极高学术价值的《明实录》、《清实录》、《宋会要》、《旧五代史》等；名家稿抄校本萃集，如范氏天一阁、毛氏汲古阁、祁氏澹生堂、朱氏潜采堂、彭氏知圣道斋、吴氏拜经楼、劳氏丹铅精舍、丁氏八千卷楼、顾氏艺海楼、卢氏抱经楼等曾收藏、抄校的写本；有名家题识校跋的亦不少，如黄丕烈、毛宬、吴骞、顾千里、朱彝尊、杨守敬、龚自珍、孙星衍、孙衣言、陆心源、俞樾等人。现仅将其购致的燹后佚存《四库全书》残本罗列于后：

一、文源阁本1种6册：《公是集》，存卷一至卷十，共6册。每册首盖“文源阁宝”大方印，及“古稀天子”图记，末页有“圆明园宝”大方印及“信天主人”圆记，并朱文。

二、文澜阁本14种26册：1.《资治通鉴》，卷七十九至卷八十，1册；卷一〇一至卷一〇二，1册，首缺2页。2.《钦定南巡盛典》，卷四十五至四十六，1册；卷八十九，1册；卷九十二至卷九十三，1册；卷九十九至卷一〇〇，1册。3.《居业录》，卷三至卷四，1册；卷五至卷七，1册。4.《铜人针灸经》，卷一至卷四，1册；卷五至卷七，1册。5.《颅囟经》，上下二卷，1册。6.《明堂灸经》，卷一至卷八，1册。7.《数学九章》，卷二上，1册。8.《疑耀》，卷一至卷五，5册；卷六至卷七，1册。9.《能改斋漫录》，卷一至卷三，1册。10.《类说》，卷二十九，1册。11.《桯史》，卷一至卷三，1册。12.《少室山房类稿》，卷八十六（无宝前）至卷八十八，1册。13.《双溪类稿》，卷十五至卷十六，1册；卷十七至卷十九，1册。14.《宋百家诗存》，卷七，1册。

三、文宗（或文汇）阁本1种1册。《全唐诗》，卷四百四十八，1册。前有“古稀天子之宝”，而无后宝。文澜阁本无缺，是以此应为南三阁中另一阁之遗留。

四、《静庵集》卷三至卷四，1册。此书仅见于四库存目，而非四库著录者，然前后宝亦完好，殊为可异。

地方志书。据《嘉业藏书楼书目》（全八册）第三册《史部地志》统计，嘉业堂收藏地方志书计1217种35359卷，列表如下：

省份	初定稿种数	增补稿种数	备注
浙江方志	143	147	铅印本9种，石印本2种
江苏方志	136	142	铅印本6种，石印本1种，影印本2种
山东方志	94	96	铅印本2种
江西方志	93	96	
湖北方志	91	94	
直隶方志	86	90	铅印本1种
广东方志	76	78	
湖南方志	75	76	
四川方志	74	74	
陕西方志	73	74	
河南方志	64	66	
安徽方志	52	52	石印本2种
山西方志	44	53	
福建方志	36	37	铅印本1种
广西方志	9	11	铅印本1种
甘肃方志	6	7	铅印本1种
云南方志	5	6	
贵州方志	5	6	
其他省方志	12	12	铅印本1种

需要说明的是：一、上表依原目分省统计，江苏省含上海市，其他省含东三省、新疆、西藏等省区。二、《史部地志》著录的方志不包括珍善本

与稿抄本，如元刊《金陵新志》，见于《嘉业堂藏书志》的旧抄本《剡录》、《至元嘉禾志》等；有些则收录在该目的第二册《史部地理类》，如《元和郡县志》等，因此，1217 种是保守的统计数字，全盛时期嘉业堂地方志书的收藏肯定远不止此。

抗日战争期间，嘉业堂方志中的精品被运往上海，编有简目，但内不含珍善本与稿抄本，比照朱士嘉《中国地方志综录》，其中海内孤本仍有 23 种：

(1)［北京］房山县志一卷	［清］张世法纂修　清乾隆四年十一年刊本　1 册
(2)［河北］故城县志五卷	周世选，夏维藩纂修　明万历二十二年刊本　3 册
(3)［陕西］朝邑县志二卷	王道修，韩邦靖纂　明正德十四年刊本　1 册
(4)［山东］宁阳县志八卷	李温皋纂修　清康熙四十一年刊本　6 册
(5)［山东］朝城县志八卷	谢注纂　明嘉靖十九年刊本　4 册
(6)［浙江］湖州府志八卷	王珣修，汪翁仪等纂　明弘治四年刊本　2 册　残本
(7)［浙江］处州府志十二卷	刘廷玑纂修　清康熙二十九年刊本　8 册
(8)［浙江］平湖县志十卷	朱维能修；陆棻纂　清康熙二十八年刊本　10 册
(9)［浙江］南浔镇志十卷	范来庚纂修　清道光二十年刊本　4 册
(10)［安徽］石埭县志六卷	能应煌等纂修　明万历三十二年刊本　6 册
(11)［安徽］新修来安县志十卷	周之冕修；王懋续修　明天启元年刊本　5 册
(12)［江西］高安县志十二卷	聂元善纂修　清乾隆十九年刊本　20 册
(13)［福建］漳州府志三十四卷	陈洪漠修；周瑛纂　明正德八年刊本　26 册
(14)［福建］漳州府志三十三卷	罗青霄纂修　明万历元年刊本　30 册
(15)［河南］浚县志二卷	王璜纂修　明嘉靖八年刊本　2 册
(16)［河南］滑县志六卷	张佳胤撰；孙应魁增补　明嘉靖三十三年刊本　1 册

(17)［湖北］襄阳府志三十四卷	赵兆麟纂修	清顺治九年刊本	12册
(18)［湖北］郧台志十卷	彭遵古等纂修	明万历十八年刊本	5册
(19)［湖北］郧阳府志三十一卷	周绍稷纂修	明万历六年刊本	10册
(20)［湖北］均州志五卷	党居易纂修	清康熙十二年刊本	5册
(21)［广东］高州府志十卷	蒋应泰纂修；黄云史重辑	清康熙十一年刊本	6册
(22)［广东］广宁县志六卷	黄金从纂修	清康熙二十六年刊本	1册
(23)［广西］荣昌县志四卷	许元基纂修	清乾隆十一年刊本	2册

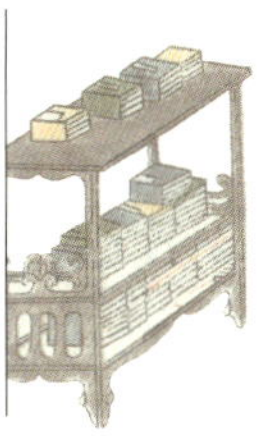

第五节 藏书编目

嘉业堂藏书目录编纂工作大体上经历了三个阶段：一、南浔嘉业藏书楼落成前，由缪荃孙等人在上海主其事。二、1924 年南浔嘉业藏书楼建成，编目部主任周子美及编目员施韵秋编纂藏书目录多种。三、浙江图书馆嘉业堂管理小组于 90 年代编定存书目录。

《嘉业堂藏书志》的编纂。1918 年 2 月由缪荃孙开编，续之者为吴昌绶、董康。缪氏成稿 1200 余篇，吴氏成稿 114 篇，董氏成稿 636 篇。

缪荃孙编目，依丁丙《善本书室藏书志》之例，每书概要阐述其大旨及源流，凡外界不经见之书，则著录其行款、版式与藏印，但不录原书序跋。吴昌绶重拟了编志体例，认为凡佳本应备录原书序跋，他之编目与缪氏最大的不同就是略于解题而注重原书序跋的抄录。董康编志所持意见与吴相近，其所录之书，以明人别集为多。南浔藏书楼建成后，董康曾去小住，以便就书纂稿，可见董再续志延续到 1924 年前后。后来，刘承幹也撰写过 10 余则解题。

缪、董二稿原分别装订为 17 册、19 册，吴稿不详，但吴拟定的编志体例装订为 1 册，存于南浔嘉业藏书楼。1982 年《嘉业堂藏书志》稿归复旦大学图书馆收藏时，缪、吴二稿合订为

17册，董稿订为6册，另有8册董氏抄录各书序跋的稿本归上海图书馆收藏。1997年12月，经吴格整理点校，《嘉业堂藏书志》由复旦大学出版社出版。全书著录嘉业堂所藏善本1735种，内含宋、元刻本91种，明刻本841种，明活字本6种，稿本56种，明清抄本741种。

1924年南浔嘉业藏书楼落成，藏书源源不断地从上海运来，周子美、施韵秋承担了全部楼藏的编目工作，但铅印、石印新旧书和少许外文书，数千种碑帖，都未及编目。

在嘉业藏书楼现仍保存着一些这一时期编就的藏书书目，使用印有“吴兴刘氏嘉业堂钞本”的稿纸，蓝色丝栏，每面11行。除著录书名、著者、版本、卷册数外，有的还注明原藏何人及名人批校、跋语情况。概述如下：

《嘉业藏书楼书目》不分卷，8册。第1册经部；第2册史部；第3册史部，地志；第4册子部；第5册集部，楚辞、别集一；第6册集部，别集二上；第7册已佚，推测为集部，别集二下；第8册集部，总集、诗文评、词曲、丛书。

该书目第1册前有总目，抄录如下，每一类藏书的部、卷、册数则据书目著录统计。

经部　依四库书目，增正经类	
易类　61部829卷471册	正经类　6部546卷226册
书类　48部510卷273册	五经总义类　76部7050卷1878册
诗类　45部866卷366册	四书类　54部668卷374册
礼类　102部3245卷1079册	乐类　14部243卷101册
春秋类　56部1144卷477册	小学类　159部1961卷1122册
孝经类　13部8卷22册	

史部　依四库书目，增金石类	
正史类　130 部 11728 卷 2819 册	载记类　31 部 984 卷 276 册
编年类　102 部 6755 卷 2986 册	时令类　7 部 94 卷 92 册
纪事本末类　42 部 3469 卷 2260 册	地理类　474 部 8439 卷 3725 册
别史类　49 部 3462 卷 902 册	职官类　55 部 919 卷 373 册
杂史类　96 部 1377 卷 678 册	政书类　209 部 9779 卷 4692 册
诏令奏议类　103 部 2941 卷 1664 册	目录类　249 部 3392 卷 1735 册
传记类　341 部 5643 卷 2819 册	金石类　（未列）
史抄类　27 部 1561 卷 675 册	史评类　40 部 519 卷 740 册
子部　依四库目	
儒家类　164 部 2280 卷 982 册	艺术类　110 部 754 卷 541 册
兵家类　28 部 640 卷 244 册	谱录类　47 部 665 卷 299 册
法家类　26 部 353 卷 170 册	杂家类　276 部 5684 卷 2372 册
农家来　14 部 357 卷 150 册	类书类　91 部 18567 卷 8088 册
医家类　111 部 1849 卷 1244 册	小说家类　110 部 2080 卷 805 册
天文算法类　36 部 889 卷 475 册	释家类　113 部 1657 卷 775 册
术数类　35 部 362 卷 242 册	道家类　64 部 1052 卷 860 册
集部　亦依四库目	
楚辞类　12 部 83 卷 43 册	总集类　628 部 23897 卷 9416 册
别集类　4615 部 48737 卷 20886 册（第 7 册因佚，未统计在内。）	诗文评类　55 部 1241 卷 389 册
	词典类　203 部 2268 卷 1269 册
丛部	
古代（前代）类　28 部 4963 卷 1504 册	近代类　176 部 25600 卷 8076 册

现代类　63 部 4913 卷 1809 册	汇刻类　17 部 59357 卷 14640 册
郡邑类　45 部 9294 卷 2755 册	
杂部（书目中未见此部内容的图书著录，可能编有另册，未见）	
演义	其他
小说	
方志部（由史部地理类内划出另刊一部）1217 部 35359 卷	
专部（殿版精本抄本凡贵重书籍另贮专箱属之）19 部 2173 卷 774 册	

该书目上作满了各种记号与说明，大致分为：一、版本记号。目上有红铅笔圈者系乾隆以前刊本，蓝铅笔圈者系嘉庆以后刊本。二、藏书变动或损毁记号。目下盖"沪"字者，表示已运上海；盖■者，表示已为虫所蛀；三、王大隆版本鉴定意见。如"《沈佺期集》二卷　明初仿宋刊本二册"条下有"此是明活字本。大隆审定"字样；"《王右丞集》六卷（唐）王维撰　项氏玉渊堂重刊宋本四册"条下有"吴竹泉临　何义门校。大隆审定"字样。四、分类调整说明。如"《历代史表》五十三卷"原入史部正史类，后被勾去，注明"入别史"。五、改入其他藏书目说明。如有的抄本入该书目又被划去，注明"入抄本目"；有的条目下注明"入求"、"入藜"，指该条目改入《求恕斋书目》、《藜光阁书目》。六、日本人稻叶强行索取藏书的记录。计有3种：1.《帝都雅景一览》不分卷/日本河文凤绘/日本刊本/4册；2.《见闻录》四卷/嘉善徐岳撰/家刊本/4册；3.《六合内外琐言图说》二十卷/黍余裔孙编/巾箱本/20册。

该书目的总目后有一段文字说明："以上为嘉业堂书目，其宋元精椠诸籍另编藏书志为《善本书目》，旧抄精校各书别编为《希古楼书目》，晚近新法石印铅版之书则编为《藜光阁书目》，而重出之书或版本稍次者则编为《求恕斋书目》。”

《嘉业藏书楼善本书目》四卷，1册。第一卷卷端题“嘉业堂善本书目一 宋本”，计收宋椠65种70部2490卷1222册；第二卷卷端题“嘉业堂善本书目二 元本”，计收元椠74种82部2774卷1501册；第三卷卷端题“嘉业堂善本书目三 南雍三朝本”，计21种21部2562卷606册；第四卷卷端题“嘉业堂善本书目四 明写本”（中缝题“永乐大典本”），收明嘉靖重录永乐大典本88卷42册。宋元及南雍三朝本每一条目下都盖有“沪”字。

《嘉业藏书楼善本书目》三卷，1册。一、二卷同上，第三卷卷端题“写本”，计收：经部3种42卷28册；史部1种8卷4册；子部6种255卷90册（其中包括永乐大典88卷42册）；集部5种116卷71册。

《善本书目》不分卷，1册。卷端题“嘉业藏书楼善本书目”，所收宋元本同上，另收明本计经部4种55卷58册；史部9种646卷256册；子部34种559卷272册；集部44种861卷310册。该书目前后的空页上，用铅笔增添了不少条目，似是未定稿。

《嘉业堂钞本书目》不分卷，1册。收稿抄本计经类29部316卷130册；史类211部11797卷3276册；子类100部980卷512册；集类238部2792卷1280册。其收录图书仅及周子美编之《嘉业堂钞校本目录》所载的一半。

《西湖留余草堂书目》不分卷，1册。仅著录书名、册数，收书179部2297册。

《[刘氏苏寓]书目录》，不分卷，1册。立于1935年2月。仅著录书名、

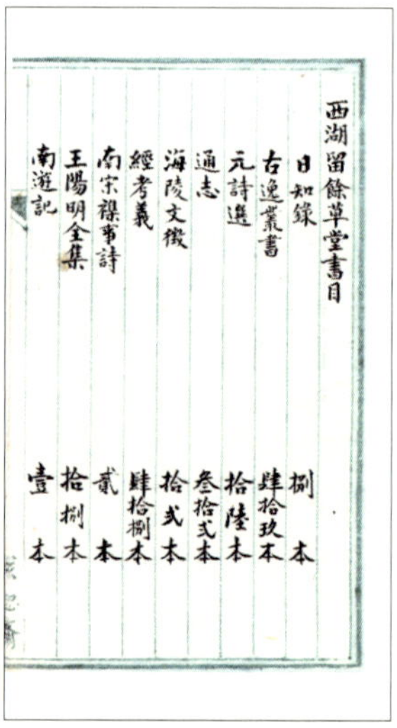

西湖留餘草堂書目

日知錄	捌本
古逸叢書	肆拾玖本
元詩選	拾陸本
通志	叁拾弍本
海陵文徵	拾弍本
經考義	肆拾捌本
南宋襍事詩	貳本
王陽明全集	拾捌本
南遊記	壹本

❶

册数，收书1215部4575册，其中部分藏书后被运往南浔嘉业藏书楼，书目上均有注明，故实际藏书为995部4015册。藏书按天、地、人分橱存放。

《嘉业藏书楼书画目录》不分卷，1册。以储存字画的橱、箱等编号，计收字画屏（未裱）53件，画屏21件，字屏58件，大中堂44件，楹联131件，立轴135件，杂件55件，册页25件，石印11件，手卷19件，横幅23件，琴条28件，榻屏8件，琴对17件，附录（未编号及存其他地方的字画）18件，共652件。

另有一册题为《求恕斋书目》不分卷，立于辛亥（1911年）九月，收书230种，仅著录书名、册数。

现存上海复旦大学图书馆的嘉业堂书目系刘承幹生前自存本，计有9种：

嘉业藏书楼书目九卷续编一卷，10册（藏书总目）。

嘉业藏书楼书目九卷续编一卷，10册（普通本总目）。

嘉业藏书楼善本书目五卷，1册。

嘉业藏书楼抄本书目四卷续编四卷，2册。

嘉业藏书楼明刊本书目九卷续编一卷，10册。

嘉业藏书楼上海书藏简目，不分卷，1册。

嘉业藏书楼复本书目，不分卷，1 册。

嘉业藏书楼刻书目，不分卷，1 册。

嘉业堂藏书志，不分卷，28 册。

1951 年 11 月浙江图书馆接受捐赠后，即有编制南浔嘉业藏书楼存书目录之设想，但因种种原因，直到 1986 年才着手编制卡片式目录，1991 年完成。为编制该目录，特制定了《浙江图书馆嘉业藏书楼编目条例》，依分类排列，简要类目如下：

经部 10 类：易、书、诗、礼、春秋、孝经、四书、乐、小学、群经总义。

史部 14 类：纪传类（通代、断代）、编年类（通代、断代）、纪事本末类、杂史类、传记类（总传、别传、年谱、日记、宗谱、家传、姓氏、科举、职官）、史评类、史抄类、政书类（通制、典礼、职官、邦计、邦交、军政、法令、公牍档册）、诏令奏议类（诏令、奏议）、金石类（总类、金类、石类、其他）、地理类（总志、方志、专志、游记、外记）、目录类（公藏、私藏、其他）、考工类、时令类。

子部 14 类：总类、兵家类、儒家类、农家类、法家类、谱录类、艺术类（书画、音乐、棋弈、篆刻、杂技）、杂家类（杂学小说、杂考、杂纂）、

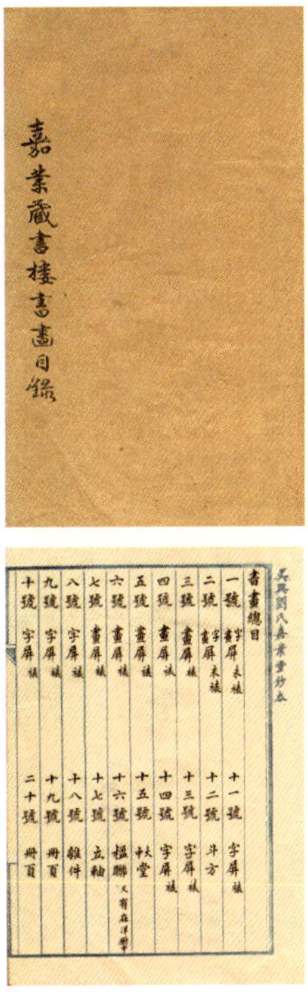

❷

❶ 西湖留余草堂书目
❷ 嘉业藏书楼书画目录

小说家类（杂事、异闻、琐语、谐谑、长篇）、医家类（丛编、医经、方论、本草、针灸、内外妇、诊法、儿科、眼科）、术数类、类书类、天文算法（历法、天文、算术）、宗教（佛教、道教、其他）。

集部6类：总类、楚辞、别集（汉魏六朝、唐、宋、元金、明、清、民国）、词类、曲类、诗文评类。

丛书（不分类）

除上述《嘉业堂藏书志》外，印行出版的书目还有：

《嘉业藏书楼明刊本书目》四卷，1册，1940年嘉业藏书楼印行，著录楼藏明刊本1800余种约3万册。

《嘉业堂钞校本目录·天一阁藏书经眼录》四卷，1册。周子美辑，1986年3月华东师范大学出版社出版，收录嘉业堂稿本、抄本1200余种。

第六节 藏书利用

嘉业堂诞生之际，西方公共图书馆制度已在中华大地开花结果，公共藏书观念日益深入人心。加上刘承幹聚书动因之一是为了在续编承继父刘安澜的《国朝诗萃》和协助本生父刘锦藻编《皇朝续文献通考》时能有方便资料的利用，因此由己及人，将嘉业堂藏书的大门向有需要的研究机构与个人开放。但这种开放是有限的，与公共图书馆面向全社会的开放不同，且没有制度上的保障。然而，对于一座私人藏书楼来说，这已是难能可贵的了。由于没有统计资料，我们只能举一些事例以管中窥豹。

嘉业堂藏书利用有三种方式：一、借阅；二、录副、三、出版。

一、借阅。杨锺羲从1912年春至1922年冬，为撰写《雪桥诗话》4集40卷，利用嘉业堂藏书前后达11年，这是个人借阅；中央研究院历史语言研究所在校勘《明实录》时派人到嘉业堂进行过抄校配补，这是机构的借阅。南浔嘉业藏书楼专门设置了阅览室，以接待研究者。对友人，还提供邮寄外借，如叶揆初、周子美等人。

二、录副。有委托书楼代录副和自行录副两种。江苏省国学图书馆录副《明实录》；浙江图书馆录副《永乐大典》；日本考古学会的原田、村岛录副《宋会要》中的藩属、食货两门，都是委托书楼代抄的。据江苏省立国学图书馆图书总目史部编年类所载，该馆录副之《明实录》有455册之巨，计：明太祖实录，257卷，1—24册；成祖，130卷，25—43册；仁宗，10卷，44—45册；宣宗，115卷，46—65册；英宗，361卷，66—121册；宪宗，293，122—148册；孝宗，224卷，149—168册；世宗，566卷，169—299册；穆宗，70卷，300—313册；神宗，596卷，314—436册；熹宗，不分卷，437—449；思宗，17卷，450—455册。自行录副如：徐行可为抄书，在南浔嘉业藏书楼一住数月，膳宿皆由书楼免费供给；蒋汝藻借本影抄宋椠孤本《重校鹤山先生大全集》有110卷100万字以上，影抄了两年时间。

三、出版。嘉业堂利用自身藏书刻书（详见第三章）。除自刻外，对于其他机构或个人的出版需求，嘉业堂均予支持，即便是精椠秘笈，也毫不私密。张元济主持商务印书馆出版大型古籍丛书时，借用了嘉业堂大量的珍本秘笈。个人求借用于出版的如：张寿镛在搜集宁波地方文献时借抄了15种古籍；卢靖刊刻《湖北先正遗书》，开出的借书单有：《荆楚岁时记》、《李北海集》、《雪山集》、《先正遗风》等8种；张宗祥抄录《罪惟录》费时6个月，整理后交商务印书馆出版。

第七节 浙江文献展览会上展出的嘉业堂藏书

1936年，浙江图书馆举办“浙江文献展览”，萃数百藏家之精英，成两浙文物之大观，展出各类文献2万余件，6000余种，嘉业堂送展57种，135件。简目如下：

1、家礼经典参同不分卷	[清]归安郑元庆著	1册	稿本
2、春秋传注三十六卷	[明]乌程严启隆著	陈列2册	抄稿本
3、字形声辨一卷	[清]归安沈棠臣著	1册	手稿本
4、史记校勘记	[清]嘉兴钱泰吉著	4册	抄稿本
5、通鉴纪事本末补后编五十卷	[清]仁和张星曜著	陈列2册	手稿本
6、罪惟录一百六卷	[明]海宁查继佐著	陈列2册	手稿本
7、海宁倭寇始末	[清]海宁吴骞著	1册	抄稿本
8、湖州氏族考	[清]归安沈树本著	2册	稿本
9、湖州府县官考	[清]归安沈树本著	1册	稿本
10、东石涧日记	[明]释南潜著	1册	手稿本
11、鉴古辑览不分卷	[清]归安沈涵著	2册	原稿本
12、吴下寻山记一卷	[清]嘉善黄安涛著	1册	手稿本
13、南浔石刻存考二卷	[清]乌程孙履元著	2册	原稿本
14、愚谱	[清]山阴姚涧著	2册	原稿本
15、竹垞道古录二卷	[清]秀水朱彝尊著	2册	手稿本
16、鬟剔堕奇六十四卷	[明]余姚胡敬辰著	陈列2册	手稿本
17、请肆录	[清]归安沈树本著	2册	原稿本
18、阑言萃腋十卷拾遗二卷	[清]嘉兴吴展成著	2册	手稿本

19、陆射山诗抄二卷	[明]海宁陆嘉淑著	2册	抄稿本
20、南山黄先生家传集五十六卷	[明]鄞县黄润玉著	陈列1册	明抄本
21、卓庐初草十四卷	[清]钱塘陈埔著	送陈1册	稿本
22、苏阁吟卷	[清]海昌吴寿旸著	1册	手稿本
23、长谷诗抄五卷石庵樵唱一卷	[清]嘉善柯煜著	1册	稿本
24、柯石庵先生遗诗	[清]嘉善柯煜著	1册	抄稿本
25、杜诗集解	[清]归安沈炳巽注	2册	原稿本
26、澹如轩诗抄	[清]归安章铨著	1册	手稿本
27、吹芦小草	[清]归安杨炳堃著	1册	原稿本
28、旅瓯暇墨一卷	[清]归安沈焕宗著	1册	手稿本
29、舵翁文略不分卷	[清]归安沈树本著	2册	手稿本
30、北遊集	[清]归安沈拜璜著	陈列2册	手稿本
31、碧浪篙师诗略一卷	[清]归安沈荣仁著	1册	原稿本
32、羡门吟略 花癖剩吟	[清]归安沈荣仁著	残存1册	手稿本
33、十梅书屋诗略不分卷	[清]归安沈三曾著	残存2册	稿本
34、海盐两彭先生诗笺合册	[明]海盐彭期生，彭长宜著	4册	稿本
35、国朝诗选	[清]钱塘郝莲著	陈列2册	手稿本
36、武林文献内外编三十三卷	[清]钱塘丁丙辑	40册	抄稿本
37、拜经楼诗话续编一卷	[清]海宁吴骞著	1册	手稿本
38、人象大成不分卷	[明]鄞县袁忠徹著	4册	明抄稿本
39、环碧斋琐录二十四卷	[清]归安沈玢著	4册	稿本
40、韵海余沈不分卷	[清]归安章有大著	3册	传抄本
41、皇元征缅录	[元]无名氏著	1册	旧抄本

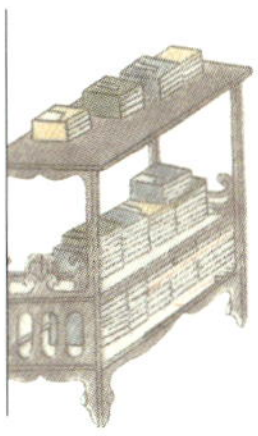

42、陆清献公日记三卷　[清]平湖陆陇其著　1册　抄本

43、西藏志四卷　无名氏著　2册　仁和龚氏抄本

44、敬修堂杂著三卷　[明]海宁查继佐著　2册　查倬抄本

45、六朝文絜抄二卷　[清]海宁许梿原编　2册　清乌程张桢抄本

46、四明文献集一百四十卷[清]鄞县卢址编　陈列2册　抄本

47、吴槎客校十三经文抄[清]海宁沈珩原著　2册　抄本

48、吴兔床校敬修堂同学出处偶记　[清]海宁查继佐原著　1册　抄本

49、四书典故备考　[清]钱唐周庆承纂　残存2册　抄本　原藏何氏梦华馆

50、花庵诗抄一卷　[清]海昌许奎著　1册　稿本　原藏吴氏拜经楼

51、明英宗实录三百六十一卷　[明]陈文等修　陈列1册　明抄本　原藏范氏天一阁

52、明宪宗实录二百九十三卷　[明]刘吉等修　送陈1册　明抄本　原藏范氏天一阁

53、明武宗实录一百九十七卷　[明]徐光祚等修　送陈1册　明抄本　原藏范氏天一阁

54、明世宗实录五百九十六卷　[明]徐阶等修　陈列1册　明抄本　原藏范氏天一阁

55、明穆宗实录七十卷　[明]张居正等修　陈列1册　明抄本　原藏卢氏抱经楼

56、清太祖实录十卷太宗实录十卷世祖实录一百四十四卷　各陈列1册　原藏卢氏抱经楼

57、陆心源遵捐国子监书清单　1册　抄本

第八节

嘉业堂的藏书印

据目前所搜集到的，嘉业堂的藏书印有朱文45枚，白文22枚。

朱文：1.御赐金声玉色； 2.御赐抗心希古；3.抗心希古；4.希古居士；5.希古楼；6.嘉业堂；7.嘉业堂；8.嘉业堂；9.嘉业堂；10.嘉业堂藏善本；11.嘉业藏书楼印；12.南浔刘翰怡收藏书画；13.吴兴刘氏嘉业堂藏；14.翰怡经眼；15.翰怡汲古；16.贞一鸿雪；17.翰怡游艺；18.嘉业堂藏四库缺佚书；19.南林刘氏求恕斋藏；20.求恕居士；21.翰怡校读；22.曾经南林刘翰怡收藏；23.吴兴刘氏嘉业堂藏书印；24.翰仪；25.翰仪；26.翰怡；27.翰怡；28.翰怡又字贞一；29.刘翰怡印；30.刘承幹；31.求恕居士；32.嘉业老人；33.翰仪字曰贞一；34.翰怡欣赏；35.翰仪过目；36.承幹钤记；37.刘氏翰怡；38.贞一；39.贞一；40.贞一手迹；41.翰怡手藏；42.臣承幹印；43.乌程刘氏伯子名承幹字贞一号翰怡印；44.吴兴刘氏嘉业堂藏书记；45.求恕斋珍藏书画钤记。

白文：1.翰怡过眼；2.翰墨怡情；3.刘承幹字贞一号翰怡；4.承幹；5.刘承幹印；6.刘承幹印；7.刘承幹印；8.臣刘承幹；9.刘承幹心印；10.刘承幹印；11.承幹长寿印信；12.臣

承幹印；13.乌程刘承幹读过之书；14.刘氏伯子；15.刘印；16.承幹长寿；17.翰仪白笺；18.翰仪长寿；19.翰仪手痕；20.乌程刘承幹长生安乐；21.宁人负我毋我负人；22.鹧鸪溪畔是侬家。

❶

❷

❸

❹

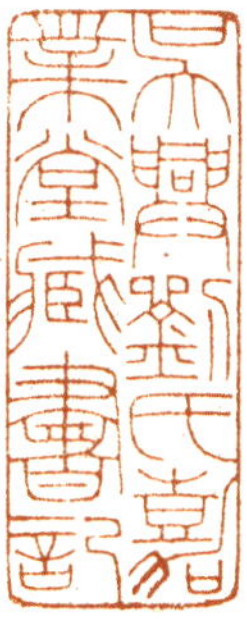

❺

❶｜翰仪白笺
❷｜翰怡手痕
❸｜翰仪字曰贞一
❹｜刘承幹印
❺｜吴兴刘氏嘉业堂藏书记

第九节

藏书精品的散佚

20世纪30年代，由于刘承幹家庭经济原因，更由于日本侵华战争造成的民族灾难，嘉业堂由盛转衰，藏书精品开始流失。

1937年抗战爆发前，嘉业堂藏书已开始散出：1931年，北平图书馆收购去徐松《宋会要》原稿；2册《永乐大典》为时任沈阳故宫博物院院长的金梁买去；宋刊《史记》、《汉书》、《后汉书》、《窦氏联珠集》、《鹤山先生大全集》等归潘明训的宝礼堂插架；40册《永乐大典》被满铁大连图书馆收购而去；中央研究院历史语言研究所买走抄本《明实录》全部及零种之洪武、成化、嘉靖、隆庆4朝实录。

南浔沦陷期间，日伪在南浔嘉业藏书楼张贴多份告示，使藏书未遭大的损失，但仍有少量藏书被日本人掠走：1940年3月20日，日军取走赵撝叔、吴让之、胡荄甫篆书合册1册，清安徽巡抚兼提督沈公墓志铭、通奉府君墓志铭1册；1941年4月15日，日军领池田末利来楼强阅所藏各书，并将玻璃橱门打碎，次日又来阅书，取走《竹书纪年》等嘉业堂自印书9种；1941年5月8日，日人与青年团一行近10人迫令开启书楼大门，进去游览，并取走浙江湖州府志3部（顺治、乾隆、同治刊各1部）。所藏书

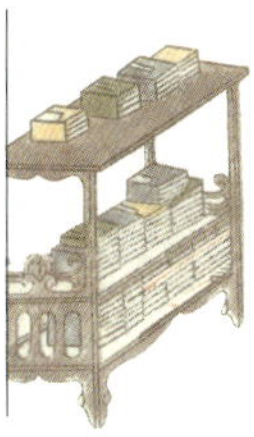

画则损失殆尽。先是，1937 年 9 月，刘承干回乡，在书楼小住，后因不堪国民党军队伤兵的骚扰，于 10 月迁住求恕里鹧鸪溪小隐，同时将一批书画携去。1937 年 11 月间，日军进占书楼，楼内之书画箱被砸开，损失不详。1939 年 12 月，嘉业藏书楼内劫剩书画藏品被悉数转移至求恕里刘宅楼上，后不知下落。

储于刘承干苏州平门寓所的嘉业堂藏书，全毁于战火，计 995 部、4015 册。

1939 年 6 月 2 日至 1942 年 12 月 1 日，南浔嘉业藏书楼的部分精品陆续被打包装麻袋后分批运往上海，分别是：

宋元刊本 152 部 2724 册

南雍三朝本 21 部 606 册

明刊本 2114 部 29669 册

清刊本 389 部 8930 册

古今图书集成 4996 册

稿抄本批校本 874 部 6535 册

刻本（当时登记未标明时代）44 部 560 册

其他（当时登记未标明版本、时代）433 部 8061 册

以上共计 4028 部 62081 册。

1946 年 8 月，从南浔嘉业藏书楼又运走 1489 部 13087 册藏书，藏于上海刘寓，大多为清顺治、康熙、雍正、乾隆四朝的刻本。

1939—1940 年间，日本的大连满铁图书馆与上海同文书院阴谋收购上海与南浔两地的嘉业堂藏书，最后均未得逞。

抗战初期，一些流落上海的藏书家，为生活所迫，不得已出售藏书，

其中善本不计其数。当时寓居上海的有识之士，深恐此等国家重要文化遗产沦落异域，于是分别函电国民政府教育部及管理中英庚款董事会，大家都认为应及时抢救这些古籍。恰巧中央图书馆有一笔庚款会补助的建筑经费，教育部便令该馆运用这笔款项先行蒐购古籍。中央图书馆蒋复璁馆长首先赴香港与庚款会董事叶恭绰洽商，请他负责购买自广东散出的图书。接着更潜赴上海，与当地关心文献的目录版本学专家共同讨论收购事宜。决定组成“文献保存同志会”，用该会名义对外行动，以避敌伪耳目。此后参与实际工作的，有张寿镛、何炳松、郑振铎、叶恭绰、徐鸿宝，蒋复璁坐镇重庆。

1940 年 4 月 2 日，郑振铎致信张寿镛，认为嘉业堂藏书正面临散失的危险，必须着手收购事宜。他审阅嘉业堂善本书目，偕同徐鸿宝登上海刘承幹宅仔细鉴定版本，挑选图书，与刘承幹反复协商，最后，于 1941 年 4 月 14 日，代表文献保存同志会以 25 万元收购嘉业堂明刊本 1200 余种，抄校本 36 种。当日开始点收，至 4 月 19 日，款货两清。1941 年 7 月，文献保存同志会将这批善本与其他抢救来的古籍陆续打包邮寄香港冯平山图书馆，以便转运美国国会图书馆暂存。不料太平洋战争爆发，香港沦陷。当时由港脱险抵广西桂林的香港大学教授陈寅恪写信给庚款董事会，谓该批古籍已被日军掠走，且已发现掠夺走古籍的目录。原来，香港沦陷不久，即有日本人竹藤峰治带引日军调查人员到冯平山图书馆，扣留馆长陈君葆，加以盘查，最后劫走这批装箱的古籍，运往日本东京，辗转交给日本帝国图书馆。帝国图书馆委托著名版本目录学家长泽规矩也整理该批古籍。二战结束时，帝国图书馆挑出其中较珍贵者近 1 万册，隐匿于伊势原乡下，以免被美军接收。1946 年 2 月，有人在帝国图书馆内看到该馆所藏《永乐大典》上，有中华民国国立中央图书馆的印章，后又陆续在其他书上发现同样的印章，以及嘉业堂的藏书印等。中国驻日代表团于是展开深入查证，终于在该馆的地下室搜获2.5万册古籍，隐匿在伊势原乡下的也被搜获。中国驻日代表团限令日方编造目录，全数归还。8月，日方交还包括嘉业堂原藏明刊本1200余种、抄校本36种在内的3286部34970册被劫古籍，1947年2月这批古籍运返南京入藏国立中央图书馆，1949年迁往台湾。现在的台湾中央图书馆收藏有嘉业堂原藏全数约2000种明刊本的6/10，其中收藏的约1000部集部明人著述，半数为嘉业堂旧藏。此外，该馆后又收有嘉业堂旧藏《唐书》等宋元刻本31部。

1942年10月21日，刘承幹与张叔平订立了一份合同，以所藏宋刊本、元刊本、明刊本、批校本、明抄本、《四库》底本、《四库》本、名家抄本、稿本、普通本（包括清代刊本、现代刊本、石印本、铅印本在内）、普通抄本11类书籍共13．2万册，出让与张氏，议定时值中储券200万元整。同时，将上海、南浔所有木制书箱556只、箱垫139只，连带归让张氏，议价中储券6万元。次日，张叔平付给刘承幹10万元支票作定金。从10月24日至11月15日，双方代理人分批点交了部分书、款，张氏收到刘氏储于沪寓的书籍有：宋刻本、元刻本、明抄本、《四库》底本、《四库》本、殿版《古今图书集成》、石印本《古今图书集成》、明刻本、明刻《大藏经》、名家抄本、稿本、批校本等9类；刘氏则收到张氏支付的支票款共130万元，加上定金，共计收到书款140万元。但张氏支付的支票不是即期的，最后一笔30万元刘氏收到时已超过合同中半月内钱货两讫之约，由于物价飞涨，这使刘氏蒙受了巨大损失。在付了140万元之后，张氏又延不付款。合同中规定南浔书籍及书箱由张氏负责运往上海后再行点交，张氏迟迟不能办理。鉴于以上原因，刘承干于12月17日提出解约，张叔平则坚决反对。至1945年7月间，汪伪上海保安司令部及江宁路警察分局武装人员先是到刘氏沪寓将所有的书籍封存，并派警员看守，后又将这批书运到胶州路昌明钟厂内存放，计内装书籍木箱114箱，内装书籍玻璃橱4只，杂书35包（报纸包扎），散书58包，《墨海金壶》118本，《清芬堂丛书》100本。抗战胜利后，1945年10月间 ，经刘承干努力，国民党上海当局同意发还该批书籍，不料刘氏派人搬至一半时，张叔平赶到，加以阻拦。最后，刘氏搬回之书及存于钟厂的其余之书又被移运到上海警察局江宁分局暂管。1946年2月，刘承干终于从江宁分局领回了4只书橱和114只书箱，经检点，发现箱橱里存放的书籍已有缺失，而杂书、散书等未装箱者统统佚失了。

早在1942年秋，张叔平向刘承干购书时，即将嘉业堂的宋元版书籍转卖予亿中银行董事长朱鸿仪，议价320万元。首批书交接后，朱氏付给张氏160万元，其余俟书送齐后再行付清。朱鸿仪将初次收到之书托张菊生、叶揆初、徐鸿宝鉴定，得知书非精品，盖张叔平将精者抽出，而以其次者搪塞也。于是决意退书还款，而张叔平坚执不肯。往来磋商，张叔平又以翁覃溪手稿、《罪惟录》手稿、殿本《古今图书集成》及批校本若干种掉换，朱鸿仪再付给张叔平40万元，结束交易。不料至1945年5月，汪伪上海保安司令部武装人员会同警察至朱家将书籍封存，并将朱鸿仪拘留，逼迫其签字承认前向张叔平购买的嘉业堂藏书是张叔平暂时寄存托他保管的。朱氏迫于压力，只得违心承认并将书悉数还给张叔平。

张叔平虽然未能如合同之约将嘉业堂藏书囊括而去，却得到了藏书中的精华，并转手倒卖，牟利颇丰。这批书上除了嘉业堂藏印外，有的还有张叔平藏印，“朱韶”、“朱嘉宾”、“嘉宾藏书”等朱鸿仪的收藏印记。

❶

❷

❶❷ | 钦定古今图书集成书箱

1
3
2

妄懷在琴書
172-179
浙图 1-3-562
室
172-182
浙图 1-3-530
止
138-145
浙图 1-3-514
升
浙图 1-45-97

南林刘氏求恕斋藏书箱

1947 年春，国立浙江大学经蒋复璁、徐鸿宝、郑振铎之洽介，从张叔平处购得嘉业堂藏明刻本 531 种，计经部 45 种，史部 113 种，子部 69 种，集部 314 种。另嘉兴藏 1 部。（参见《浙江学报》第一卷第二期所载《国立浙江大学新收刘氏嘉业堂旧藏书目录》）

1949 年初，美国柏克莱加州大学东亚图书馆艾尔温（Richard Irwin）在上海购得嘉业堂旧藏善本一批，据 2005 年 3 月上海古籍出版社出版的《柏克莱加州大学东亚图书馆中文古籍善本书志》统计，共 69 种 920 册，其中宋刊本 3 种 45 册，元刊本 7 种 238 册，明刊本 33 种 376 册，清刊本 8 种 144 册，稿本 9 种 91 册，抄本 7 种 24 册，《四库全书》本 2 种 2 册。

同年，经张叔平之手流入香港的嘉业堂善本一部分为香港大学中文系林仰山（F.S.Drake）教授购存，归冯平山图书馆庋藏。该馆馆藏图书登记册显示，这批善本是 1953 年登录入藏的，书名下注明“自购”，计 110 种 1165 册，其中宋刊本 2 种 20 册，元刊本 12 种 268 册，明刊本 15 种 181 册，清刊本 1 种 1 册，日本刊本 3 种 6 册，稿本 17 种 167 册，抄本 57 种 510 册，《四库全书》本 3 种 12 册。1950 年，旅居澳门的葡萄牙学者、东南亚史学家白乐嘉（Jose' Maria Braga）又购得 16 种 651 册，其中，最为珍贵的是翁方纲纂《四库全书提要》稿，其他多为明刻本及明清稿本、抄本。1958 年，白乐嘉将之售给澳门何东图书馆，现归澳门中央图书馆管理。

1954 年至 1956 年，复旦大学图书馆分三次从刘承幹手中购入储于上海刘宅的嘉业堂藏书。第一次清刊本 2037 种，其中经部 132 种，史部 393 种，子部 160 种，集部 1133 种，志部 170 种，丛部 49 种，不少为乾隆以前的善本。第二次主要是抄本，其中以《清实录》、《清史列传》价值最高。第三次主要是明刊本，其中不少为海内孤本。1982 年复旦大学图书馆再次

从上海古旧书店购入嘉业堂遗书一批。

1954年9月4日，复旦大学教授王欣夫从刘承幹处购去抄本书68种共490册。

综上所述，嘉业堂散出之书现分藏于海内外的众多图书馆。但尚有值得探讨的，如，一、据黄裳《来燕榭读书记》，1948年夏，上海三马路文海书店中插架者多嘉业堂旧藏，这是些什么书？归宿在什么地方？二、周欣平在《柏克莱加州大学东亚图书馆中文古籍善本书志序》中说："刘氏藏书聚于清末民初，流散于二战期间，目前除留存于中国大陆及港澳台地区外，日本、美国等地图书馆亦有收藏。"目前未见日本收藏的具体记载。三、与张叔平售书风波期间丢失的书有多少？四、据刘承幹《求恕斋日记》所载，北京中国书店、天津中华书店分别于1958年从他手里购买了一些书。这是些什么书，最后的归宿在何处？五、也有个别的谜团恐怕永无解开之日了，刘承幹生前给儿子刘春蕃留下了3箱书，他关照说是给儿子留后路的，万一将来生活上发生困难，可将这批书出售，以维持生计。由此可见这是一些珍籍。可惜书已毁于"文革"破四旧的火海中，连个目录都没留下。

第十节 藏书的代管、捐献及捐献后的管理

1951年3月17日，根据浙江省人民政府文教厅3月13日“关于南浔刘氏藏书问题，我厅意见暂不接管，仍以私办名义保留该藏书楼。可派一人前往管理，并吸收刘氏参加管理清点”的意见，嘉兴地区专员公署指示省立嘉兴图书馆着手清理、保管南浔嘉业藏书楼藏书，同时致函上海的刘承幹，希望他能亲自或派员来南浔共同清点藏书。接指示后，嘉兴图书馆副馆长汪大铁即赴南浔调查。当时，嘉业藏书楼无人管理，藏书情况不明。3月27日，汪大铁致信刘承幹，询问藏书楼书箱钥匙、现存藏书种数及藏书目录等问题。4月3日，刘承幹复信汪大铁。对整理工作提出两条意见，一是将求恕斋藏书、复本书、自印书与楼藏分别清点，各自编目；二是应将南浔镇南西街203号宅内楼上的书移回书楼一并整理。在致函刘承幹的同时，汪大铁向北京图书馆副馆长王重民和南京图书馆馆长贺昌群写信，告知该馆要对嘉业藏书楼藏书进行清点。王重民即将此事汇报给主管全国图书馆工作的文化部文物局局长郑振铎。4月6日，文化部下达[51文秘物字第64号]文。浙江省文教厅遵照文化部和华东文化部的指示，责成浙江省立图书馆提出初步方案。4月11日，浙江省立图书馆向省文教

厅提供了如下意见：一、刘氏嘉业堂藏书以旧籍为多，嘉兴图书馆规模未具，人手无多，庋藏整理未能胜任，诚如文化部所虑，因此，是项藏书自以本馆接收入藏为宜。二、嘉兴图书馆亦为省立图书馆，与本馆自不可分彼此，如刘氏藏书经本馆接收之后确有嘉兴图书馆合用之书，仍可转交该馆入藏流通。三、本馆将此项藏书接收之后自当编定目录呈报省厅，将来当多备复本转报华东文化部及中央文化部。如查有北京图书馆未入藏之善本，自应候中央文化部核示办理。4 月 25 日，省文教厅指示浙江省立图书馆主持南浔嘉业藏书楼代管与清点工作，省立嘉兴图书馆协助。6 月 30 日，刘承幹接浙江图书馆馆长张宗祥函，得知浙江、嘉兴两馆赴南浔人员将于 7 月成行，张宗祥并敦促刘承幹派人与嘉兴专署接洽。但刘承幹以自己身体不好为由未去南浔，也没有派员去。7 月 6 日，以浙江省立图书馆特藏组组长毛春翔为首的两馆共 6 人进驻嘉业藏书楼，成立管理处。7 月 12 日，文化部指示："刘氏藏书不应予以没收，应即由浙江图书馆会同嘉兴图书馆接收代管。代管后再相机发动其捐献。"

管理处鉴于书楼内书箱书橱均上锁，无法开启，乃雇铜匠开锁，费时 2 日。接着，即开始清点藏书，不料发现现存图书每部 10 册以上的及不满 10 册而其书少见的，均无头一本，100 册以上则首尾两册皆缺。浙江图书馆得知后，一方面向上级汇报，一方面派人前往上海向刘承幹交涉。这就是所谓的"头本书"风波。

1951 年 10 月下旬，清点告一段落。据《嘉业藏书楼藏书清册》载，计存书 12367 部，112770 册，其中地方志书 1123 部，明刊本无存；抄本 586 种，4592 册，宋元明清文集占十之七八。但无名抄本；丛书 340 种，近代刊行的大致完备，以浙江翻刊的武英殿聚珍版丛书 39 种与江西翻刊的 25 种较为名贵。此外，明清所刊说部如明万历刊本《杨家将》，崇祯刊本《隋炀艳史》，清顺治刊本《三国演义》及康熙刊本《隋唐演义》、《水浒传》、《封神演义》等都是不可多得的。另有书版、嘉业堂自印书等。

1951 年 11 月 19 日，刘承幹经慎重考虑，终于写下了致浙江图书馆的捐献函，其中有关藏书部分，提出要求领回求恕斋复本书、石印铅印说部以及碑拓字画之类。1981 年 5 月，刘承幹遗孀冯秀芳补办了捐献手续。

1952 年 4 月，中国人民解放军三野二院从所居的南浔刘宅中捡出书籍若干，并移交给浙江图书馆，经清点，计 1204 册。这批书编为《嘉业藏书楼藏书清册》第 3 册。

1956 年 12 月—1957 年 1 月，浙江图书馆从南浔镇人民委员会手中接收了书籍 731 册、书画轴 40 个、碑帖 6 份。

根据 1951 年 12 月 29 日省文教厅批复中有关“珍贵版本应运杭保存”的指示精神，浙江图书馆陆续从南浔嘉业藏书楼提取了 41428 册藏书运杭存于孤山路古籍部。另因古籍部库房空间有限，将古籍部 8 万余册复本书运南浔书楼存放。

接受捐献后，浙江图书馆一直派员精心管理嘉业藏书楼的藏书，使之完好地保存至今，并接待查阅读者，发挥着应有的作用。

第三章

刻书

第一节 概述

嘉业堂刻书始于1913年。1913年2月，刘承幹将《叶天寥年谱》底本交由梓人要求按结一庐版片写样，这是刘氏自刻书的第一种。此后20年间，先后刊刻了《嘉业堂丛书》57种750卷、《吴兴丛书》65种852卷、《求恕斋丛书》33种210卷、《留余草堂丛书》10种62卷、《嘉业堂金石丛书》5种50卷以及《八琼室金石补正》、《章氏遗书》、《旧五代史》、《景宋四史》、《晋书斠注》等单行本17种1077卷，共计刻书187种3001卷，耗资20多万元。

这里需要说明的是：收入《嘉业堂丛书》的《金石录》、《张说之文集》、《刘宾客文集》及《司空表圣文集》4种书的版片原属浙江仁和朱氏结一庐，后由刘承幹购入，加以印行，故计入其刻印图书总数之内；《景宋四史》—《史记》、《汉书》、《后汉书》、《三国志》作4种统计；《雪桥诗话》4集作4种统计；《吴兴刘氏嘉业堂善本书影》作1种统计；有版但未印刷者不计在内。

嘉业堂所刻以丛书为主，5种丛书包括图书170种、1924卷，经、史、子、集无不涉及，约占其所刻书籍总数的91%。内容广泛：网罗前哲遗编，曰《嘉业堂丛书》；汇集近儒述作，曰《求恕斋丛书》；限乡贤所著者，曰《吴兴丛书》；阐性理微言者，曰《留余草堂丛书》。

嘉业堂刻书版式，大致可分为两种：一种是仿朱氏结一庐书版，黑口，单鱼尾，左右双栏，页 11 行，行 21 字，字体为仿宋体，现存《嘉业堂丛书》各种版片不论规格、大小、版式，均与结一庐的相仿；《求恕斋丛书》、《留余草堂丛书》等，则除了行数（页 10 – 11 行）、字数（行 20 – 21 字）略有不同外，也沿用了结一庐版片样式。另一种是影刻宋本，以《景宋四史》为代表。以《史记》为例，嘉业堂所珍藏的，为宋蜀刻大字本。为了能体现原貌，雕版的版式、字体、字体大小等悉依原本。版式为黑口，双鱼尾，左右双栏，页 9 行，行 16 字，每个字约 1.5×1.5cm。书中原有的避讳字，也照样沿用。

版片用料，悉采枣木。枣木纹理细密，质地较硬，而且不易虫蛀，适合南方气候下长久保存。

嘉业堂刻书，校雠审慎，世多称誉。所刻诸经单疏本为阮校所未见，子史百家亦多当代罕见之籍，而于元明遗老所著及其谱状，搜罗尤多。胡道静在《周子美撰集书目二种序》中称，刘承幹“又爱刻书，则所致孤秘，枣梨以行，于是老儒之古毕，介土之孤愤，系一线于不坠，主人之功为尤不可没也。嘉业版行之书，几媲汲古，其出自稿抄本者，传先哲之精蕴，启后学之困蒙，若王颂蔚撰王季烈补之《明史考证捃逸》、沈钦韩之《王荆公诗集李壁注勘误补正》及《王荆文公集注》等，皆名世之作，学子之糈粮也”。

刘承幹热衷刻书，是与明清以来藏书家刻书蔚然成风的大环境分不开的。他从常熟毛晋（1599 – 1659）、归安陆心源（1834 – 1894）、绍兴徐树兰（1838 – 1902）等藏书家的身上，认识到了在某种程度上，刻书比藏书对保存传统文化更具价值。毛晋生前藏书8.4万余册，后散失，人们只能从不及其藏书什一的《汲古阁秘本书目》中窥得毛氏藏书的精华与梗概。但他所刻之书却如刘承幹在《嘉业堂丛书序》中所说“无不传之，迄今二百余年，好古之士，其心目中均有一毛氏本在”。作为封建社会的遗老，刘承幹自认身处乱世，与毛氏相仿，因此他决心通过刻书，使不经见之籍为千百化身，以公诸天下后世。历史证明，刘承幹也确实通过刻书，抢救和保存了祖国的传统文化遗产，得到社会的好评。

1951年11月19日，刘承幹将存于南浔嘉业藏书楼内的书版悉数捐献给浙江图书馆，数万册自印书则在改革开放后由其遗孀捐献。接受捐献后，浙江图书馆与有关出版单位合作，利用嘉业堂版片，印刷出版了大量古籍，为社会所利用。

版片库

第二节

刻书特色

嘉业堂刻书呈现六大特色。

一是偏好孤本，包括刻本、稿本和抄本。刻书底本主要来自嘉业堂的收藏，也有的来自其友人或社会人士。刘承幹对孤本求之若渴，他在《〈嘉业堂丛书〉序》中呼吁："海内诸君子藏有未见书，助我不逮，当为刊播"。张元济藏《谷梁疏》残本，蒋汝藻藏《春秋公羊疏》残本，罗振玉藏《春秋正义》残本，叶德辉藏《订讹类编》，吴兰庭家藏本《五代史纪纂误补》四卷等孤本、珍本因此纷纷交由嘉业堂刻印。《邠州石室录》的底稿来自叶昌炽多年珍藏。《明史考证捃逸》作者的后人从朋友处得知刘承幹广学甄微，以刊行有用之书为己任，也将书稿寄给刘承幹，让嘉业堂刻印。正是社会上有识之士的大力支持，为嘉业堂刻书的底本提供了更广泛的来源。

刘承幹不仅重孤本，而且力求孤本内容的完整，遇到底本残缺，总是千方百计搜求。《南山堂自订诗》10卷，刘承幹从作者裔孙处只得到1至5卷，后处处留意，终得全璧。《枫江草堂集》经先后三次努力底本才称完备。刻于康熙二十九年的《丰草庵集》，罕有传本，刘承幹得前25卷，后又借得文后集2卷，为作者董说的手稿，才得以完整刻印。全祖望《句余音补注》、翁方纲《复

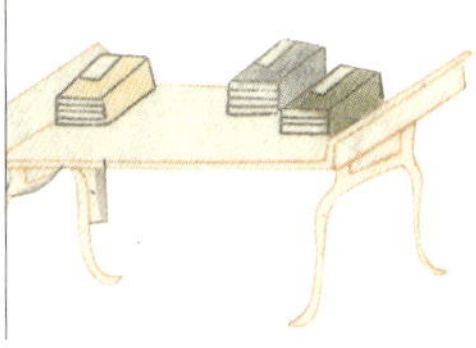

初斋诗文外编》，内容皆比通行本倍增。《章氏遗书》计正文30卷，外编18卷，补遗1卷，附录1卷，校记1卷。章学诚生前对自己的著作未及校订编次，临终之时将全稿托付给萧山王宗炎，王宗炎把全稿分为30卷，包括“文史通义”、“校雠通义”、“方志略例”、“湖北通志检存稿”、“文集”等，是为《章氏遗书》的正文，外编等21卷则是刘氏刊刻时补辑的，包括“乙卯札记”、“永清县志”、“和州志”等。《章氏遗书》一出，人称“章氏之学，于此可见全貌”。

二是重视地方文献。浙江素有刊刻地方丛书的风气，这种风气，也影响到了嘉业堂的刻书。1912年9月间，经朱孝臧推荐，刘承幹购入《吴兴备志》一稿，兴起刊刻《吴兴丛书》的念头，至1929年共刻印有关吴兴的人物、著述、地理等方面的著述65种，大多颇具价值。如收入《吴兴丛书》的《易小传》，据宋陈振孙《直斋书录解题》载，卷末附有系辞补注十余则，而《四库》著录时云：“今本无之，盖已久佚。”刘承幹所依据的底本与陈振孙所见同。又如乌程方贞元所著的《爨桐庐算剩》，是著者仅存的算稿；《弁山小隐吟录》，原为“皕宋楼”秘籍，刘承幹据沈韵斋抄本刊刻。

刘承幹为搜集、刊刻地方文献殚精竭虑，不遗余力。归安李令皙等人编著的《同岑集》12卷，因李厄于庄廷钺《明书》案，书遭禁毁，姚氏宏远堂所藏刻本成为孤本。后因太平天国时期该书曾一度丢失，姚家从此珍藏于室，秘不示人。刘承幹开始向姚家商借时并不顺利，后来姚家被刘承幹表彰乡贤先哲遗著的诚意和精神所打动，才答允影抄一部交由刘氏刊刻。

三是刊刻清代禁书。收入《嘉业堂丛书》的《翁山文外》和《安龙逸史》，出自清初著名诗人、学者，被誉为明末清初诗坛上“岭南三大家”第一人的屈大均。由于屈大均曾在清兵入广州前后参加抗清队伍，失败后，拒不与清合作，其诗文有强烈的反清内容，死后著作遭到厄运，到1774年

（清乾隆三十九年），即屈大均死后七十八年，清统治者借搜访遗书的机会，对民间私藏的屈大均著作仍不放过，乾隆甚至密谕两江总督高晋察访屈大均雨花台衣冠冢处，命速为刨毁。其《翁山文外》一稿由同乡潘氏家秘藏300余年，向称孤本。

李清在南明弘光政权灭亡之际，眼见恢复无望，便回到故园隐居，潜心史学，致力著述。修《四库全书》时，清政府大规模禁毁书籍，明末史乘首当其冲，其所著《三垣笔记》因为有“建州建虏北朝可汗属夷异类小酋”等语被禁。后乾隆又在李清的《诸史同异录》一书中发现有将清世祖福临与明崇祯帝任意比拟的“悖妄”之处，又严旨斥责，要将其所有著作搜查销毁，原已收入《四库全书》的李清著作如《南北史合注》、《南唐书合订》、《历代不知姓名录》等皆遭撤毁，致使李清的著述大多亡佚，所存数种也只以抄本形式流传。《三垣笔记》一书，顺德李氏、钱塘汪氏与丁氏所藏皆非足本，缪荃孙在北平假抄也只得两卷，完整的六卷本仅由其族人收藏，代代相传，后归缪氏。

《闲渔闲闲录》是一部杂录朝典、时事、诗句的杂记，1767年（清乾隆三十三年）以所谓“语含诽谤、意多悖逆”案发，作者蔡显被“斩决”，他的儿子“斩监候秋后处决”，门人等分别“杖流”及“发伊犁等处充当苦差”。也许因是禁书的关系，《闲渔闲闲录》为刘承幹购得时，已无撰人姓氏，后他读《养古斋丛录·绪南笔潭》才知系华亭蔡显所著。刘承幹经过不懈努力，接二连三地刊刻了《安龙逸史》、《翁山文外》、《三垣笔记》、《闲渔闲闲录》等禁书，出智井铁匣之史，刊刻流行于世。这些禁书为我们提供了不少新史料。如屈大均著《安龙逸史》专记明永明王事，对有些史实的记载，如杖死夏良璞事，杀御史李如月事，杀吴贞毓十八先生事等，皆有详细描述，为明季野乘之有裨史学者。

四是校刻精审。凡嘉业堂刻印的书，大都经专家学者推荐、鉴定和校勘。1913 年 1 月，刘承幹聘请缪荃孙主持刻书事宜，又聘许子颂、杨子勤任分校。1916 年，聘请著名的版本目录学家叶鞠裳主持校勘《景宋四史》，1918 年叶氏去世后由王舟瑶继续。这部书校勘之精审，堪称嘉业堂刻书中的经典之作。据刘承幹在《嘉业老人八十自叙》中回忆，主持嘉业堂刊刻出版者先后有“缪筱珊参议荃孙、叶菊裳侍讲昌炽、王玫伯观察舟瑶、陈诒重侍郎毅、孙益庵广文德谦、杨文敬公锺羲、况夔笙太守周颐、董绶经推丞康”，这些人为嘉业堂刻书质量提供了重要的保证。当然，支持嘉业堂刻书的其他学者还很多。

嘉业堂所刻之书，大都由专家写序作跋，说明所刻书籍的来龙去脉和学术价值，如《吴兴丛书》的跋多侧重作者生平、所刻书籍内容和得书过程；《求恕斋丛书》的序则重学术源流、得书刊印过程；《嘉业堂丛书》的序偏重校勘之学。

五是工艺精美。嘉业堂所刊之书不仅内容质量高，工艺亦力求精雅。纸张多选用赛连纸，如《嘉业堂丛书》、《吴兴丛书》、《留余草堂丛书》、《嘉业堂金石丛书》；部分用毛泰纸，如《求恕斋丛

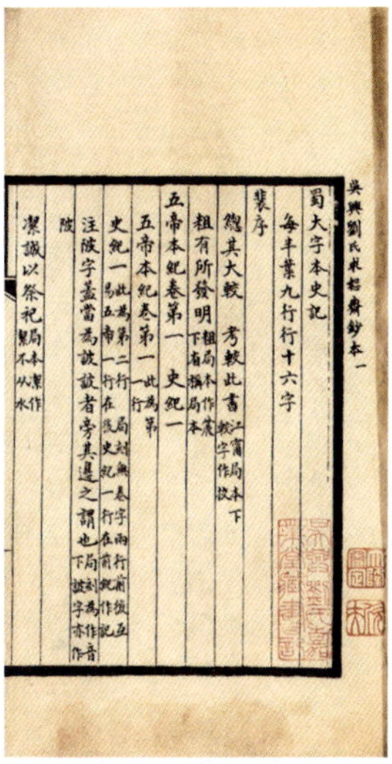
吳興劉氏嘉業堂鈔本一
蜀大字本史記
每半葉九行行十六字
裴序
總其大較 考較此書
粗有所發明
五帝本紀卷第一 史記一
五帝本紀卷第一
史記一
注陂字盖當為詖詖者旁其邊之謂也
陂
潔誠以祭祀

❶ | 叶昌炽《史记》校勘记手稿本

书》；也有用毛边连史纸的，如《晋书斠注》。

所选写手、刊手及印刷铺都是当时国内一流的，一些较难刻的珍籍宋本请最善于摹写各类字体的饶星舫为写手，由有“天下第一好手”美誉的陶子麟雕刻。其中以史部为最，所刻《景宋四史》全部是红梨木精雕大字本，用刘承幹自藏“料半纸”印，每部售价高达300元。王汉章在《刊印总述》中评价：“此乃近三十年来，木版家刻书之最精者，为近代中国木刻书之代表者”。由饶星舫写样、陶子麟雕刻的影宋蜀大字本《史记》及《邠州石室录》于1929参加国际图书馆会议展出。

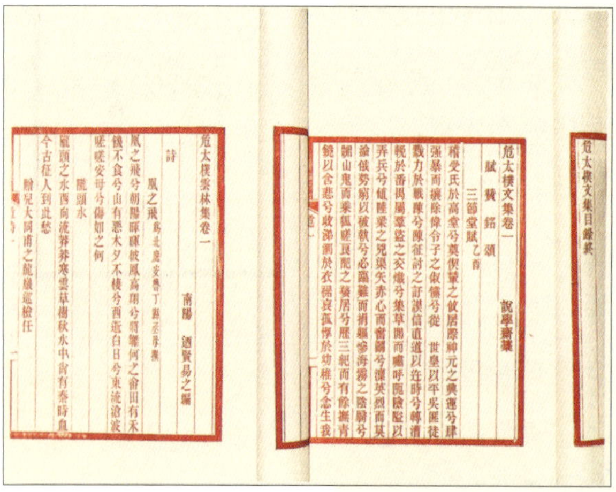

❶

六是嘉惠士林。刘承幹刻印图书从不以盈利为目的，大部分免费送人。有用于馈赠好友的，如叶昌炽；也有赠给素未谋面但知道对方爱书或是相关方面专家的，如伦明。因素闻胡适对章学诚深有研究，著有《章实斋年谱》，1923年，刘承幹将所刻《章氏遗书》赠予胡适。凡图书馆、学者、名流、要人来函索书的，嘉业堂可以说是

❶ | 嘉业堂红印本《危太朴文集》

有求必应。从嘉业堂留存的部分赠书记录来看，1915－1921年间赠傅增湘57部；1916年赠潘明训40部；1916－1919年间赠董康27部，许子颂40部，饶星舫66部；1918年赠陶湘22部；著名教育家叶圣陶也曾收到刘承幹所赠的《明史例案》、《京师坊巷》、《雪桥诗话续集》、《订讹类编》等书11种。不仅国内，有国外的图书馆或学者来索要嘉业堂刊刻之书，也照样能得到满足。1917年，王国维偕日本人富冈谦藏（帝国大学讲师）到刘承幹家观书，后刘承幹将《雪桥诗话》、《明史例案》等16部嘉业堂刻印书赠给了富冈。1918年9月，美国驻沪代理总领事琼森及哥伦比亚大学图书馆施永高至嘉业堂观书，刘承幹向他们各赠送了嘉业堂自印书45部，并托商务印书馆定制书匣。1923年5月，王国维在致神田喜一郎的信中直接把刘承幹在上海的地址告诉了他，并说："当将兄名告之，以后兄有书赠彼或向彼索所刻书，可径自通信也。"为处理赠送事宜，刘承幹还一度专门雇用了一个名叫邹履冰的人。当然，嘉业堂的书也出售。曾印行《刘氏嘉业堂刊印书目》，1935年并加重订。据该书目，负责办理出售事宜的是南浔嘉业藏书楼印行部。

第三节

写手、刊手与印刷铺

一、饶星舫。又作饶香舫、饶信芳，湖北黄冈人。擅长临摹各类字体。初为陶子麟刻书处书写，后为缪荃孙写书三年，1915 年由缪氏推荐给刘承幹摹写《景宋四史》。1920 － 1930 年间为陶湘摹写宋本《儒学警悟》与宋咸淳本《百川学海》等。陶湘在《百川学海》序言中提到："全书为黄冈饶星舫一手影模。星舫囊客艺风，多识古籍，与湘游亦十稔，所刻诸书皆出其手，《儒学警悟》亦其一也。而于此用力尤勤，不图杀青未竟，遽归永夜。"由此可见，《百川学海》是饶氏绝笔。1915 年，为雕印《景宋四史》，饶星舫和陶子麟受刘承幹之邀入住刘氏爱文义路新宅。叶昌炽见到饶星舫的写样后，认为嶙峋露骨，瘦硬可喜，评价很高。《景宋四史》是饶、陶的经典之作。《邠州石室录》也同样出自饶、陶之手。

二、陶子麟。1857 年生于湖北黄冈西乡，1928 年逝于武昌寓所，终年 71 岁。清末民初四大著名刻工之一，人称其"能刻仿宋及软体字者"、"精妙不弱于东邻"，有"陶家宋椠传天下"的美誉。凡所刻书在封面或卷尾多刻有"黄冈陶子麟镌"，或作"武昌陶子林镌"。为缪荃孙刻《艺风堂文集》、《艺风堂金石目》；为刘世珩刻《玉海堂影宋丛书》、《景宋杜陵编

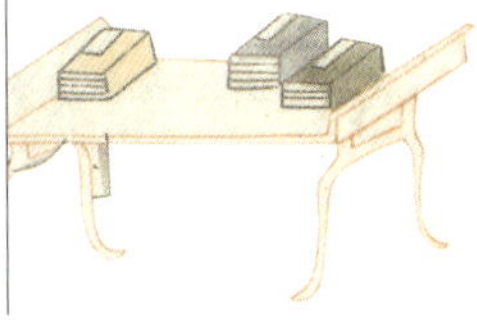

年史诗》；为徐乃昌刻小宛堂本《玉台新咏》、《徐文公文集》和《随盦丛书》；为张钧衡刻《择世居丛书》。陶子麟所刻都是当时刊行古籍中的上乘，经他精雕细刻，既保持宋版神貌，又较原书更为完美。在雕刻《杜陵史诗》时，陶子麟发现原书有多处字体不符合全书神貌，便重新临摹，将其一一改正过来，使其天衣无缝，得到刘世珩的赞赏。1915 年，陶子麟开始为刘承幹刻《景宋四史》，此外还刻过《邠州石室录》等。他身兼刻工与出版家双重身份，设书肆于武昌，以其姓名为店号，出版图书并经营发行。

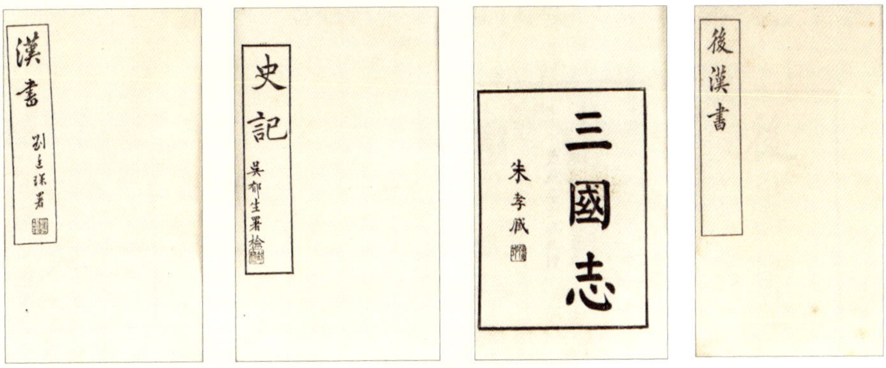

❶

三、姜文卿。在江苏南京开办以其姓名为店号的刻书铺。曾为缪荃孙刻印《藕香零拾》、《艺风藏书记》、《艺风堂文集》，为刘世珩刻《金石图说》、《金石契》、《石鼓文》等。1917年经缪荃孙推荐，为嘉业堂刻印《台学

❶ | 景宋四史

统》，1925年又为之刻印《八琼室金石补正》；《章氏遗书》、《重详定刑统》、《天问阁文集》、《漫塘文集》及《蕉廊脞录》等书也出自姜文卿刻字铺。1919年姜文卿为嘉业堂刻书的价格是每千字2元7角，到1924年时，已提至每千字3元。

四、周楚江。扬州人。1912年承刻嘉业堂《广弘明集》40卷。1915年刊《吴兴诗话》2册，得工资洋100元。

五、朱文海。供职于上海美华里刻字社。该社1913年时已有刊手30人，写样5人。1913年由赵学南作保，开始为刘承幹经手刻书。先是，依结一庐版片写样，刻《叶天寥自撰年谱》1册，每千字大洋2元2角。另刻有《危太朴云林文集》2册，《说文段注订补》3册，《资暇集》1册，及《沈忠敏公龟溪集》，《雪桥诗话》(初集)，《四库全书表文笺释》，《京师坊巷志》等；《迟鸿轩诗弃》曾于1913年由穆子美刻，因刊手太劣，又交由朱文海写样重刻。

六、穆子美。苏州人。1913年由朱古微推荐，为刘承幹经手刻书，刻有《查他山年谱》、《瞿木夫先生自订年谱》、《岁贡士寿臧府君年谱》（底本均为抄本）、《武进李申耆先生年谱》（底本为刻本）共4册，及《言旧录》、《闻过斋集》，《冬青馆集》等。曾因刻字有瘦硬者，亦有刀锋滞钝，笔多缺陷，参差不一，受到刘承幹批评。后因刻书迟缓，1915年后刘承幹不再交其经手刻书

七、刘春生。北平文楷斋主人。原为北平杨梅竹斜街龙光斋刻字铺徒工，学满后即脱离龙光斋而独立经营，最初是徐世昌“承办公府刻书处”，专给大总统刻书。文楷斋创立于1919年正月十六日，先开始刻书营业，至五月十六日字号确定，正式开张。改用文楷斋字号以后，才接受其他个人刻书。文楷斋除在北平刻书外，还派人到山东堂邑承刻民间读物。文楷斋最盛时期拥有三、四百工人，写手有30多人，以写宋体字为主。其中汪敏斋写得

最好。他们的秘诀是掌握“六笔法”。六笔法是指横、竖、钩、撇、点、捺。文楷斋所刻书为世人所称道。特别是为董康诵芬室所刻《中州集》，是由几个人书写，从中择优刻版。所刻传奇小说，字体秀丽，插图精雅，犹有明人遗意。嘉业堂的《晋书斠注》和《旧五代史》均出自北平文楷斋，《旧五代史》雕版的工艺，几可与殿本媲美。1931 年 11 月，北平文楷斋将两书版片装箱交运上海，过天津时，为海关税务司扣留，理由是按照古玩，须纳捐税及印花等约 1200 元至 1300 元，可见其工艺之精美。后经蔡元培致函当时的财政部长宋子文，版片才得以放行。

第四节

嘉业堂留存雕刻版片简目

1951年7月，浙江图书馆、嘉兴图书馆联合代管嘉业堂期间，对留存版片进行了清点，计39559片（两面刻版计单面）。简目列表于后：

《嘉业堂丛书》57种

类别	序号	书名	书版数量	版面大小（寸）	开雕年
经部	1	周易正义十四卷附校勘记二卷	228	长5.1 宽7.1	1914
	2	尚书正义二十卷附校勘记二卷	416	同上	1916
	3	毛诗正义三十三卷附校勘记三卷	762	同上	1918
	4	礼记正义残本二卷附校勘记一卷	20	同上	1914
	5	仪礼疏五十卷	未详	同上	1914
	6	春秋正义残本十二卷附校勘记二卷	274	同上	1919
	7	春秋公羊疏残本七卷附校勘记一卷	80	同上	1928
	8	谷梁疏残本七卷附校勘记二卷	73	同上	1916
史部	9	明史考证捃逸四十二卷补遗一卷	371	同上	1916
	10	炎徼纪闻四卷	44	同上	1915
	11	三垣笔记三卷附识三卷	125	同上	1927
	12	安龙逸史二卷	34	同上	1916
	13	天寥道人自撰年谱一卷续谱一卷别记一卷附甲行日注八卷	122	同上	1913

史部	14	查东山年谱一卷 附书湖州庄氏史狱一卷	37	同上	1916
	15	东山外记二卷	41	长 5.2 宽 7.6	1920
	16	白夆山人年谱一卷附寅宾录一卷	49	同上	1915
	17	顾亭林年谱一卷附校补一卷	67	同上	1919
	18	查他山年谱一卷	20	同上	1913
	19	厉樊榭先生年谱一卷	21	同上	1915
	20	瞿木夫先生自订年谱一卷	41	同上	1913
	21	武进李申耆先生年谱三卷附先师小德录一卷	57	同上	1913
	22	岁贡士寿臧府君年谱一卷	16	同上	1913
	23	言旧录一卷	24	同上	1913
	24	味水轩日记八卷	295	同上	1923
	25	南唐书注十八卷补注十八卷	373	同上	1915
	26	云南水道考五卷	76	同上	1916
	27	中书典故汇记八卷	195	同上	1916
	28	重详定刑统三十卷目录一卷附录一卷校勘记一卷	265	同上	1921
	29	金石录三十卷附札记一卷今存碑目一卷	232	长 5.1 宽 7.6	结一庐雕版
	30	台州金石录十三卷砖录五卷金石砖文阙访目四卷	309	同上	1914
	31	严州金石录二卷	40	同上	1930
子部	32	授时历故四卷	50	同上	1923
	33	订讹类编六卷续补二卷	168	同上	1918
	34	朴学斋笔记八卷	72	同上	1920
	35	增广分门类林杂说十五卷	70	同上	1920

子部	36	云溪友议三卷附校勘记三卷	111	同上	1930
	37	玉堂荟记四卷	58	同上	1915
	38	闲渔闲闲录九卷	56	同上	1915
	39	道德真经注疏八卷	100	同上	1919
集部	40	张说之文集二十五卷补遗五卷	194	同上	结一庐雕版
	41	刘宾客文集三十卷外集十卷	214	同上	结一庐雕版
	42	司空表圣文集十卷诗三卷附录一卷	96	同上	结一庐雕版
	43	松隐文集四十卷	227	同上	1920
	44	广陵先生文集二十卷拾遗一卷补遗一卷附录一卷	169	同上	1922
	45	王荆公诗集李壁注勘误补正四卷文集注八卷	270	同上	1927
	46	漫塘文集三十六卷附录一卷	396	同上	1926
	47	阆风集十二卷附录一卷	106	同上	1915
	48	彝斋文编四卷	51	同上	1914
	49	傅与砺诗集八卷文集十一卷附录一卷附绿窗遗稿一卷	161	同上	1914
	50	友石山人遗稿一卷附录一卷	18	同上	1919
	51	闻过斋集八卷	87	同上	1913
	52	王静学先生文集三卷附录一卷	73	同上	1920
	53	翁山文外十六卷	158	同上	1920
	54	句余土音补注六卷	161	同上	1922
	55	复初斋集外诗二十四卷集外文四卷	334	同上	1917
	56	翁比部诗抄一卷	24	同上	1924
	57	咄咄吟二卷	46	同上	1914

《吴兴丛书》65 种

类别	序号	书名	书版数量	版面大小（寸）	开雕年
经部	1	易小传六卷附系辞补注一卷	165	长 5.1 宽 7.7	1922
	2	周易通解三卷释义一卷	68	同上	1922
	3	周易本义辨证补订四卷	57	同上	1922
	4	周易消息十四卷	413	同上	1924
	5	虞氏逸象考正一卷续纂一卷	33	同上	1923
	6	九家易象辨证一卷	5	同上	1923
	7	虞氏易义补注一卷附录一卷	19	同上	1923
	8	汉儒传易源流一卷	27	同上	1923
	9	礼记集说七十卷	1314	同上	1924
	10	经典通用考十四卷	139	同上	1917
	11	易书诗礼四经正字考残本四卷	92	同上	1916
	12	论语注二十卷	60	同上	1928
	13	说文校议三十卷	198	同上	1918
史部	14	五代史纪纂误补四卷	43	同上	1922
	15	竹书纪年辨证二卷补遗补证一卷	83	同上	1922
	16	七国考十四卷	169	同上	1919
	17	台湾郑氏始末六卷	44	同上	1919
	18	嘉泰吴兴志二十卷	209	同上	1914
	19	吴兴备志三十二卷	455	同上	1914
	20	吴兴掌故集十七卷	148	同上	1914

史部	21	宝前两溪志略十二卷	82	同上	1922
	22	湖录经籍考六卷	125	同上	1920
	23	郑堂读书记七十一卷	926	同上	1921
子部	24	温忠烈公遗稿二卷附录一卷	22	同上	1922
	25	颜氏学记十卷	136	同上	1928
	26	管子校正二十四卷	172	同上	1928
	27	爨桐庐算剩二卷	22	同上	1921
	28	须曼精庐算学二十四卷	214	同上	1916
	29	两山墨谈十八卷	111	同上	1919
	30	权斋老人笔记四卷	37	同上	未详
	31	月河所闻集一卷	8	同上	1929
集部	32	沈忠敏公龟溪集十二卷附录一卷	126	同上	1913
	33	陵阳集二十四卷	197	同上	1921
	34	弁山小隐吟稿二卷	41	同上	1923
	35	水南集十七卷	178	同上	1919
	36	浴园集三十七卷	417	同上	1927
	37	董礼部集六卷附尺牍二卷	93	同上	1928
	38	静啸斋遗文四卷	32	同上	1924
	39	丰草庵集诗集十一卷前集六卷文后集二卷宝云诗集七卷禅乐府一卷	290	同上	1921
	40	南山堂自订诗十卷	71	同上	1923
	41	使交集一卷吴太史遗稿一卷	50	同上	1922
	42	慈寿堂文抄八卷	79	同上	1916

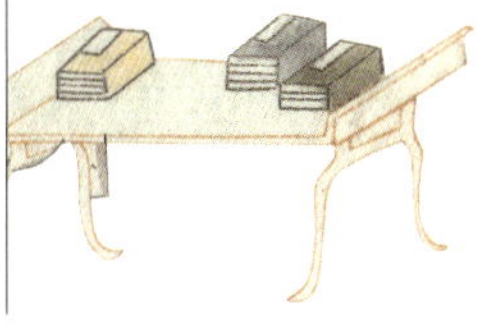

集部	43	权斋文稿一卷	21	同上	1916
	44	山子诗抄十一卷	77	同上	1921
	45	孔堂初集二卷文集一卷私学二卷	37	同上	1922
	46	胥石诗存四卷文存一卷附录一卷	68	同上	1921
	47	冬青馆集甲集六卷乙集八卷	206	同上	1915
	48	蜕石文抄一卷	25	同上	1923
	49	落帆楼文集二十四卷补遗一卷	356	同上	1918
	50	辽宫词一卷金宫词一卷元宫词一卷	32	同上	1916
	51	梦花亭骈体文集四卷	37	同上	1916
	52	天隐堂文录二卷	21	同上	1915
	53	欧余山房文集二卷	44	同上	1922
	54	枫江草堂诗集十卷文集一卷枫江渔唱一卷清湘瑶瑟谱一卷续谱一卷	123	同上	1915
	55	迟鸿轩诗弃四卷文弃二卷诗续一卷文续一卷补遗二卷附年谱一卷续一卷	114	同上	1913
	56	玉鉴堂诗集六卷	67	同上	1921
	57	葭洲书屋遗稿一卷	23	同上	1900
	58	同岑集十二卷	174	同上	1922
	59	历代诗话八十卷	614	同上	1914
	60	诗筏一卷	45	同上	1922
	61	吴兴诗话十六卷	103	同上	1916
	62	春雪亭诗话一卷	11	同上	1916
	63	湖州词征三十卷	213	同上	1920
	64	国朝湖州词录六卷	79	同上	1920

集部	65	渚山堂词话三卷	16	同上	1919

《求恕斋丛书》33 种

类别	序号	书名	书版数量	版面大小(寸)	开雕年
经部	1	周易集义八卷	272	长 4 宽 6.3	1919
	2	丧服郑氏学十六卷	572	同上	1918
史部	3	庚子西行纪事一卷	27	同上	1919
	4	汉管处士年谱一卷	21	同上	1926
	5	玉溪生年谱会笺四卷	139	同上	1917
	6	司马温公年谱八卷卷后一卷遗事一卷	170	同上	1917
	7	王荆公年谱三卷卷后一卷遗事一卷	83	同上	1917
	8	金稷山段氏二妙年谱二卷	44	同上	1915
	9	水经注正误举例五卷	93	同上	1919
	10	汉书地理志水道图说补正二卷	57	同上	1921
	11	今水经注四卷	49	同上	1922
	12	京师五城坊巷胡同集一卷	15	同上	1920
	13	京师坊巷志十卷附考正一卷	216	同上	1917
	14	唐贾耽记边州人四夷道里考实五卷	175	同上	1921
	15	渤海国志四卷	42	同上	1919
史部	16	渤海疆域考二卷	17	同上	1925
	17	礼仪二卷	55	同上	1916
	18	四库全书表文笺释四卷	117	同上	1915

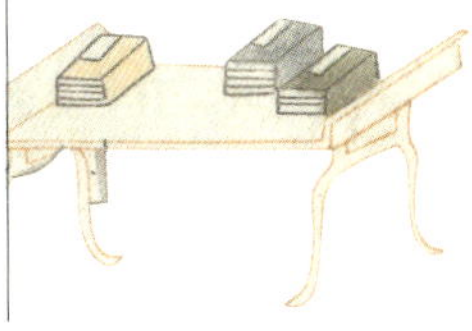

子部	19	垛积衍术五卷	35	同上	1918
	20	横阳札记十卷	175	同上	1921
	21	蕉廊脞录八卷	126	同上	1928
	22	山海经地理今释六卷	198	同上	1921
集部	23	天问阁文集四卷附海棠居诗集一卷	231	同上	1922
	24	传经室文集十卷赋抄一卷	104	同上	1923
	25	心向往斋诗文集十三卷附录一卷附纲斋随笔一卷附勿二三斋诗集一卷饮冰子词存一卷附绍仁斋浦游吟一卷附林风阁诗抄一卷	347	同上	1920
	26	通义堂文集十六卷	373	同上	1920
	27	校经室文集六卷补遗一卷	296	同上	1916
	28	逊斋文集十二卷	241	同上	1922
	29	王敏文公遗集八卷	104	同上	1923
	30	雪桥诗话初集十二卷	426	同上	1913
	31	雪桥诗话续集八卷	387	同上	1917
	32	雪桥诗话三集十二卷	400	同上	1919
	33	雪桥诗话余集八卷	403	同上	1923

《留余草堂丛书》10 种

序号	书名	书版数量	版面大小（寸）	开雕年
1	庭训格言一卷	37	长 5.2 宽 7.5	1921
2	司马温公家范十卷	65	同上	1920
3	黄忠节公甲申日记一卷	21	同上	1925
4	四书说约三十三卷	197	同上	1921

5	中庸切已录一卷附事天谟一卷	61	同上	1925
6	程山先生日录三卷	59	同上	1920
7	圣学入门书一卷	17	同上	1920
8	荆园小语一卷进语一卷	24	同上	1921
9	耐俗轩新乐府一卷	12	同上	1921
10	向惕斋先生集八卷	64	同上	1923

《嘉业堂金石丛书》5种

序号	书名	书版数量	版面大小（寸）	开雕年
1	闽中金石志十四卷	242	长5.3 宽8	1927
2	汉武梁祠画像考六卷附图一卷	138	长5.4 宽8	1922
3	海东金石苑八卷补遗六卷附录二卷	298	长5.5 宽8	1922
4	郑州石室录三卷	102	长6 宽7.9	1915
5	希古楼金石萃编十卷	166	长5.3 宽7.9	1933

单行本12种

序号	书名	书版数量	版面大小（寸）	开雕年
1	八琼室金石补正一百三十卷金石札记四卷金石祛伪一卷元金石存一卷	2295	长5.4 宽8	1924
2	旧五代史一百五十卷	1097	长6.5 宽8.6	1921
3	史记一百三十卷	1306	长6.4 宽10.04	1919
4	汉书一百二十卷	2100	长6.3 宽8.4	1920
5	后汉书一百二十卷	1863	长6.1 宽8	1921

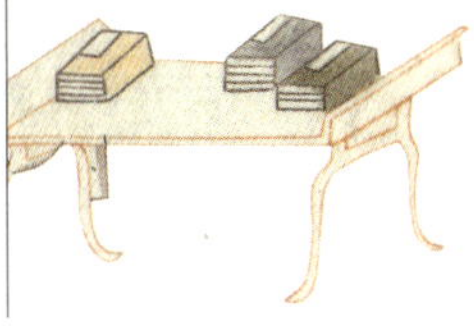

6	三国志六十五卷附校勘记三卷	705	长 6.3 宽 9.5	1926
7	晋书斠注一百三十卷	2296	长 6.5 宽 8.7	1927
8	章氏遗书内编三十卷外编十八卷补遗一卷附录一卷校记一卷	1496	长 5.3 宽 7.5	1922
9	说文段注订补十四卷	192	长 5.2 宽 7.5	1914
10	明史例案九卷	117	同上	1915
11	危太朴云林集二卷补遗一卷续补一卷文集十卷续集十卷附录二卷	231	长 5.3 宽 7.5	1914
12	吴兴刘氏嘉业堂善本书影			1929

附表：嘉业堂收存书版简目

据《嘉业堂刊印书目》，其中《山色夕阳楼吟草》作为“附寄售书”在嘉业堂有书出售。

序号	书名	书版数量	开雕年
1	屈翁诗稿	61	未详
2	山色夕阳楼吟草	18	1930
3	芝隐诗存	23	1931
4	春丝词	10	1915
5	焦尾词	16	未详
6	星辉楼诗抄	19	1916
7	萝痕词	23	未详
8	尚书考辨证	27	未详
9	太乙舟文	66	未详
10	无长物斋诗存	32	未详
11	清真集	55	未详
12	谪麟堂遗集	52	未详

第五节

名家对嘉业堂刻书的评价与帮助

嘉业堂所刻之书得到了社会各界人士的广泛关注和好评，也得到了诸多名家的肯定、赞誉及帮助。

一、鲁迅

鲁迅与刘承幹并不认识，更无交往，引起鲁迅注意的是嘉业堂刻印的图书。

1934 年 5 月 3 日，鲁迅收到许寿裳寄来的《嘉业堂刊印书目》，激起了买书的兴趣，曾两次去上海爱文义路刘宅购书，都吃了闭门羹。1934 年 5 月 8 日，鲁迅致函许寿裳，询问“兄曾经买过刘氏所刻书籍否？倘曾买过，如何得之，便中希示及。”后来，通过周建人夫妇和张梓生，鲁迅购买收藏了 21 种嘉业堂刻印书。

鲁迅对嘉业堂刊刻清代禁书十分赞赏，给予了充分肯定。他在《病后杂谈》中说：“《安龙逸史》大约也是一种禁书，我所得的是吴兴刘氏嘉业堂的新刻本。他刻的清禁书还不止一种，屈大均的又有《翁山文外》；还有蔡显的《闲渔闲闲录》，是作者因此‘斩立决’，还累及门生的，但我细看了一遍，却又寻不出什么忌讳。对于这种刻书家，我是很感激的，因为他传授给我许多知识——虽然从雅人看来，只是些庸俗不堪

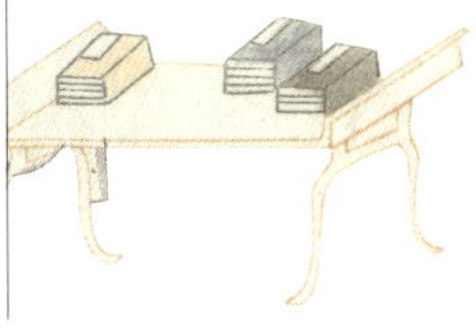

的知识。”在给杨霁云的一封信中，鲁迅又说：“…有些书非傻公子如此公者是不会刻的，所以他还不是毫无益处的人物。”

但是鲁迅在《病后杂谈》中亦指出：刘承幹“对于明季的遗老很同情，对于清初的文祸也颇不满。但奇怪的是他自己的文章却满是前清遗老的口风；书是民国刻的，‘仪’字还缺着末笔。”

鲁迅购买收藏的嘉业堂刻印书

月河所闻集	朴学斋笔记	渚山堂词话
玉溪生年谱会笺	云溪友议	王荆公年谱
司马温公年谱	闲渔闲闲录	横阳札记
松隐文集	翁山文外	蕉廊脞录
三垣笔记	咄咄吟	汉武梁祠画像考
安龙逸史	权斋老人笔记	八琼室金石补正
订讹类编	诗筏	

二、胡适

1923年刘承幹将所刻《章氏遗书》寄赠胡适，胡适研读之后于7月11日致信刘承幹，谈了他的看法。信全文如下：

翰怡先生：

承赐《章氏遗书》一部，已拜领了，十分感谢。山居多暇，先取向所未见的若干卷读之。第十九卷《庚辛之间亡友列传》最为有用，惜当日编《实斋年谱》时不曾得见此卷。此卷第二十页末尾倒数第二行‘乃有迁余比舍，访余且窥余案迟回不忍去也’一句，‘也’字似是‘者’字之误。

卷二十，页六，行四，‘张惟祺’，‘惟’字当作‘维’，又页七，行十五，‘相恃恸哭'，'恃'当是'持'之误。补遗一卷，中多适所未见之文，读之甚慰。页十七'上朱先生'一书中第三行'矣乎哉也焉而已'，此处连用七个虚字，不知原本墨迹是如此否？又补遗一卷页四十六有《纪年经纬序》一篇，尊跋谓'此书亦为实斋先生所著'，是也。然卒以唐仲冕序称为张实斋，故不敢谓出先生手，此则左右过于矜慎矣。六承如《纪元编》自序中明言章实斋有此书，是其一证。又误章为张，则《文献征存录》已误；尊刻引《文献征存录》，已改张为章，何独于唐序而疑之？如谓'先生遗书中亦从未言及有此作'，则谭复堂所作传中引先生与友书，有论'读史年谱'一段，可为旁证。其中所谓'为同志商定条例'，疑即胡氏虔；其所刊印格及体例，均与《纪年经纬序》中所记胡氏印格相同，此亦一证也。

鄙意《纪年经纬序》一书在今日已极难得，尊处既已收到此书，似宜附刻遗书之后，作为附刻之一种。尊意以为何如？

又外编目录太略，似宜加详；如云'外编卷六至十五，永清县志'，'外编卷十六至十八，和州志'。又补遗一卷，文多而无目，殊不便检阅；似宜另作细目。

又尊刻尚缺之诸篇，敝处似有一二篇，但此时记不清了；俟回京后，当一检校；如可抄补尊刻之阙，那就更荣幸了。匆匆申谢，即祝暑中佳胜；日后读尊刻，倘有所得，当再写寄。

胡适敬上 时寓杭州烟霞洞

十二，七，十一

1934年4月，胡适撰写书评《读〈叶天寥年谱〉》，对嘉业堂刊刻的《天寥道人自撰年谱一卷别记一卷附甲行日注八卷》给予积极的评价，肯定此谱可算是一部好的自传，别具史料价值。其中写明末士大夫的风气，写明朝名士思想之陋，迷信之深，写明亡后许多遗民的生活，皆有史料功用，可供史家参考。

三、蔡元培

蔡元培是认识刘承幹的。1922 年 12 月 27 日，蔡元培在北京东安门外东兴楼举办宴会，刘承幹与席。1931 年 5 月 27 日，时任中央研究院院长的蔡元培致函刘承幹，略谓："先生所刻各种丛书，深有关于学术，市上不易购得。兹本院为参考起见，拟向尊处订购全份。如荷惠诺，希先将价格开示，以便寄奉。另附书目单，祈察核见复为荷。"所附书单："嘉业堂丛书　吴兴丛书　求恕斋丛书　留余草堂丛书　嘉业堂金石丛书"。1931 年 11 月间，北平文楷斋承刻的嘉业堂两种版片《晋书斠注》与《旧五代史》被天津海关当作古玩扣留，刘承幹致函蔡元培，恳请帮助。12 月 2 日，蔡元培为此给财政部长宋子文写信："刘君承幹，住居上海，为中国［华］图书馆协会会员。平日校刊各种国学书籍，志在流通，凡国内外各公私图书馆函索，无不捐赠巨帙。兹因有《晋书斠注》、《旧五代史》两种书版，系由北平文楷斋承刻，于前月间共装三十箱，交济通转运公司运沪，过天津时，为海关税务司扣留，按照古玩，须纳捐税及印花等约千二三百元。查新刻书版与古玩性质绝对不同，刘君流通古籍，尤非书贾牟利可比，似应令其通过。执事赞助文化，还希令饬关务署转知津关税放行，至为欣感。专此代达，诸惟裁酌施行为盼。"在蔡元培的帮助下，事情得到完满解决。

蔡元培本人也收到过嘉业堂赠送的刻印书。蔡氏为索隐派红学代表人物之一，著有《石头记索隐》。嘉业堂刊刻的《雪桥诗话》，引起了他的注意，因为其中有有关的史料，他在日记中特别提到："《雪桥诗话》凡三集，辽阳杨锺羲所著，吴兴刘承幹君为刻之，编入《求恕斋丛书》。前数年，刘君曾以续集及三集赠我，而无初集。…杨君号圣远，又号止廎居士。书中喜引王渔洋、翁覃溪、李樾缦、陈兰甫、谭复堂之说。所取诗句，概近唐音，于同时仿宋人体者鲜及之。于地方古迹、边疆风物，特喜掇拾，可资多识。至其艳说科古，歌颂清帝功德，虽颇不合时宜，然其立场与我辈不同，可以谅之。续集之第五卷已于十五日检及而阅之”。

四、梁启超

梁启超对刘承幹是只闻其名，不识其人。他曾从坊间购得嘉业堂刻书数十种，因欲续黄宗羲之绪，纂述清儒学案，函刘氏索求其刻书，称“…窃叹网罗放失之功，不在禹下。比承由巩伯、叔通两君惠购全豹，琼瑰之宠，抃跃过望。弟不揣固陋，欲续南雷之绪，纂述清儒学案，尊刻各种，多平居想望而不可得见者，惠我何量！”刘承幹很快将书寄赠梁启超。后来，梁启超为松坡图书馆筹书，再次致函刘承幹，“同人夙仰我公提倡绝业、嘉惠士林之盛心，于尊刻各书叹慕之诚，载饥载渴，不避唐突，仅因叶君揆初与执事相知之雅，竭诚干请，欲求将尊斋先后校刻秘笈饬所司悉检一通垂赐，俾都下研学之士得所观摩讲习。若承垂许，岂惟启超等私感，莘莘学子且拜嘉无量也。熏沐渎求，敬俟嘉命。溽暑渐臻，诸维为道自摄不宣。”

五、王国维

王国维对刘承幹刻书之举倍加赞赏。1917年，他为《求恕斋丛书》之一的《玉溪生年谱会笺》作序，论述了宋以来兴起的年谱这类著作的理论渊源及其知人论世的作用，对该书的学术价值给予了高度评价：“有唐一代，惟玉

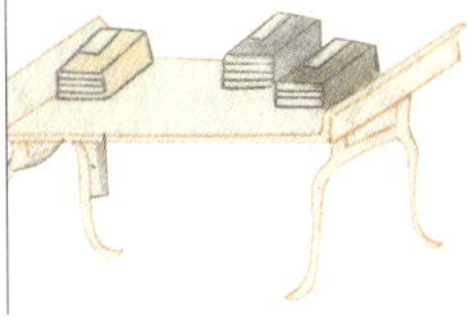

溪生诗词旨最为微晦，遗山论诗已有无人作郑笺之叹。三百年来治之者近十家，盖未尝不以论世为逆志之具，然唐自大中以后史多疏舛。后世注玉溪生诗者仅求之于二书，宜其于玉溪之志多所捍格也，君独旁搜远绍，博采唐人文集说部及金石文字，以正刘、宋二书之失。”

1926 年，刘承幹赠王国维《旧五代史》，王国维在致刘承幹信中说：“文楷此刻骎骎乎欲及殿本之精，而内容则远过之，则兄之嘉惠士林者大矣。”

对《落帆楼文集》，王国维在致罗振玉的一封信中亦有评价，指出：该书“系汪刚木先生所定，编次极善，其舆地之说已十佚八九，所存者亦糟粕为多，唯其中尺牍三卷实为不朽之作，所记道光年间士大夫之情状，腐败过于光、宣间，可知咸、同中兴整顿风俗之功不小也。”

王国维手批手校的嘉业堂刊本有 5 种：《希古楼金石萃编》、《刑统》、《白夅山人年谱》、《段氏二妙年谱》、《落帆楼文集》。《刑统》一书底本为宋旧抄本，宁波范氏天一阁旧藏，《四库全书》未收。天一阁本首数卷残缺，嘉业堂刻本以《唐律疏仪》有关资料补全。王国维先以天一阁本与嘉业堂刻本互校，其原缺处以朱笔识之，又据《文献通考》补首卷缺字若干；再以敦煌所出唐写本《唐律疏仪》残卷校之。《白夅山人年谱》王国维据《遂初堂集》补充了康熙十二年的内容，订正误字数处。

六、罗振玉

1914 年，《嘉业堂丛书》之一的《台州金石录》刻竣，刘承幹特征序于罗振玉，其时罗虽远在东瀛永慕园中闭门著述，仍不负所托，写了近千字的序言，略叙金石学源流，评论该书得失，他肯定该书有三善：“他志之于专甓，例杂而厕于金石刻中，台州古专甓尤夥，今析出别为一录，于义为允，一善也。前籍所载今虽已佚，仿《粤西金石志》之例，别志阙访，二善也。著录审慎，其未见墨本者虽传录其文，辄为注明，三善也。”收入《嘉业堂金石丛书》的《海东金石苑》更是在罗振玉具体指导下得以刊行的。该书稿 1860 年（清咸丰十年）间毁于兵燹，幸潘祖荫传录其跋尾 1 卷及全书前 4 卷，后鲍子年、张松坪次弟将跋尾和前 4 卷付刻。当刘承幹得到该书佚失的后 4 卷副本时，以为延津之剑，离而复合，准备将全书付刻。罗振玉得知，即写信给刘承幹制止：“张刻讹舛触目，往岁曾手校平百济及刘仁原纪功二碑，补正数百字。不知此稿视张刻何如，若与张本同出一源者，非以原碑校写不可遽以付梓。”并劝他向吴蔚若商借《海东金石苑》编著者刘燕庭原藏的墨本，从事校写，俾成善本。刘承幹听从了罗振玉的劝告，然后穷一年之力，校订全书。罗振玉还从自己收藏的叶氏平安馆写本《高丽金石录》中挑出《海东金石苑》著录未及的 8 碑予刘承幹，列入附录，使该书更为完善。有清一代，全国辑有金石志的省约占过半，福建则未见传本，因此，当罗振玉听说刘承幹在上海收购到《闽中金石录》稿本，立即移书借观，尽管该稿未标明撰人姓名，罗振玉认为仍值得刊而传之。刘承幹将其收入《嘉业堂金石丛书》，杀青未半，罗振玉亦在北平购得该稿抄本，与刘承幹藏本无异，而卷首撰人为嘉兴冯登府，罗即信告刘承幹据以补刻。

七、张元济

张元济系刘承幹友人之一，他对嘉业堂刻书有许多评论。在《宋本尔雅疏跋》中，他说：“友人刘翰怡刊印《礼记》及《春秋三传》。《礼记》、《尚书》日本近据原本影印。《春秋》据古写本，均视刘本为精。”在《明本沈忠敏公龟溪集跋》中，他又说：“吾友刘翰怡以旧抄本梓行，曾据明本覆核校订精详，而几尘风叶，间或不免。”张元济编辑出版《百衲本二十四史》，坚持的是遵古影制的风格，从《史记》到《金史》，所据底本非宋刻即元椠，《元史》用明刊本，《明史》用清刊本，唯《旧五代史》例外，用嘉业堂刊本作底本。他虽然以薛史散亡，难窥真相为憾，但也表示了对嘉业堂刊本的充分肯定，在《刘氏嘉业堂刻旧五代史跋》中，他说：“今诸史均将竣事，不得已，惟有仍用刘氏《大典》本，以观厥成。《大典》本者，余姚邵晋涵取《永乐大典》所引薛《史》掇拾成文。不足，以《册府元龟》所引补之。均各记其所从卷数。又不足，则取宋人所著如：《太平御览》、《五代会要》、《通鉴考异》等书，凡数十种，或入正文，或作附注，亦一一载其来历。四库馆臣复加参订。书成奏进，敕许颁行。最先刊者为武英殿本。主其事者尽削其所注原辑卷数，彭元瑞力争不从，而薛《史》真面不可复见。且原文凡涉契丹之戎、夷、蕃、胡、寇、贼、虏、敌、伪、僭、酋首、凶、丑及犬羊、异类、腥、膻、毡幕、编发、左衽、犯阙、盗据、猾夏、乱华等字，无一不改，一再失真。尤涉诬罔，久已为世诟病矣。同时有《四库全书》写本，近岁，南昌熊氏据以景印，稍免于已上诸弊。然仍有所芟削。刘本得诸甬东抱经楼卢氏，疑亦当时传录之本。所列附注凡一千三百七十条，彼此对校，殿本少于刘本者凡五百三十八条，库本少于刘本者凡四百七十一条，虽殿本增于刘本者有三十九条，库本亦三条，而以此方彼，总不能不以刘本为较备。且刘本卷七十一有《郑元素传》，库本阙；卷九十六有《淳于晏传》，殿本又阙。卷九十八《张砺传》文字亦视殿、库二本为详。凡此，皆足证刘本之彼善于此也。曩闻长洲章式之同年，尝迻录孔荭谷校邵氏稿本。驰书乞假，留案头者数月，悉心雠校，亦有异同。刘本有而孔本无者三百八十一条，有而不全者二十三条；孔本有而刘本无者六十五条。式之谓邵氏所辑不免偶误。馆臣有所增补改正，然亦未能出于刘本之上。所惜刘氏校勘稍疏，间有讹夺。全书既成，当续辑《校记》，并取各本所增注文，别为补编，以臻完美。”

八、傅增湘

傅增湘在为《嘉业堂善本书影》作的序中称赞刘承幹的刻书成就在卢文弨、鲍廷博之上。刘翰怡“君刊成丛书凡三四编，多稿本秘册未经传播者，成古人未竟之志，启后学向往之心，殆抱经、渌饮所不能过”。抱经、渌饮分别指清代著名藏书家与刻书家卢文弨和鲍廷博。卢文弨（1717−−1796），字绍弓，号矶鱼，晚年更号弓父，人称抱经先生，仁和（今杭州）人。以校勘古籍称名于世，所校之书有《逸周书》、《孟子音义》、《荀子》等38种。原书有脱漏的，摘字而注其异同、衍脱，系以校文，最后定名为《群书拾补》，刊行以惠后学。卢文弨的《抱经楼丛书》，汇刻汉唐前著述11种，冯景著述1种，卢文弨自著5种，合共17种，刻印皆精，是清代丛书中的名刻。鲍廷博（1728−−1814)，字以文，号渌饮，祖籍安徽，其父娶杭州女为妻，遂移家杭州，杭州是他生活和藏书、刻书事业的主要活动地。鲍廷博富藏书，精鉴赏，遂在校勘家藏珍籍的基础上，广集同时的著名藏书家如杭州赵氏小山堂、汪氏振绮堂、吴氏瓶花斋、汪氏飞鸿堂、孙氏寿松堂以及宁波慈溪郑氏二老阁等所藏珍本，编为《知不足斋丛书》加以刊刻。该丛书共30集，收书207种，内容涉及经史考订、算书、金石、地理、书画、诗文集、书目等，是我国历史上著名大型丛书之一，其特点是网罗遗稿，多不经见之书，文献价值很高，世称善本。

第六节 版片与自印书的捐献

1924 年南浔嘉业藏书楼落成，设有版片库，内置版笼，专以存放嘉业堂所雕之版。1951 年 4、5 月间，库房被中国人民解放军三野卫生部第二野战医院（即后来的九九医院）征用，版片被移到露天堆放，略有破损，版笼则已基本损坏。7 月，浙江图书馆、嘉兴图书馆派员联合代管书楼时，即将版片移至书楼内，予以保护，并按丛书部别目录顺序加以整理、排列、清点。7 月 23 日，刘承幹呈文浙江省人民政府及嘉兴专署，在提出政府给价收购嘉业藏书楼藏书的同时，表示愿将版片悉数捐献。11 月 19 日，刘承幹致函浙江图书馆，捐献所有版片。

据代管时清点，书楼内存放的嘉业堂自印书有 5329 部，27537 册，在 1951 年 11 月 19 日的捐献函中刘承幹要求领回这批自印书，浙江图书馆根据浙江省文教厅指示，动员他一并捐献。1957 年 7 月 1 日，刘承幹致函浙江图书馆，愿将自印书各提取一部捐献，留在嘉业藏书楼，其余的由他领回。浙江图书馆坚持省文教厅指示精神，仍动员其全数捐献。直至 1981 年 5 月，由刘承幹遗孀冯秀芳补办了捐献自印书手续，浙江图书馆发给冯奖金并发还给她留作纪念的嘉业堂自印书 80 册。

第七节

捐献后版片的保管与利用

1965年7月，浙江图书馆收回书楼东侧四进平房，将其全部开辟为版片库。库房共5间，其中两间是书楼建造之初就有的，其他3间是改造原抗昔居等而来的。库房内除嘉业堂留存版片外，并保存着浙江图书馆历年来收藏的版片：浙江官书局（包括浙江图书馆与之合并后刊刻的版片）97种，86000余片，接受社会捐赠65种，61000余片。

1961年，浙江图书馆制定了《关于出版单位印行馆藏木刻书版的意见》："一、出版单位拟印行馆藏木刻书版，本馆将提供书目并予以业务上协助。二、对拟印书版的清理、书版的往来由出版单位负责，本馆予以必要之协助。三、拟印书版如需补缺，由出版单位负责，刷印完毕，存放期间，由出版单位负责保管。所有书版归本馆所有。四、拟印书版，如需对原书作简介，或某种文字说明，由本馆予以协助，并注明，印行本馆藏版。五、拟印书版的印行事宜，概由出版单位负责，但要求赠予本馆若干部。"

1962年12月3日，上海古旧（籍）书店致函浙江图书馆，要求借原嘉业堂版片印刷出版："我店第一步拟先刷印你馆南浔存版，初步

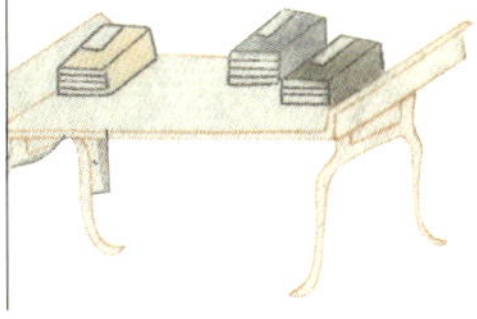

选十一种（附后），如蒙惠允，拟根据我店刷印工作情况陆续运取版片，惟其中的《嘉业堂丛书》、《吴兴丛书》、《金石丛书》等三书版片，今春我店周幼瑞同志去你馆时已蒙出给取版说明，我店拟于最近将该三种版片运沪。杭州其他存版，我店如欲借用刷印，当再行洽商。敬希函复！”选定的 11 种清单：《嘉业堂丛书》、《吴兴丛书》、《留余草堂丛书》、《嘉业堂金石丛书》、《说文段注订补》、《晋书斠注》、《明史例案》、《台学统》、《八琼室金石补正》、《章实斋遗书》、《清真集》。1963 年 1 月 3 日，浙江省文化局批复同意。

1980 年 8 月 29 日，浙江图书馆与北京文物出版社签订《关于整理修补古籍版片及印刷古籍的协议书》，先后借出《嘉业堂丛书》、《吴兴丛书》、《求恕斋丛书》、《留余草堂丛书》等书版 182 种、39639 块，每种书印数 50 － 250 部不等。

2001 年 3 月，浙江图书馆与华宝斋富翰文化有限公司签订《〈[景]宋四史〉版片借用协议书》，由富阳华宝斋古籍印刷厂承印。

从 1963 年至 2003 年，分别有上海古籍书店、文物出版社、中华书局等出版单位据嘉业堂刻版重印或据嘉业堂刻印书影印。细目如下：

1. 嘉业堂丛书（全二百册）

刘承幹辑 上海古籍书店 1963

据民国 7 年（1918）吴兴刘承幹嘉业堂上海刻版重印

2. 求恕斋丛书（全一百五十册）

上海古籍书店 1963.4

据民国间南林刘承幹求恕斋刻版重印

3. 吴兴丛书（全二百四十册）

上海古籍书店 1964

据民国间吴兴刘承幹嘉业堂刻版重印

4. 嘉业堂金石丛书（全二十二册）

刘承幹辑 上海古籍书店 1964.6

据民国四——二十二年（1915 － 1933）吴兴刘承幹希古楼刻版重印

5. 晋书斠注（全五十册）

吴士鉴、刘承幹注 上海古籍书店 1965.6

6. 旧五代史（简体字本二十六史）

[宋]薛居正撰 中华书局 1976.5 2003.9

7. 清真集

中华书局 1981.4

8. 章氏遗书（五函四十册）

[清]章学诚撰 王宗炎编次、刘承幹校订

文物出版社 1981.9

9. 嘉业堂金石丛书（五函二十二册）（影印）

文物出版社 1982

10. 说文段注订补（全四册）（影印）

王绍兰订补 文物出版社 1982

11. 明史例案（全四册）（影印）

刘承幹纂 文物出版社 1982

12. 嘉业堂丛书

文物出版社 1982.10

据民国间吴兴刘氏嘉业堂刻版重印

13. 求恕斋丛书

文物出版社 1984.4—1984.10 1999.2

14. 吴兴丛书

文物出版社 1986.10—1991.6 1992.4

据民国间吴兴刘承幹嘉业堂刻板重印

15. 八琼室金石补正（影印）

[清]陆增祥撰 文物出版社 1985.8

16. 明史考证捃逸四十二卷补遗一卷附录一卷江苏广陵古籍刻印社 1990

据民国间吴兴刘氏嘉业堂刻本影印

17. 安龙逸史（民国吴兴刘氏刻嘉业堂丛书本）

收入《四库禁毁书丛刊》史部 19

北京出版社 2000

18. 翁山文外（民国吴兴刘氏刻嘉业堂丛书本）

收入《四库禁毁书丛刊》集部 184

北京出版社 2000

19. 天问阁文集四卷附海棠居初集一卷（民国吴兴刘氏刻求恕斋丛书本）

收入《四库禁毁书丛刊》集部 11

北京出版社 2000

20. 宝云诗集七卷禅乐府一卷（民国吴兴刘氏嘉业堂刻吴兴丛书本）

收入《四库禁毁书丛刊》集部 33

北京出版社 2000

第四章

嘉业藏书楼的建筑、园林与设备

第一节

概述

嘉业藏书楼位于湖州市南浔区南浔镇南栅万古桥西，书楼及附属园林等共占地 15162．60 平方米，平面略呈长方形，南北长，东西短。环河宽 5—7 米不等，以一衣带水替代围墙。东侧有桥跨河，桥内拱形大门，以通出入。一条青石板铺成的甬道把“孤岛”分成两半，北为藏书楼及抗昔居与版片库房，南为园林。藏书楼占地 1350 平方米，由前后两进厅和东西厢房组成，中央是正方形大天井，天井外设四周廊，前厅底层正中设大门，朝向南偏东 22°，建筑面积 1955 平方米。东侧平房四进，其中抗昔居建筑面积 220 平方米，书版库建筑面积 316 平方米。园林占地 10 亩有奇。楼外有园，园外有河，使书楼建筑、花园景物与四周林野浑然一体。

书楼之所以选址万古桥西，有以下原因：首先，所占之地一为小莲庄义庄之地，一为刘雨苹（刘承幹伯父）之地，一为刘承幹自己所置之地，均为刘氏家族中地产。刘承幹只需将自己其他地产与义庄、刘雨苹之地调换便可，不需另行购买用地。其次，是与义庄和家庙毗邻，用刘承幹自己的话来说，“余之为是楼，非徒藏之，又将谋所以永其传，略仿李氏之意，隶之义庄，与宗人共守之…凡吾子孙，其世守勿替乎。”

书楼命名的来历。1908 年（清光绪三十四年），光绪和慈禧相继崩逝，溥仪即位后才匆匆为光绪建陵，命梁鼎芬主持光绪崇陵工程的管理事宜。由于崇陵兴建在清王朝垮台前后，地宫、宝城等工程经费都是经反复磋商才解决的，实在顾不到陵区绿化。所以，无论建陵计划，还是与参与工程厂号所签的合同中，都没有栽树的条文。梁鼎芬认为，崇陵无树是很大的缺憾，既不美观，又关系到风水，于是提出了崇陵植树的计划。溥仪颁旨委以“崇陵种植树株事宜”，却无分文经费拨付，梁首先带头捐款 1000 元，然后便四处募集款项。

刘承幹与梁鼎芬交往颇深，当梁在上海募集植树经费时，刘承幹与本生父刘锦藻一起捐资 2800 元。 因此，溥仪赐刘承幹“钦若嘉业”匾。南浔书楼落成，刘便以“嘉业”名楼，以不忘“天恩”。

“钦若嘉业”典出《西岳华山庙碑》：“…袁府君肃恭明神，易碑饰阙，会迁京兆尹，孙府君到，钦若嘉业，遵而成之…”。据碑文所述，乃是讲“袁逢迁宫”之事：汉武帝修封禅之礼，巡省五岳，立宫其下。但是随着时间推移，祭祀之礼一年不如一年。以至于庙宇彩绘剥落，梁木倾圮，几乎成了一片废墟。直到东汉光武帝刘秀建武年间（公元 25–56）祭祀岳神的活动才重新得到重视。但祭祀的礼品从省，次数也有所减少。如此又延续 100 多年。后来，汉武筑宫时所立的碑石文字逐渐模糊不清，人们已无从认出宫起于何代、筑于何时了。东汉桓帝延熹四年（161），宏农郡太守袁逢萌发了修废起颓，易碑饰阙的念头，当时宏农郡属京兆尹所辖，京兆尹孙翾到任后，对袁逢郡守的想法表示赞许，并一起完成了这项工程。于是在延熹八年(165 年）集灵宫始由故址迁到今西岳庙所在地，迁宫时，还勒石以志其事。碑已毁，碑文拓片今存北京故宫博物院。

书楼进门处

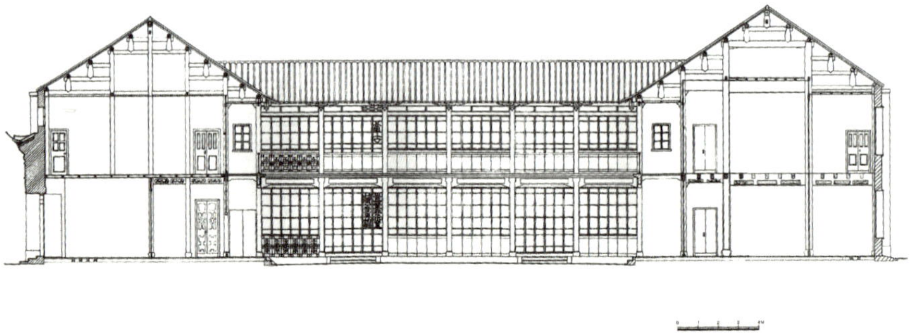

❶

“钦若”是敬顺、敬佩的意思，“嘉业”是指美好的事业。以嘉业名楼，倒也恰到好处。

刘承幹的藏书，曾存放多处。南浔新开河畔的“求恕斋”，上海刘家老宅贻德里（翻造后改称尊德里），爱文义路（今北京西路）、麦特赫斯脱路（今泰兴路）别墅，苏州平门住宅，杭州西湖留余草堂别墅，均是缥缃满架之地，但只有南浔嘉业藏书楼是专为藏书而建的。

❶ | 嘉业藏书楼剖面图

第二节

建筑

书楼呈回字形，两层，砖木结构，建筑面积1955平方米。前后两进，每进各有7楹，第一进除过厅外，左右各3楹；第二进除主厅外，左右各3楹；此外，东西厢房各6楹；全部两层，共计52楹。书楼东侧有平房四进，之间用围墙隔断。

书楼第一进：

底层面阔七间，通面阔28.40米，进深明间用六柱（设中柱），次间、梢间、尽间均用五柱，通进深11.10米。前檐砌墙，明间出正门，外置砖砌门楼，灰塑仿小青瓦飞檐顶，门额“嘉业藏书楼”五个金字，为刘廷琛题，安实榻大门，铁皮包面，用乳钉；其余各间辟西式对开双层窗，内层为玻璃窗，外层为铁皮窗。后檐设廊，后檐柱和老檐柱用钢筋混凝土（即当时的洋灰）方形柱，其余为木圆柱；于明间用飞罩，其余各间各设格扇门三对，篆字窗棂，内容为“嘉业堂藏书楼”。后廊贯通，东西辟边门，东接过廊连抗昔居和库房，西通园林；后檐廊水泥地坪，用铁制栏杆，设双圈纹，嵌“嘉业”二字。室内方砖铺地（40×40厘米），柱间用承重，置搁栅，承托楼板，搁栅下覆平板天花。明、次间用砖砌隔断墙，设门相通；明间于中柱位置设退堂门三对；次间、

❶

❷

梢间、尽间相通，左右对称，形同两个三开间的小厅，东为“宋四史斋”，西为“诗萃室”。各在前金柱位置设退堂门（每间三对）。门厅楼梯设在东尽间。“宋四史斋”，吴昌硕篆匾，珍藏宋椠《史记》、《汉书》、《后汉书》、《三国志》，陈列书楼自印典籍样本，亦为刘承幹会客之所；“诗萃室”，杨锺羲书匾，储刘紫回所辑《国朝诗萃》与刘承幹所辑《续国朝诗萃》稿本及所据以引用的二千余种清人别集。

上层楼层面阔、进深、用柱（通长柱）、设廊均同底层，内四界前三步后双步带双步廊。用吊顶平板天花。明、次间之间用砖砌隔断墙，设门相通。明间为“求恕斋”，东侧三间畅通，西侧三间用板壁隔断，设门相通。楼上各间均设前后房，在前金柱处用板壁隔断，设门相通。前檐砌墙辟窗，明间出六角窗一孔，其余各间同底层。后檐明间、梢间置隔扇门三对；次间、尽间置槛窗三对。以篆书“希古”二字为窗棂；后檐廊铁制栏杆内亦嵌“希古”二字。后檐廊水泥地坪，西出窗，东辟门通露台（底为过廊），有铁制围栏。“求恕斋”不置书籍；东侧三间，藏宋元刻本，明初精椠亦择优附之，几乎集中了刊本之菁萃；西侧三间，左右为卧室，中藏珍秘抄本，如《永乐大典》、北南诸阁之四库佚存本、名贤手稿本等。

书楼第二进：

底层面阔七间，通面阔 28.40 米；进深明间、梢间、尽间用五柱，次间六柱（用中柱），通进深 11.90 米。前设廊，水泥地坪，前檐柱和老檐柱用钢筋混凝土方形柱，其余为木圆柱。前檐明间次间梢间设格扇门，每间三对；两尽间各设槛窗三对。后檐做法同第一进前檐，左右尽间在山墙处各出窗三对。窗棂及铁栏杆内嵌篆字同第一进底层。室内方砖铺地(40×40 厘米)，用承重，置搁栅，承托楼板，梢间、尽间搁栅下覆平板天花。明、次间畅通，为“嘉业堂”正厅，两侧砖砌隔断墙，分别辟门通梢间；梢间、尽间畅通，各间在后金柱处设退堂门，每间三对。正厅楼梯设在东梢间。“嘉业堂”中，“钦若嘉业”九龙金匾高悬，置《十三经注疏》、南北监本《二十一史》、汲古阁《十七史》、武英殿《二十四史》、同文局石印《二十四史》、新阳赵氏《二十一史》等；堂后藏抄本；堂东储铅印石印新书；堂西置史部

❸

❶ 宋四史斋全景
❷ 诗萃室全景
❸ 求恕斋全景

❶

❷

及书楼自印书。嘉业堂左壁上，嵌有明嘉靖间文征明书《两桥记》、《辞金记》两碑。

上层楼层面阔、进深、用柱（通长柱）、设廊均同底层，内四界前双步带双步廊后三步。用吊顶平板天花。明间次间畅通，设置同正厅，两侧砖砌隔断墙，分别辟门通梢间，在后金柱处设退堂门，每间三对，前为“希古楼”，后为“黎光阁”。梢间、尽间均设前后房，在后金柱处用板壁隔断，有门相通。前檐明间及两次间设格扇门，每间三对；两梢间各设槛窗三对；两尽间各设槛窗二对，格扇门一对。后檐墙及两侧山墙出窗同底层。窗棂及铁栏杆内嵌篆字同第一进楼层。前檐廊水泥地坪，东西两端山墙处各出窗一对。“希古楼”，郑孝胥书匾。1917 年，刘承幹与章梫合纂《纶旅金鉴》进呈溥仪，溥仪赐给刘承幹“抗心希古”匾额，刘因以“希古”名楼。“抗心希古”语出三国·魏·嵇康《幽愤》：“抗心希古，任其所尚。”意思是使自己志节高尚，以古代的贤人为榜样。“希古楼”

中储殿本桃花纸印《古今图书集成》、明万历间抄《明实录》、民国初年抄《清实录》以及《全唐文》、《全唐诗》等；东侧前储史子书，后储总集诗文评词曲类书；西侧前储史子书及明人以上别集，后储杂书以及字画碑帖等。

“藜光阁”，傅增湘题书，藏明人别集总集、日本缩印《藏经》、光绪石印《会典》等。

厢房：

书楼两进之间两侧为东西厢房，左右对称。

厢房底层面宽六间，通面阔19.80米，进深用三柱，通进深4.40米。前设廊，与两进的前、后廊做法相同，互为贯通。两厢南边间均辟门通第一进后廊。室内用方砖铺地（40×40厘米），用承重，置搁栅，承托楼板，搁栅下覆平板天花。前檐北起第二、第五间设格扇门，每间三对；第一、第四、第六间各置槛窗三对，窗下砌墙。窗棂及铁栏杆内嵌篆字同两进底层。

厢房楼层面阔、进深、用柱（通长柱）、设廊同底层，双坡顶，前单步后三步。南北边间各辟门分别通第一进后廊和第二进前廊。前檐装修同底层。两厢后檐砌墙各出窗六对。窗棂及铁栏杆内嵌篆字同两进楼层。前檐廊水泥地坪。

两厢藏书，上储丛书，下储地方志。

❸

❶ 嘉业厅全景
❷ 希古楼全景
❸ 藜光阁全景

门窗及回廊栏杆上的“嘉业”、“希古”字

天井：

两进楼厅和两厢围合成“口”字形天井，宽 19.30 米 ，深 19.20 米，对应明间处作甬道式样，水泥仿条石（90.00×60.00 厘米）铺设，两侧水泥仿条石（61.00×31.50 厘米）错缝铺设。书楼面向天井一侧檐口设铁皮天沟落水，部分檐柱中空，作落水管。天井四周设明沟排水。

平房：

书楼与东侧平房相连，房间有狭长的天井，宽 3.90 米。平房共四进，外加厨房、值班室等共有建筑面积 908 平方米。

第一进为“抗昔居”，邓孝先书匾。左系书楼编校人员工作休息之所，右为阅览室。面阔四间，通面阔 14.50 米，进深用五柱，通进深 11.30 米；抬梁式，歇山顶，灰陇脊。前檐东起第三间辟门，安两折对开门；其余各间设对开窗。后檐中间两间设对开窗，两边间设门，通工房。西山墙辟门经过廊通书楼。室内水泥地坪（后改），吊顶施平板天花，梁架结构不明。

第二进为工房，兼做刻印工匠起居室。面阔四间，通面阔 14.50 米，进深用五柱，通进深 8.60 米；抬梁式，四坡顶，灰陇脊。前设廊，前檐设槛窗，两边间设门，后檐砌墙出对开窗。室内水泥地坪（后改），吊顶施灰墁天花，梁架结构不明。工房东侧为厨房。第三第四进是贮藏版片的库房。前进六开间，通面阔 22.50 米，进深用三柱，通进深 5.50 米；前檐东起第二第五间设对开门，其余各间及后檐设对开窗。后进七开间，通面阔 26.50 米，进深用三柱（前后檐柱已改为砖砌方柱），通进深 5.30 米；前后檐各间均设对开窗。两进之间有边廊相通，中间为天井，深 4 米；前与工房，西与书楼间有曲尺形天井相隔，宽 4 米。两进均为抬梁式，硬山顶，灰陇脊；室内地坪为地搁板。屋基较高，四周设通气孔；吊顶施灰墁天花，梁架结构不明。

进入大门，侧有小屋，为传达室。

嘉业藏书楼建筑非常注意防火。首先，环绕四周的小河，总长430米，宽7米，深约1.5米，是保护书楼的第一道防线。其次，书楼正面10米多处，开挖一荷花池，总面积约3亩，深1米，是书楼的又一处消防用水。这两处水源离书楼的南、西、北三面墙体均在10米左右，便于消防取水。再次，书楼的庭院内摆放四只大水缸，可盛水20担，消防取水更为便捷。古代书楼的建筑中都有“封火墙”，以防外来之灾。嘉业藏书楼主楼口字形建筑的四周围墙，都是50多公分的厚墙，墙上的50多个窗户均设两层，对内的一面是玻璃，对外的一面是用白铁皮包面的防火窗。墙体对外的三个主要进出口的门也都是铁皮包面，起到了“防火门”的作用。主楼建筑和辅房之间，留有一条三米多宽的长“天井”，在消防观念上就是一条天然的防火隔离带。

嘉业藏书楼对防虫、防潮、通风等亦非常注意。楼四周墙基高约五六尺，用花岗石砌就，防白蚁孳生。一楼房间皆用专门烧制的青砖铺地，青砖下铺垫专烧瓦钵，钵下再铺细沙，青砖离地一尺多高，加上层层阻隔，地下潮气难以上升。一楼一底层高均四五米，既通风，又隔热。面向天井的库房全部装落地长窗，利于通风。中间天井是夏季晾晒书籍的理想场所。

抗战以来，管理日益乏人，至1951年初，书楼内蛛尘遍布，四进平房破败不堪。1951年4、5月间，四进平房被中国人民解放军三野卫生部第二野战医院（即后来的九九医院）借用。期间，进行过维修与改建，现版片库室内地坪地搁板已改为水泥板架空铺设，工房东侧厨房被改建为平屋一统间。直至1965年7月6日，才由浙江省军区后勤营防处、中国人民解放军南字三六九部队向浙江图书馆移交。

自接受捐献后，浙江图书馆对建筑进行过多次维修，以保持原貌。其中较大的几次维修是：

1962年6至9月，房屋修漏。

1981年，整修、油漆书楼地板，用款0．8万元。

1982年，整修、油漆书楼门窗，费资2．2万元，。

1984年9月，省政府下拨专项经费20万元，其中一部分用于维修房屋，共2600平方米。

同时，对书楼布局进行了调整：书楼门厅处开辟宣传版面，介绍嘉业堂的历史及其对保存祖国文化遗产的贡献；“宋四史斋”，置史部书；“诗萃室”，辟为陈列室；“嘉业堂”，陈放雍正版《大藏经》；“希古楼”东西二楹置放经部书，中间置《古今图书集成》；“求恕斋”存放嘉业堂自印书；上下两层的厢房各有双面大书橱，陈放子部与集部书。四进平房全部作为版片库，排列着一排排版笼，版笼上整齐地置放着版片。

1992年，省政府下拨专项维修经费20万元，用于对四进平房进行落架大修。

1999年至2000年，浙江图书馆出资4万元，用于更换大楼白铁檐沟和维修全部外墙。

2002年，更换书楼平房白铁檐沟220米，做木栏杆5个，维修明瑟亭，共耗资3万元。

2007年，省财政下拨专项资金30万元，对书楼以及明瑟亭、平房进行重新油漆。

第三节

园林

园林占地10亩有余。园中凿池一方，约占地3亩，内植荷花。池中垒一小岛，岛上筑一小亭，取名“明瑟”，六角攒尖顶，施挂落，内设坐槛，置美人靠，与藏书楼大门遥遥相对。亭背竖立一石，高约2米，形似虎踞，中腹一孔，吹之声如虎啸；石上有清代著名学者阮元题“啸石”隶书二字，并有两段题词，一为张叔未题：“是石为吾师阮相国莅浙时鉴赏之物，今归沈君茂庭，先后石交，足称佳话。道光乙巳，张廷济题”；二为朱兰第所题：“此石余于壬申秋得自榨溪沈氏，今阅四载矣。夏间重葺小园，因叠此以供赏玩。乙亥秋八月，兰第。秀水金梦苏口勒”。岛东架曲桥，通假山。池北两侧各建一亭，东“障红”，西“浣碧”，“障红”与“浣碧”均为六柱园亭，放射形筒瓦顶。池四周有十二生肖假山，怪石嵯峨，凹凸相间。园内花木葱茏，绿树掩映，靠房屋处种植竹、桃、李、梅、杏、芭蕉、牡丹、芍药、樱桃等，离房屋数尺，则植大树，如樟树、皂角、桂花、枫杨、松树、柏树、水杉、棕榈、朴树等。园中出产李子、桃子、莲蓬。

抗日战争后，园林日益荒废。

1984年，整修园林假山326公尺，大修明瑟六角亭，复建障红、浣碧2圆亭，石砌护楼河岸 450 公尺。

2000 年水灾过后，又及时对受损严重的明瑟亭进行了维修。

2007 年对明瑟亭进行了油漆。

❶

❷

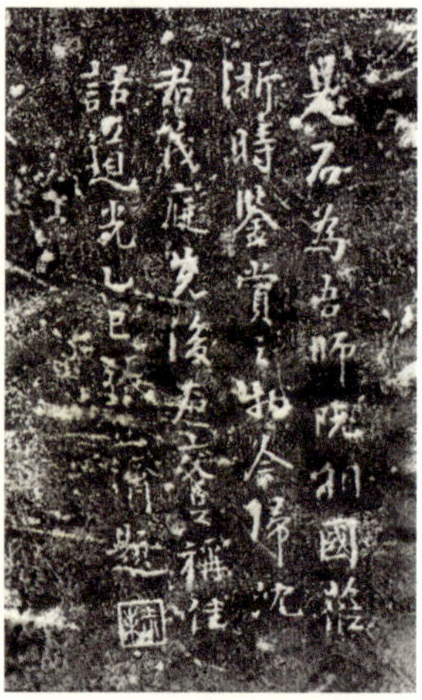

❸

❶ | 虎啸石

❷ | 阮元书：啸石

❸ | 张廷济题字

第四节 设备

据刘承幹《嘉业老人八十自叙》：南浔嘉业藏书楼内的设备，“凡书版悉用枣木，联额用银杏，四壁书橱用柚木，庋宋元本者则采取楠木，他台椅一切则皆用椐木也”。浙江图书馆张鋆1935年在《南浔刘氏嘉业堂观书记》中曰：全书楼置书之箱橱，“盖达八百八十二厨箱之钜；而每一大厨高逾寻丈，宽亦近仞，上下三撞，撞各三格，两面玻门，并装书籍；是其名虽一厨，实足抵普通书厨一二十座而有余；故就厨数而论，虽谓为数已逾千，亦不为过也。所有厨箱，均刊刻书名箱号及斋名，或篆或隶，整齐美观，兼而有之。善本匣内，且多复衬以夹板，保护之周密，与布置之有方，一尘不染，与现时新式图书馆之曲摹欧风，铁架插庋，奚翅雅俗有霄壤之殊。”1937—1951年，设备有所损失，部分被日伪掠走，如震旦灭火喷水机；部分书箱被刘承幹运往上海，但具体已难以统计。捐献后，浙江图书馆将部分嘉业堂的书箱、书匣调往杭州孤山路古籍部，亦有部分原属浙图书馆的玻璃书橱从古籍部运到南浔存放书楼。除1956年2月吴兴县委及南浔镇政府个别人未经同意携去家具63件外、其他的都保存在书楼，由于年深日久，有的已有不同程度的损坏。以下按现存放的斋室，制表开列书箱、书橱及其他家具。

❶❷

❸

❶ | 四库全书珍本书箱 ❷ | 九通书箱 ❸ | 二十四史书箱

一、书箱、书橱

名称	单位	数量	质料	规格	存放地点	备注
十三经书箱	只	4	椐木	69×69×33	嘉业厅	有书箱架2只
二十一史书箱	套	1	椐木	152×156	嘉业厅	有书箱架2只，共大小书箱19只
大藏经书橱	只	30	椐木	230×130×51	嘉业厅西	均有不同程度散架现象
大玻璃书橱（双面）	只	5	椐木	170×48×309	嘉业厅西厢房	
大玻璃书橱	只	5	椐木	170×87×309	嘉业厅东厢房	
玻璃书橱（三开门）	只	10		104×40×270	诗萃室	
玻璃书橱（三开门）	只	1		140×40×272	诗萃室	
玻璃书橱（二开门）	只	2		165×55×182	诗萃室	
古今图书集成（空箱）	只	21	椐木	大小不一	藜光阁东	附箱架2只少一抽屉
玻璃橱	只	2	洋松	100×38×200	藜光阁	
藜光阁书箱	只	18	楠木		藜光阁	附脚架6只另有2只空架共有架8只
求恕斋大清会典橱	只	2	椐木	68×39×133	藜光阁	附脚架2只其中1只门破
玻璃橱	只	7		112×46×222	藜光阁西	2002年杭州古籍部运来
资治通鉴（空书箱）	只	21	椐木	大小不等	希古楼东	附箱架4只(21只为一套)
玻璃橱	只	4	杉木	112×46×222	希古楼东	2002年杭州古籍部运来
玻璃橱（二门）	只	1	椐木	140×42×225	希古楼东	二开门
古今图书集成（铜版本书箱）	只	8	椐木	115×44×206	希古楼	附橱架8只
四库珍本、全唐文、全唐诗、大清会典	只	24	椐木		希古楼	附箱架6只，4种箱均为大长方形
九通、大藏经（日）书箱	只	13	椐木		希古楼	附箱架5只

其他书箱	只	50			希古楼	附箱架6只
书箱	只	208	椐木		希古楼西	附箱脚架52只
玻璃橱	只	1	椐木	108×30×215	希古楼西	
大玻璃橱（双面）	只	5	椐木	166×80×385	希古楼东厢房	
大玻璃橱（双面）	只	5	椐木	166×80×385	希古楼西厢房	
求恕斋书箱	只	91		大小不一	求恕斋东	附箱架23只
二十四史书箱	套	3		大小不一	求恕斋东	附箱架6只
嘉业藏书楼书箱	只	80	椐木	大小不一	求恕斋东	附箱架20只（用千字文排法，箱上各有一字）
嘉业藏书楼书箱	只	107	椐木	大小不一	求恕斋西1	
嘉业藏书楼书箱	只	112	椐木	大小不一	求恕斋西2	
二十一史空书箱	套	1		大小不一	求恕斋后	二十一史书箱18只，十七史书箱1只其他3只

二、家具

名称	单位	数量	质料	规格	存放地点	备注
红木大理石屏风	块	2	红木	118×73×231	嘉业厅	
太师椅	只	6	椐木	76×59×52×114	嘉业厅	
茶几	只	2	椐木	46×62×80	嘉业厅	有盖
高低茶几	只	1	椐木	46×59×80	嘉业厅	有盖（高盖2块，低盖2块）
红木榻（罗汉床前脚榻）	只	1	红木	120×46×63	嘉业厅	有大理石面
红木罗汉床	只	1	红木	200×130×53	嘉业厅	便栏及前面有大理石装，9块

红木供桌	只	1	红木	375×60×90	嘉业厅	有盖板
红木大理石挂屏	块	4	红木	97．5×195	嘉业厅	石形：上园，下方 共2块
红木大理石方挂屏	块	2	红木	124．5×105	嘉业厅	石形：方形 1块
大圆桌	只	1	椐木	155×89	嘉业厅	底下有脚踏花阁，有盖
铜花式吊灯架	付	3	铜		嘉业厅	边上为5只灯坐
长方桌（西式餐桌）	只	1	椐木	146×110×83	宋四史斋	
太师椅	只	6	椐木	67×50×98 背50	宋四史斋	
方茶几	只	2	椐木	50×50×81	宋四史斋	
方茶几	只	1	椐木	49×49×89	宋四史斋	
供桌	只	1	椐木	300×51×90	宋四史斋	
红木长方挂屏	只	1	红木	110×207	宋四史斋	中央大理石2块上圆，下方
红木方挂屏	只	1	红木	89×115	宋四史斋	中央大理石1块方形
铜吊灯	付	1	铜		宋四史斋	边上为6个灯罩
红木大理石方画桌	只	1	红木	165×82×87	诗萃室	长大理石1块，有盖
红木大理石方桌	只	1	红木	113×113×85	诗萃室	方大理石1块有盖
太师椅	只	6	椐木	67×50×98 背50	诗萃室	
方茶几	只	3	椐木	50×50×80	诗萃室	
供桌	只	1	红木	322×58×100	诗萃室	有盖
红木大理石屏风	块	2	红木	140×83×235	诗萃室	有大小3块圆形大理石
杉木踏脚架	只	4	杉木	62×50×8	诗萃室	内有1只脚脱落
红木大理石长方形挂屏	块	1	红木	110×207	诗萃室	有大理石2块上圆下方
铜吊灯	付	1	铜		诗萃室	周边有6个灯罩
红木镜面座屏	块	2	红木	119×55×200	藜光阁东	其中有1块无镜面

供桌	只	1	红木	222×49×85	藜光阁	右边花格脱落
红木大理石长方形挂屏	块	1	红木	97×209	藜光阁	大理石 2 块　上为扇形下为方形
红木大理石梅花形小圆桌	只	1	红木	90×85	藜光阁	中间为圆形大理石　有盖
黑漆方茶几	只	1	榍木	38×38×79	藜光阁	
靠背椅	只	2	红木	56×45×91 背 48	藜光阁	靠背为长方形有 3 块大理石装饰
藤面靠背椅	只	2	榍木	61×47×95 背 48	藜光阁	靠背为长方形有 3 块大理石装饰
红木大理石长方形画挂	块	2	红木	102×198	藜光阁西	一块原在宋四史斋，另一在诗萃室，因中央无画故放置在此
红木大理石长方形挂屏	块	3	红木	110×277	藜光阁西	大理石 2 块 上圆下方
供桌（组合型）	只	1	红木	214×38×92	希古楼东	
红木太师椅（有大理石）	只	8	红木	63×48×105 背 51	希古楼	靠背有方形大理石 1 块
红木茶几	只	4	红木		希古楼	有盖
红木雕花圆桌	只	1	红木	125×87	希古楼	有盖 中央大理石圆形 附圆脚踏 1 只
供桌（组合型）	只	1	红木	295×48×90	希古楼	
铜吊灯	付	1	铜		希古楼	周边有 6 个灯罩
供桌（组合型）	只	1	红木	216×39×90	希古楼西	
棋桌	只	1	榍木	113×70×85	希古楼西	有盖　少抽屉
方桌	只	1	榍木	88×88×83	希古楼西	
红木长方形茶几	只	2	榍木	42×31×81	希古楼西	其中 1 只中间板掉落
茶杯几	只	1	榍木	46×38×87	希古楼西	中间隔层有 2 层均有 15 个小孔
红木小长方挂屏	块	1	红木	178×38.5	希古楼西	有形态不一大理石 5 块
红木小长方挂屏	块	1	红木	144×55.8	希古楼西	上扇形 中下方形
红木小长方挂屏	块	1	红木	118×33	希古楼西	圆形　方形　花

岳飞书法挂屏（满江红）	块	4	红木	136×32	希古楼西	背有楹联 2 付
红木国画挂屏	块	4	红木	118×25.5	希古楼西	
董其昌书法玻璃挂屏	块	4	红木	157×42	希古楼西	玻璃字体
红木群架	只	1	红木	111×181	希古楼西厢房	附压柄
红木六角花几	只	1	红木	直 49× 高 83	希古楼西厢房	面有大理石略有破损
方桌	只	2	杉木	97×83	希古楼西厢房	
书桌	只	4	杉木	100×50×84	希古楼西厢房	
红木大理石靠背椅	只	4	红木	47×38×47 背 93	希古楼西厢房	
书桌	只	4	椐木	100×50×84	希古楼东厢房	
红木大理石小圆桌	只	1	红木	93×88	希古楼东厢房	有盖
藤面太师椅	只	4	椐木	75×57×51 背 110	希古楼东厢房	
红木大理石小圆桌	只	1	红木	105×90	希古楼东厢房	有盖
圆桌	只	1		117×85	求恕斋	附脚踏 直径 81×16
六角花漆櫈	只	4	杉木	36×48	求恕斋	漆面略有脱落
小方桌	只	1	椐木	72×72×61	求恕斋	
靠背椅	只	18	红木	49×39×50 背 94	求恕斋	其中藤面 13 只
扇面桌	只	1	洋松	166×66×82	求恕斋	少抽屉 1 只
铜吊灯	付	1	铜		求恕斋	周边有 6 个灯罩
红木大理石方形挂屏	块	4	红木	大小不一	求恕斋	大前 4 块
红木大理石方形挂屏	块	4	红木	大小不一	求恕斋	小后 4 块
铜吊灯	付	1	铜		求恕斋西	周边有 6 个灯罩
红木七巧桌	套	1	红木		求恕斋西	共有 7 只小桌组成

❶

❷

❶❷ | 画屏

1951年代管清点时，发现嘉业藏书楼有一批空书匣，捐献后，这批空书匣被运往杭州浙江图书馆孤山路古籍部用于保护古籍，据档案制表如下（个别无法辨认的字用□代替）：

名称	数量	编号	质料	备考
周易本义	1	1	楠木	
柳文	1	2	楠木	面破
淮南鸿列解	1	3	楠木	
范文正公集别集年谱	1	4	楠木	
春秋经左氏传句解	4	5–8	楠木	内一面破
校宋玉台新录	1	9	楠木	
瀛奎律髓	1	10	楠木	面破
新编事文类聚翰墨全书	1	11	楠木	
明天顺刊蛟峰文集	1	12	楠木	面破
元至元椠本赵文敏公松雪堂集	1	13	楠木	面破
曹子建集	1	14	楠木	
元刊清和先生中和集	1	15	楠木	
元刊礼书	1	16	楠木	
元刊紫阳真人悟真集	1	17	楠木	
两汉诏令	1	18	楠木	
说文字原 六书正谱	1	19	楠木	面破
元刊困学纪闻	1	20	楠木	
郝文忠公陵川文集	1	21	楠木	
纂图互注荀子	1	22	楠木	

乐书（上函）	1	23	楠木	面脱胶
皇宋中兴两朝圣政	1	24	楠木	面脱胶
分类补注李太白诗	1	25	楠木	
宋椠东莱先生分门律诗武库	1	26	楠木	面破
元刊集千家注分类杜工部诗	1	27	楠木	
元刊急就章	1	28	楠木	
宋刊周易兼义附音义略例	1	29	楠木	
宋刊巾箱本东莱先生校正隋唐详节	1	30	楠木	
元刊欧阳文忠公集（上函）	1	31	楠木	面破
韦苏州集	1	32	楠木	
圭斋文集	1	33	楠木	面破
铁崖先生古乐府	1	34	楠木	面破
大戴礼记	1	35	楠木	
文选（上下函）	2	36—37	楠木	
宋文鉴（上下函）	2	38—39	楠木	
东莱吕太史全集（下函）	1	40	楠木	
元刊曹溪先生文集	1	41	楠木	边破
宋刊元明递修本附释音春秋左传注疏	1	42	楠木	面脱胶
唐书（第二函）	1	43	楠木	
名公增修标注隋书详节				
宋刊明补本附释音周礼注疏	1	45	楠木	
淮海集淮海后集	1	46	楠木	边破
宋刊残本东坡先生后集	1	47	楠木	

朱子语类（上函）	1	48	楠木	面破
宋史全文续资治通鉴（上下函）	2	49—50	楠木	
欧阳修□集	1	51	楠木	
明嘉靖本刘云庄先生集（上函）	1	52	楠木	
附音春秋公羊注疏	1	53	楠木	
释氏稽古略	1	54	楠木	
心经 政经	1	56	楠木	
吕氏春秋元□□学官刊本	1	57	楠木	
韵府律正	1	58	楠木	
横川语系□庵语系	1	59	楠木	面破
后屯居士集（上下函）	2	60—61	楠木	
碧岩集	1	62	楠木	
元蓝山书院本战国策校注	1	63	楠木	
潜溪集	1	64	楠木	
音点春秋左传	1	65	楠木	
吕氏春秋元刊明修本	1	66	楠木	
汉制考	1	67	楠木	面破
宋刊元明修补本东莱吕太史别集	1	68	楠木	面破
王荆文公诗	1	69	楠木	
宋刊残本名臣碑琬琰集	1	70	楠木	面破
老子 荀子	2	71	楠木	
通鉴总类	2	72—73	楠木	
宋椠巾箱残本诸儒校正西汉详节	1	74	楠木	面脱胶

宋椠巾箱残本诸儒校正东汉详节	1	75	楠木	
太玄经	1	76	楠木	
范文正公政府奏义	1	77	楠木	面脱胶
马石田文集	1	78	楠木	
孙真人备急千金要方	1	79	楠木	面脱胶边破
补注释文黄帝内经素问	1	80	楠木	
新编排均增广举类氏族大全	1	81	楠木	
阿毗昙毗婆沙论	1	82	楠木	面破
自警编	1	83	楠木	
文献通考	4	84—87	红木	均有稍破
元刊苏东坡集	1	88	红木	
元刊新笺决科古今源流□论	1	89	红木	
金陵新志（上函）	1	90	红木	面脱胶
世说新语	1	91	红木	
韵补	1	92	红木	
翁批渔洋山人精华录	1	93	红木	
三国志	1	94	红木	
元本老子道德经	1	95	红木	
元刊本孟东野集	1	96	红木	
六朝集礼	1	97	红木	
宋刊十七史详节	1	98	红木	
永乐大典	8	99—106	红木	内五面破
韵会举要	1	107	红木	背破

（无名）	3	108—110	红木	
两汉文鉴	1	111	杉木	
高青卯大全集	1	112	杉木	
陆严山先生外集	1	113	杉木	

消防设施

1924 年嘉业藏书楼刚落成时，刘承幹便在书楼专设消防室，配有价值千数百元的上海震旦机器厂生产的“消防泵”，俗称“水龙”，用以防火。南浔沦陷后“水龙”被日伪劫去。

1951 年 11 月浙江图书馆接受捐献后，在书楼以及平房添置酸碱灭火器。

1986 年，切断书楼内部所有电源，使得书楼因电线老化发生火灾的隐患完全消除。同年，又全部更换酸碱灭火器为 1121 型灭火器。

1996 年，浙江图书馆下拨专项资金 20 万元，由浙江快达安全有限公司负责，在书楼各厅室以及平房内安装了“烟感报警系统”一套，型号为 JB–QB–RT800。并由该公司负责维修和保养。

1998 年，浙江图书馆出资 8 万元，在书楼东侧与平房相邻天井处安装了避雷针。

2007 年，在书楼西侧与厕所相邻处建造了一处“泵房”，房间面积 9.45 平方米，由“上海喜之泉泵阀有限公司”负责安装，型号为 Y180M–2。

第五节

匾额与楹联

南浔嘉业藏书楼落成前后，刘承幹的友人纷纷泼墨挥毫，或题匾额，或书楹联，以示祝贺。现存书楼内的匾额楹联共计35件，其中7件非书楼贺联，作为附录。这些匾额楹联大都用银杏木为材制作而成。

一、匾额

1．刘廷琛书：

嘉业藏书楼（行书）

上款：辛酉年仲春月

下款：德化刘廷琛书

嘉业藏书楼匾

2．吴昌硕书：

宋四史斋（篆书）

落款：纪事编年尊曰史，环本流传出天水，四朝不朽有千祀。今之宝者子刘子，莫以千金易一纸。翰怡京卿得宋本四史，遂以名斋，属书榜，并系以铭。己未三月　安吉吴昌硕　年七十六

宋四史斋匾

3. 杨锺羲书：

诗萃室（楷书）

落款：紫回世丈，性嗜坟籍，辑有《国朝诗萃》，甄综详审，翰怡京卿继志述事，以成完书。其所采专集、总集，分别部居专室藏弆。属题此额。丙寅夏四月　杨锺羲

诗萃室匾

4. 郑孝胥书：

希古楼（北魏体楷书）

落款：翰怡京卿以丁巳二月进呈所纂《纶旅金鉴》，蒙赐御书“抗心希古”扁[匾]，遂名斯楼，以纪恩遇。　壬戌九月郑孝胥

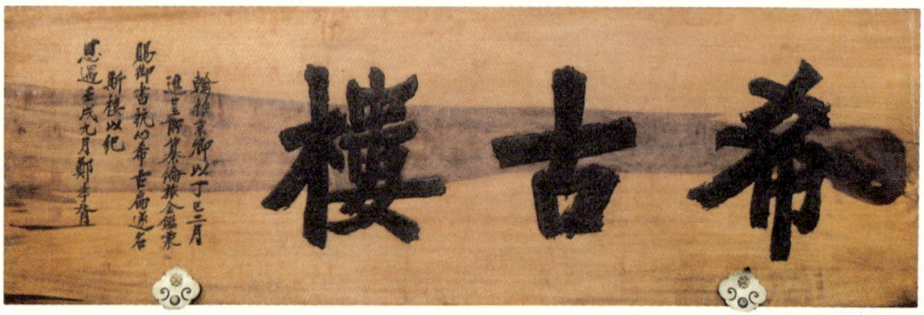

希古楼匾

5．张謇书：

求恕斋（行书）

落款：翰怡世讲 謇

求恕斋匾

6．傅增湘书：

藜光阁（楷书）

上款：翰怡京卿属

下款：傅增湘书

藜光阁匾

二、楹联

1. 刘廷琛行草八言联：

六艺百家，长推丹枕

九流七略，高擅玉函

上款：嘉业主人集任彦升、徐孝穆句，属书。

下款：宣统庚申　德化刘廷琛

钤印：刘廷琛印、介石山房主人

2. 王潜书十三言联：

玉宇来清风，朝夕论思侨肸是与

志士营世业，博览典雅图书之渊

上款：翰怡京卿属为嘉业藏书楼题楹，集文选句。

下款：壬戌暮春　中江王潜　原名乃征

钤印：王乃征印、潜道人

3. 左孝同篆书十三言联：

林园无世情，以有秘书怡颜高览

圭璋既文府，尚哉君子雅性内融

上款：嘉业藏书楼主人集文选句，属篆。

下款：壬戌暮春　湘阴左孝同

钤印：隐居后自号逸叟、大小二篆生八分

4. 吴士鉴书九言联：

图书亮章，列仙之攸馆

器识纯素，自娱于斯文

上款：嘉业藏书楼落成，主人集萧选句，属书。即薪　教正

下款：壬戌暮春既望　颖斋吴士鉴

钤印：钱塘吴士鉴长寿印信、南斋侍从

5．黎湛枝书十五言联：

是传家、太乙青藜，儒馆英游，伴庄椿寿

更小隐、苕溪渔艇，烟霏空翠，作岁寒图

上款：嘉业堂主人集宋词句，属题。

下款：壬戌清明　南海黎湛枝

钤印：黎湛枝印、路庵

6．吴郁生书八言联：

羽陵蠹迹，嵩山落简

灵飞六甲，鸿烈仙方

上款：集江总持徐孝穆句，为嘉业藏书楼作柱铭。

下款：壬戌五月　钝斋吴郁生

钤印：吴郁生印、钝斋

7．曹广权书八言联：

儒墨泉海，词章苑囿

冢壁遗逸，帷帐丛残

上款：嘉业藏书楼落成，翰怡仁兄集杨世朏、江总持句，属书，即希大雅正字。

下款：壬戌立夏后一日　弟曹广权并识

钤印：石田农广权氏、前翰学士

8．察罕吉甫·升允书十三言联：

不尽古今情，阁上藜光、刘郎清啸

雅饰繁华地，江南图画、王谢风流

上款：翰怡京卿集宋人词句，属书，即乞　正腕

下款：壬戌五月下浣　察罕吉甫升允识于青岛寄庐

钤印：吉甫

9．吴昌硕篆书十二言联：

六艺之门，麟子凤雏、多受福祉

百流归德，琼英朱草、共保岁寒

上款：翰怡京卿藏书楼落成，集易林句，属书，即希　督政。耩龄弱擘，不能特健，奈何？

下款：壬戌孟秋月　安吉吴昌硕并识　时年七十有九

钤印：吴昌硕大聋、缶翁、石人之室

10．朱祖谋书　况周颐识二十言联

璇题宝字、绣水雕阑，风月试追陪，我亦低窗翻蠹纸

芸帙披香、湘屏展翠，珠玉霏谈笑，天开图画肖瀛洲

上款：翰怡京卿嘉业楼落成，集宋人词句，以铭其柱。

下款：壬戌八月　况周颐识　朱祖谋书

钤印：朱祖谋印、故况

11．陈宝琛书八言联：

博览群书，靡不贯综

垂流亿载，俾尔炽昌

上款：翰怡世兄嘉业藏书楼落成，属铭其柱，为集汉晋碑语。　似正

下款：壬戌大寒　七十五叟陈宝琛

钤印：陈宝琛印、太傅之章

12．章钰书十言联：

校书亦已勤，勉励从兹役

疑义相与析，栖迟固多娱

上款：翰怡道兄京卿嘉业藏书楼落成，书来索铭其楹，为集靖节四语，请大雅正之。

下款：癸亥春王正月　长洲学弟章钰写记

钤印：四当斋、章钰

13．宝熙书八言联：

考览六经，探综图纬

通识百典，耽思旧章

上款：翰怡京卿嘉业藏书楼落成，属书楹贴，因集汉晋石刻语为联以志。京卿游思竹素、修学好古之雅，书之工拙，所弗计也。

下款：癸亥春初　沈堪居士宝熙识于天倪阁

钤印：属籍宝熙、沈阇五十后书

14．郑孝胥书八言联：

东壁余光，与宝相得

南山多福，为文开基

上款：翰怡京卿嘉业藏书楼落成，集焦氏易林，属书

下款：癸亥首夏　孝胥

钤印：郑孝胥印、苏龛

15．溥伟书十八言联：

发秘府、览书林，兰台金马、天禄石渠，兼其所有

度宏规、掩[淹]群雅，六艺百家、九流七略，不可殚论

上款：翰怡京卿嘉业藏书楼落成，属题楹贴，爰集文选句应教。时宣统阏逢困䇭壮月。

下款：合硕恭亲王溥伟书

钤印：恭亲王、锡晋斋

16. 刘承幹自书二十言联：

汗青蠹简、罨画帘栊，怀抱向谁开，对婵娟香寻古字

雾阁云窗、争辉金碧，俗尘飞不到，胜丝竹风响牙签

上款：嘉业书楼落成，同人贶以名联，半集词语，见猎心喜，亦题数语于楹，集宋词也。依样葫芦，或不免贻笑大雅乎。

下款：乙丑花朝　吴兴刘承幹

钤印：刘承幹印、翰怡

17. 刘承幹自书三十一言联：

世业抱丛残，有史通、有说苑、有文心雕龙，旁逮其余，七略九流，犹是传经天禄记

乡居录耆献，若芳椒、若梦好、若眠琴山馆，庶随于后，千秋万祀，莫将坠简羽陵看

上款：余自历沧桑，不问世事，积书充栋，借以自娱。爰就　家庙西隅起嘉业书楼，拓池叠山，樵渔自乐，耕读亦不废焉，信笔留题，以为楹帖。

下款：乙丑春日刊　刘承幹撰句并书

钤印：刘承幹印、翰怡

18. 孙德谦撰　罗振玉隶书二十言联：

得知千载、上赖古书，七略绍颛家，秘籍精雠臣向业

兴起一方、蔚成后学，万间开广厦，欢颜大庇杜陵怀

上款：仲长统乐志论有云：“使居有良田美宅，背山临流，沟池环匝，竹木周布。与达者数子，论道讲书。”盖言所志如此，未必真有此乐也。甲子仲冬，翰怡京卿嘉业书楼落成，后有田数亩，可以观耕作，有池一方，可以植荷菱，并杂莳花草，以助清趣，为公理所臆造者，京卿具有之。诚得肆习其中，藏修息游，古所谓读书乐者，意在斯乎？

下款：乙丑长夏　元和孙德谦撰　上虞罗振玉书于津沽嘉乐里寓居

钤印：振玉印

按：东汉仲长统《乐志论》原文：使居有良田广宇，背山临流，沟池环布，竹木周布，场圃筑前，果园树后。舟车足以代步涉之难，使令足以息四体之役，养亲有兼珍之膳，妻子无苦身之劳。良朋萃止，则陈酒肴以娱之。嘉时吉日，则烹羔豚以奉之。踌躇畦苑，游戏平林。濯清水，追凉风，钓游鲤，弋高鸿。讽于舞雩之下，泳归高堂之上。安神闺房，思老氏之玄虚。呼吸精和，求至人之仿佛。与达者数子，论道讲书，俯仰二仪，错综人物。弹南风之雅操，发清霜之妙曲。逍遥一世之上，逍遥古今之间。不受当时之责，永保性命之期，如是则可以陵霄汉，出宇宙之外矣，岂羡夫入帝王之门哉。

19. 章梫书十五言联：

入则孝、出则悌，守先王道、以待后学

颂其诗、读其书，友天下士、尚论古人

上款：联为朱竹垞先生集，悬敷文书院。今嘉业藏书楼落成，书乞翰怡社长兄正字。

下款：乙丑秋日　宁海章梫　书于上海寓居赐书堂

钤印：臣章梫印、丙辰翰林

20. 刘承幹自书十六言联：

对面拥书城，引水为池，新启镜奁刚一亩

澄怀忘世网，临流揽胜，平分鼎足占中央

上款：甲子冬，书楼落成，因拓楼前隙地，叠山瀹泉，构亭其上，逭暑风来，延秋月上，亦于此中得少佳趣也。榜曰“明瑟”，并以斯联同存鸿雪云。

下款：丙寅且月 刘承幹撰句并识

钤印：乌程刘承幹印、翰怡字曰贞一

21. 陈重威书十八言联：

所居当苕霅之间，藏室仇书，扫叶能酬希古愿

抗心在黄农以上，长镵讬命，种松应忆谒陵年

上款：翰怡仁兄少府属书

下款：容民陈重威

钤印：重威私印、西林草堂

22. 谭延闿书九言联：

文昌郁云，与揆日褩图史

朗鉴岂远，假委怀在琴书

上款：嘉业藏书楼，集文选句。

下款：知默居士谭延闿

钤印：谭延闿印

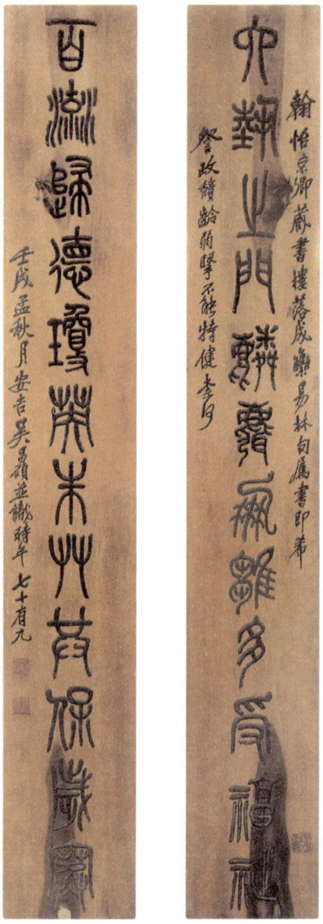

吴昌硕篆书十二言联

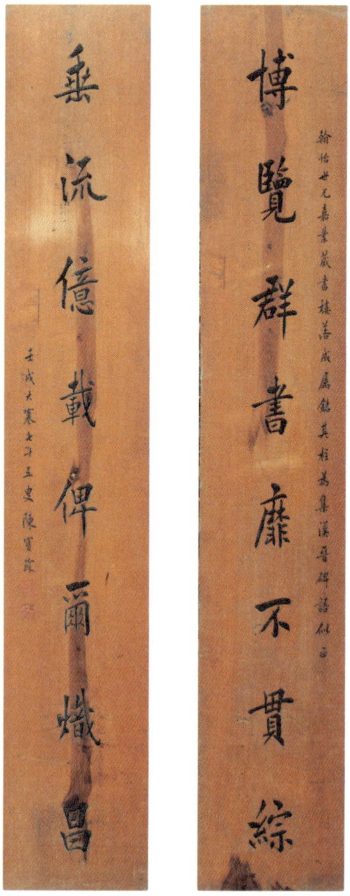

陈宝琛书八言联

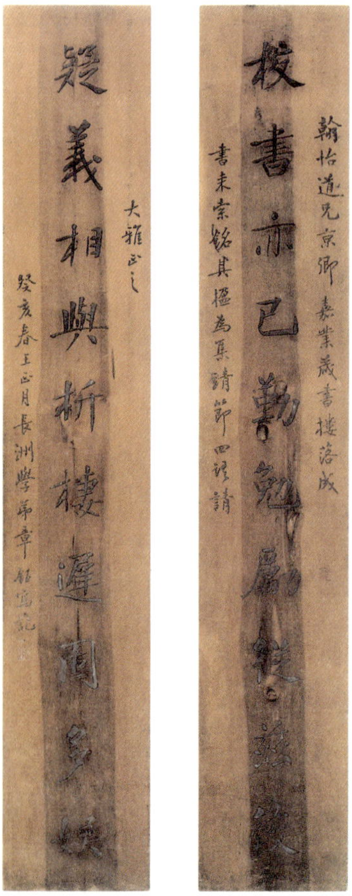

章钰书十言联

刘承幹自书十六言联

三、附录：

1．郑簠七言联：

大酉深藏书满屋

长帘遥对酒盈觞

上款：辛未上巳日书

下款：谷口郑簠

钤印：郑簠

2．吴云书七言联：

名论纵横真跋扈

异书检校不藏鱼

上款：集论坐帖

下款：愉庭吴云

钤印：辛巳七十一岁、吴云私印

3．金砺隶书七言联：

无惭君子勤怀德

不辱先人凛受书

落款：橘社金砺

钤印：金砺、橘社

4．徐郙书八言联：

岳镇渊渟麟超凤翥

霞驳云蔚玉润碧鲜

上款：紫回仁兄姻大人鉴

下款：颂阁徐郙

钤印：徐郙之印、颂阁

5．翁同龢书七言联：

共喜鹓鸾归禁御

欲留杞梓扶明堂

上款：紫回尊兄大人之属

下款：叔平翁同龢

钤印：翁同龢印、叔平

6．翁同龢书七言联：

丹山浮江仙集此

黄石藏土吾铭之

上款：紫回尊兄大人之属

下款：叔平翁同龢

钤印：翁同龢印、叔平

7. 缪荃孙楷书七言联：

晴旭一帘驱脉忘

炉香五夜祀长恩

上款：撰句为

翰怡仁兄大人藏书室补壁

下款：筱珊缪荃孙

钤印：缪荃孙印、史馆编修

第五章

机构与人员

1951 年 11 月 19 日南浔嘉业藏书楼捐献前，嘉业堂属私家藏书楼，捐献后，成为浙江图书馆的一部分，属国家所有。

辛亥革命前后，刘承幹藏书多集中于南浔新开河求恕斋，由于数量不多，所以除他亲自前往阅看、整理外，并无专人管理。如遇大部书需要整理或搬运，则从“尊德堂”账房中派沈醉愚、王厚斋、崔振声、沈叔云等帮忙，尤其是沈醉愚，是主要帮手。1915 年正月，缪荃孙推荐陈步云到刘承幹处管理书籍，嘉业堂第一次有了专职书籍管理员，沈醉愚仍兼管书籍的检理。1917 年至南浔嘉业藏书楼落成前后，缪荃孙、吴昌绶、傅增湘、董康先后为嘉业堂编制书志。

1924 年嘉业藏书楼建成，聘用职员 4 人，工友 4 人，设编目部主任（亦称楼主任）全权负责管理。职员 4 人为：主任周子美，主持编目；施韵秋，协助编目；刘君实，清点藏书卷数，盖藏书印章；王建夫，在书箱上刻字、整理各处运来的刻书版片，兼管伙食，另外，他还要负责在南浔以及昆山一带收租，因为管理人员的经费、书楼的其他开销，都依靠刘氏所置田 2500 亩的租金，年租金收入约 3000 元。

1932 年周子美入上海圣约翰大学为教习，

不能兼顾书楼职务，于 1933 年暑假自行辞退，旋由施韵秋接任书楼主任。

1935 年 10 月刘承幹将设在求恕里之账房“刘尊德”迁入书楼，使之与书楼合并一处，书楼之人有需要时也为账房所用。

1937 年 11 月，南浔沦陷前夕，书楼聘有职员 4 人，工友 5 人。职员 4 人为：主任施韵秋，王仲翔、崔叔荣、梁体乾；工友 5 人：费元春（司阍）、费祥林（园丁）、褚和尚（茶役）、顾阿金（厨役）和丁金宝。另有刻工 4 人：呼宗华、王存葵、顾克武、蔡绍祥；印工 1 人：沈文良；账房 2 人：沈叔筠、崔星初；以及沈醉愚。

南浔沦陷后，书楼藏书中的精华陆续被运往上海，施韵秋、王仲翔、崔叔荣先后被刘承幹调到上海。至 20 世纪 40 年代末，南浔嘉业藏书楼已乏人管理。

1949 年 6 月，嘉兴县委接到省委、地委转来的周恩来有关保护嘉业堂的指示，派遣嘉兴独立营第一连，由指导员胡国钧，连长沈英杰带领，连夜赶往南浔，后保护任务移交给南浔区中队。其间，书楼钥匙由镇政府代为保管，镇政府考虑到安全问题，将书楼贴上封条，雇一人看守。

1951 年 7 月，浙江省立图书馆、省立嘉兴图书馆嘉业堂藏书管理处进驻书楼，代行使管理之责。

1951 年 11 月 19 日嘉业堂捐献后，一直由浙江图书馆派员管理。1984 年前管理人员仅 1—2 人，依次为：吴藕汀（1951——1958 年）、范召南（1958 – 1962 年）、沈启文（1962 – 1965 年）、汤福璋（1965 – 1984 年）、汤以玲（1980—1982 年）。

1984 年成立嘉业藏书楼管理小组，定编 3 人，先后归属于阅览部特藏组、古籍部、馆办公室。组长郑兴宝，组员先后有：潘勋农（1984——1992 年）、温金才（1986--2007 年）、朱莫二（1992 年至今）。

2000 年 8 月，成立“浙江图书馆嘉业藏书楼管理部”，郑兴宝任主任。至 2007 年底，在编人员有：郑兴宝、朱莫二、郑宗男。

第六章 人物

本章收入 58 位人物的传略，侧重于其与嘉业堂藏书刻书活动的关系。除嘉业堂创办人刘承幹外，其余按姓氏笔画排列。刘镛、刘安澜、刘锦藻以及缪荃孙、蔡元培、潘宗周、张叔平、饶星舫、陶子麟、姜文卿、穆子美、周楚江、刘春生、朱文海等人其他章节已有详细介绍，此处不赘。日本人松崎鹤雄、牧少将因资料缺乏，暂付阙如。

❶

刘承幹 (1881–1963)

字贞一，号翰怡，晚年自称嘉业老人，嘉业堂创办人。少年求学乡里，曾就读浔溪书院。1905 年（清光绪三十一年）参加科举考试，中秀才，以优行，附贡生。因历次捐金助赈，累奖分部郎中，特赏四品卿衔、三品卿衔，但未曾正式出仕于清朝。1911 年辛亥革命后携家移居沪上，与清诸遗老交往密切，积极参加溥仪小朝廷的各项活动，贡献巨金。1914 年以报效德宗崇陵植树经费，蒙溥仪赏“钦若嘉业”匾，后即以“嘉业”名堂，并名南浔藏书楼。

刘承幹于 1910 年（清宣统二年）始有志聚书。次年，辛亥革命爆发，东南旧家世族麇集上海，大量旧籍流向社会，为刘承幹聚书创造了大好时机。全盛时期，嘉业堂所藏古籍达 20 万册、

60 万卷。

刘承幹不但是藏书大家，而且是刻书名家，在中国近代出版史上占有一席之地。

刘承幹继承了家族乐善好施的传统，轻财好施，热心慈善事业。

1951 年 11 月 19 日，刘承幹致函浙江图书馆，为发展新中国社会文化事业之需要，愿将南浔嘉业藏书楼与四周空地并藏书书版连同各项设备等悉以捐献。

刘承幹创办嘉业堂，从事藏书、刻书活动，为保存、流播中华传统文化作出了巨大贡献；后他又化私为公，慨然捐献。

刘承幹已被列为 20 世纪浙江省 50 位文化名人之一，受到后人的尊敬。

王大隆 (1901–1966)

字欣夫，江苏吴县（今苏州）人。曾任上海圣约翰大学、复旦大学教授。据《嘉业藏书楼书目》记载，王大隆曾为书楼鉴定版本。1954 年至 1956 年，经王大隆介绍，复旦大学图书馆分三次从刘承幹手中购入储于上海刘宅的嘉业堂藏书，其中包括民国初年花巨资从国史馆抄出的《清实录》、《清史列传》。王大隆本人亦于 1954 年 9

❷

❶ | 刘承幹像
❷ | 王大隆像

月从刘承幹处购去抄本书68种共490册。1965年，王大隆收集整理刘承幹发表于嘉业堂自印书及其他书上的序跋，辑成《嘉业堂群书序跋》4册，首册载《嘉业堂丛书》序1篇、跋53篇；第二册载《吴兴丛书》序1篇、跋61篇；第三册载《求恕斋丛书》序1篇及各书序31篇，又《留余草堂丛书》跋11篇、金石丛书跋5篇、影宋刻《四史》跋4篇；第四册载刘承幹所撰其他序跋42篇，而附以《嘉业藏书楼记》（2篇）及《嘉业老人八十自叙》。后《嘉业堂群书序跋》作为附录被收入复旦大学出版社出版的《嘉业堂藏书志》中。

王舟瑶 (1858—1925)

字星垣，一字玫伯，号默庵，浙江黄岩人。1889年（清光绪十五年）举人。尝肄业于杭州西湖诂经精舍。近代学者、教育家和藏书家。著有《默庵文集》、《默庵诗集》、《中国学术史》等。

王舟瑶对嘉业堂的主要贡献是继叶昌炽之后，主持《景宋四史》校勘。1928年该书刻印后得到了社会的好评，成为嘉业堂刻书中的典范。

王国维 (1877–1927)

字静安，一字伯隅，号观堂，浙江海宁人。清秀才，著名学者。生平著作有62种，以《观堂集林》最为著名。

王国维有《题刘翰怡小像》诗："早岁除书识姓名，中间述作走寰瀛。相逢海上惊年少，亟语尊前觉道宽。汲古不嫌孤阁迥，赋诗还夺玉山清。隐湖盛业千秋在，不数前朝顾阿瑛。"王国维之结识刘承幹是在1916年，当时他告别已流居4年多的日本，来到上海。1923年5月，王国维北上任南书房行走，行前刘承幹盛饯送行，王到京后写信给刘，反映在小朝廷无奈的心情，从中可见二人关系之亲密。

王国维对刘承幹刻书之举倍加赞赏，对嘉业堂的藏书动向很关注，在与罗振玉等友人的通信中常提及嘉业堂又入藏了何书、价值如何等。他的研究成果，亦有参考嘉业堂藏书者：如撰写、修改《宋元本正经正史考》（即《五代两宋监本考》）、《浙本考》（即《两浙古刊本考》）时，前往嘉业堂观书；借阅过元椠本《金陵新志》；托刘承幹从宋椠孤本《重校鹤山先生大全集》中抄录《唐韵后序》等。

经王国维介绍，一些日本学人得以到嘉业堂观书，获赠嘉业堂刻书，如内藤虎次郎、富冈谦藏、高桥、神田喜一郎等。

王季烈 (1873—1952)

字晋余，号君九、螾庐，江苏长洲（今苏州）人。1907 年（清光绪三十三年）进士，官学部郎中。辛亥后寓居沪上，后移居大连、北京。清末民初，他翻译出版了中国第一本以物理学命名、具有大学水平的教科书，编著了中国第一本中学物理课本，主持编印了《物理学语汇》，为近代物理学

❶

❶ | 王国维像

在中国的传播作出了贡献。此外，他积极推动昆曲在天津的传播，为近代曲学大师和天津昆曲艺术的代表人物。王季烈对嘉业堂刻书颇多支持，他将其父王颂蔚《明史考证捃逸》书稿寄去，交刘承幹刻入《嘉业堂丛书》。《八琼室金石补正》一稿，刘承幹因王君九、章式之二人的介绍才得以见到，嘉业堂刊印时又请二人校勘。1936 年，刘承幹在大连王家认识了日本人松崎鹤雄，1939--1940 年间，松崎鹤雄策划大连满铁图书馆收购嘉业堂藏书，王君九与刘承幹、松崎鹤雄频繁通信，出谋献策，接洽筹划，颇费苦心，力图促成此事。

王秉恩（约 1841- 约 1923）

字息存，一作雪岑、雪澄、雪丞、雪城，号茶龛，四川华阳（今成都）人。藏书家、书法家。清同治举人，官广东按察使。嘉业堂的《宋会要》，得之于王秉恩。原来，徐松从《永乐大典》辑出该稿后，未及排比整理而卒。后稿归广雅书局，时张之洞督两广，拟付剞劂，仅成职官一门而止，所有原稿，为时任书局提调的王秉恩所藏匿，1915 年书散出。《王荆公诗文注》，原稿蝇头行草，字颇难辨认，王秉恩访取《宋史》及嘉靖本《临川集》校勘，并怂恿刘承幹付梓，后刻入《嘉业堂丛书》。《郑堂读书记》亦曾借王所藏的广雅书局本校勘。

毛春翔（1898–1973）

字乘云，原名友亮，浙江江山人。编著有《古书版本常谈》、《浙江图书馆特藏书目》甲乙编等，译有《图书分类概论》。版本目录学家。1924 年毕业于省立法政学校，曾任中学教员、《江山日报》主编。1932 年工作于北平图书馆，翌年至浙江省立图书馆，工作至退休。1951年7月至11月，毛春翔奉命率浙江省立图书馆、浙江省立嘉兴图书馆联合管理处对南浔嘉业藏书楼实行代管，期间，完成了藏书清点、设备清点、版片清点，基本摸清了书楼的家底，并防止了藏书、设备、版片等的进一步散失。

卢靖（1856—1948）

字勉之，号木斋，湖北沔阳人。1885年（清光绪十一年）中举，官至直隶、奉天提学使。辛亥后弃官经商。著有《割环术辑要》等。卢靖在组织编刊《湖北先正遗书》时，曾通过张元济向嘉业堂借善本数种影印或配补缺页，有《荆楚岁时记》、《李北海集》、《雪山集》、《先正遗风》、《益州名画录》、《项氏家说》等。

叶昌炽（1847—1917）

字颂鲁，号鞠裳，别号缘督庐主人，祖籍浙江绍兴，高祖时迁江苏苏州经商并入籍长洲。1889年（清光绪十五年）进士，1902年（光绪二十八年）简授甘肃学政。平生精研图书金石，道德学问，为时所重。一生著述极多，以《藏书纪事诗》、《语石》以及卒后刊行的《缘督庐日记

❶

❶ | 毛春翔像

钞》为最著。

叶昌炽对嘉业堂的藏书与刻书事业贡献良多，据《缘督庐日记钞》所记，为嘉业堂鉴别古籍版本、确定收购价格、校勘刊刻图书成为他晚年的一项主要工作。特别是1916年4月叶昌炽受聘校刊《景宋四史》，并于6月移榻刘寓，开始校事后，在一年余的时间里，每每于夜间与刘承幹剪烛谈心，俩人的关系可说到了亲密无间的地步。

诸多藏书名家善本之归嘉业堂插架，都经过叶昌炽的手，如浙江甬东卢氏抱经楼、贵州独山莫氏影山草堂、江苏江阴缪氏艺风堂、江苏太仓缪朝荃、浙江诸暨孙问清等。其中工作量最大的一次是卢氏抱经楼藏书的收购。

叶昌炽称赞刘承幹刻书是于人有功于己有福之举，为此，他为刘氏推荐、审定、校勘了一批刻印书。他见到瞿中溶稿本《汉武梁祠画像考》后，认为足以传世，提议嘉业堂精写付梓，此书后收入《嘉业堂金石丛书》；卢氏抱经楼藏抄本《旧五代史》归嘉业堂后，叶昌炽力劝刊刻行世，并亲自为之校勘。刘承幹筹措印行《景宋四史》（《史记》、《汉书》、《后汉书》、《三国志》）叶昌炽誉之为“不朽盛业”，并详列四史以往的刻本书目，元、明、清本，江宁图书馆、常熟瞿氏、华亭封氏、江阴缪氏四家藏本，又附以校本及其他有关书目给刘承幹，以资参考。叶昌炽受聘担任《景宋四史》校勘后，随即编定《史记》校例12则，并开始校事，可惜其时叶昌炽已年老体衰，《史记》才校勘了一半，便一病不起。《景宋四史》是嘉业堂出版物中的经典之作，校勘之精，一直得到世人的高度评价。

叶德辉（1864—1927）

字奂彬，号郎园，湖南湘潭人。清光绪进士，曾任吏部主事。著有

《郎园丛书》。叶德辉对嘉业堂的刻书相当关注，他在一封写给缪荃孙的信中曾建议："刘府刻书甚多，但现存宋本经书注本尚多，何不劝其重刻。"仁和杭世骏撰之《订讹类编》，向无刻本，叶德辉收藏有该书的精抄本达20余年，本欲自己付刻，最后交给刘氏刻入《嘉业堂丛书》。《叶天寥年谱》的"年谱别记"底本亦得自叶德辉的收藏。

❶

冯煦（1842–1927）

字梦华，号蒿盦，辛亥革命后称蒿隐公，江苏金坛人。清光绪进士，翰林院编修，官至安徽巡抚。曾任《江南通志》总纂。著有《蒿盦类稿》、《蒿盦随笔》，编有《宋六十一家词选》。辛亥革命后与刘承幹相识于上海，热心支持嘉业堂的刻书，提供多种刻书底本，如《心向往斋诗文集》、《周易集义》、《垛积衍术》、《漫塘文集》等。

❷

朱孝臧（1857–1931）

原名祖谋，字古微，号沤尹，又号彊村，别署上彊村民，浙江归安（今湖州）人。光绪进士，官礼部侍郎。有《彊村语业》、《彊村丛书》。精词学，为清末四大词家之一。

朱孝臧辛亥革命后隐居上海，其著作《湖

❶ 叶德辉像
❷ 朱孝臧像

州词征》、《国朝湖州词录》嘉业堂皆有刻本。《湖州词征》初编为二十四卷，明代专集阙如，后刘承幹购得陈声伯《水南集》，朱孝臧借阅后以为其中资料可以补原稿之不足，又重订为三十卷付梓。朱孝臧也参与了嘉业堂的刻书活动，如《广陵先生文集》补遗一卷就是朱借缪艺风抄本对勘而增出的。朱孝臧向刘承幹推荐购买的明朝天启时董遐周（斯张）所著的《吴兴备志》，是一部重要的地方文献，亦是海内孤本。这部书，促使刘承幹出版地方文献的构想变为现实，遂有《吴兴丛书》推出。另外，朱孝臧还向嘉业堂推荐人才，如梓人穆子美之承接嘉业堂刻书雕版业务，就出于朱孝臧之推荐。刘承幹知道朱孝臧精词学，曾购《宋八十一家词》等书赠之。1922 年，有朱祖谋书、況周颐识二十言联贺南浔嘉业藏书楼落成。

朱甸卿（亦作朱甸清）

1910 年（清宣统二年）在江宁状元境设萃文书局，同年刘承幹游状元境并开始大规模聚书。此后，朱甸卿常携书至刘宅推销，是最早与刘承幹有古书交易的书商。曾一度将萃文书局迁往上海，1918 年前后又迁回南京。

刘廷琛（1869–1932）

字幼云，号潜楼，江西九江人。1894 年（清光绪二十年）进士。历任翰林院编修、陕西提学使、京师大学堂监督、学部副大臣。南浔嘉业藏书楼门楼处“藏书楼”、嘉业厅内“嘉业藏书楼”匾均由其题写于 1921 年，并有联贺书楼落成。

刘富曾 (1847–1928)

字谦甫，江苏仪征人。举人，深于经学，兼精算数。刘承幹购入徐松《宋会要》稿后，以原稿部类不明，先后杂厕，乃聘刘富曾、费有容重加厘定。刘富曾是经由缪荃孙介绍来到嘉业堂的。刘富曾将徐氏原稿痛加删并，成初编 291 卷，续编 75 卷，后又参考《宋志通考》、《玉海》等书，移改旧史实，增入新资料，录成清本，计 460 卷。《宋会要》徐松原稿于 1931 年由北平图书馆收购而去，刘富曾整理的清本一直存嘉业堂，现存浙江图书馆善本库。

许溎祥 (1841–1924)

原名禾，字子颂，晚号狷叟，浙江海宁人。清学者、藏书家许梿后人，亦著有文名。1913 年刘承幹开始刻书时，即聘其担任分校，对嘉业堂的刻书有所贡献。同时，他也为嘉业堂所刻印的书提供底本，如《说文段注补》底本即为许原藏。

❶

❶ | 许溎祥像

孙德谦 (1873–1935)

字益庵，号隘堪，江苏苏州人。历任大夏大学教授等职。孙德谦对嘉业堂的藏书、刻书均出过力。尤其是《章氏遗书》的刻印，从最初的力劝刘承幹刊印，到全书的校订、作序，他花费了大量心血。1925年，有孙德谦撰、罗振玉书隶书二十言联贺南浔嘉业藏书楼落成。

❶

杨锺羲 (1865–1940)

字子勤，号雪桥，祖籍辽阳，汉军旗籍。清末任江宁府知府。1923年与王国维同应召任“清室”南书房行走。著有《雪桥诗话》、《圣遗诗集》、《骈体文略》等。

1913年，刘承幹聘杨锺羲任刻书校勘一职，此后五年，杨锺羲与缪荃孙、许子颂等人合作，为嘉业堂校刻图书达100余种。同时，从1912年春至1922年冬，杨锺羲借阅嘉业堂藏书撰成《雪桥诗话》4集40卷，共约130万字，该书使读清代之诗者能见诗中之人，诗外之事，其内容可视为嘉业堂藏书清代集部的解题。刘安澜辑《国朝诗萃》未竟而卒，刘承幹颇思续完，又觉得辑诗之举非易，见到《雪桥诗话》初集后，遂聘杨锺羲担任《国朝诗萃》续辑之责。

李盛铎 (1858–1937)

字椒微，号木斋，江西九江人。1889年（清光绪十五）进士，历任翰林院编修、国史院协修、

❶ | 杨锺羲像

京师大学堂总办、江南道监察御史、驻日本使馆公使等职。1920 年退隐津门。藏书家。1922 年 4 月，因嘉业堂所藏宋刊《汉书》缺 7 卷且卷二十八缺页颇多，刘承幹向其借木犀轩藏南宋庆元间建安刘元起刊本，以便影写补缺，供雕印《景宋四史》用，李慨然允之。对此，刘承幹一直铭记在心。

李紫东（？－约 1944）

河北衡水人。1914 年在上海南市带钩桥（今山东路）一家客栈内设忠厚书庄，是燕京旧书业到上海投资开店的第一家。李紫东精于古书版本鉴别，藏书家都乐于与他为友，他与刘承幹的关系亦很密切，为嘉业堂提供书源 20 余年，其中不少是善本。刘承幹有时也请他帮忙，如向李盛铎借宋刊本《汉书》就是由李紫东陪同前往的；1934 年 7 月刘承幹资金周转困难，以嘉业堂藏宋元版书 15 种押于中国实业银行，也是李紫东从中介绍的。

吴士鉴（1868–1933）

字炯斋、䌹斋、进世，号九钟主人，浙江钱塘（今杭州）人。1892 年（清光绪十八年）进士，历官编修、江西学政、史馆纂修等。著有《清宫词》、《含嘉室诗集》、《九钟精舍金石跋尾》等。嘉业堂刊刻的《晋书斠注》是吴士鉴与刘承幹合作而成的，该书旁搜博考，异者辨之，同者证之，缪者纠之，遗者补之，历数年而成 130 卷，因此，刘承幹称自己与吴士鉴是文章道谊之交。另外，《蕉廊脞录》是吴士鉴整理其父吴庆坻遗稿交嘉业堂出版的。宁波卢氏抱经楼藏书散出时，吴士鉴即写信给缪荃孙："长者如有清兴，盍一访之。倘真是孤本，不宜令东人购去，则怂恿翰怡购归。"后这批古籍大都由刘承幹收购。1922 年有九言联贺南浔嘉业藏书楼落成。

吴永 (1865–1936)

字槩公，一字槩庵，号渔川，浙江吴兴人。官至直隶怀来知县。辛亥后曾任山东提法使，国务院秘书。他为嘉业堂刊刻的《吴兴丛书》提供了好几种底本：归安吴兰庭撰《五代史记纂误补》4卷、归安吴玉树辑《宝前两溪志略》12卷，皆系吴氏家藏本，外间不多见；归安吴景旭撰《南山堂自订诗》10卷的前5卷、归安吴光撰《吴太史遗稿》1卷，都未经付梓，吴永出家传手抄本供刘刊行。

吴庆坻 (1848–1924)

❶

字子修、敬疆，浙江钱塘（今杭州）人。1886年（清光绪十二年）进士，曾官湖南提学使。善诗文，工书法。辛亥革命后一度迁居上海，为刘承幹知交之一，俩人并曾一起参与续修《浙江通志》。嘉业堂刊刻的《山海经地理今释》、《今水经注》、《唐贾耽记边州入四夷道里考实》、《横阳札记》等皆吴庆坻从零乱稿纸中整理排比，移写成篇。这几部书旧无标目，吴氏以意为之名。《逊斋文集》也是经吴氏整理的。吴氏所著之《蕉廊脞录》，摭拾清代掌故轶闻，由嘉业堂于1928年刻印。

吴昌硕（1844—1927）

名俊卿，字昌硕、仓硕，多别号，常见者有仓硕、老苍、老缶、苦铁、大聋、石尊者等，浙江安吉人。现代艺术大师，西泠印社首任社长。著有《缶庐集》。

吴昌硕晚年生活在上海，与刘承幹交往密切。他曾为刘承幹刻藏书印，为嘉业堂刊印的书题签，并有多幅书画作品送刘承幹。1921年6月，由吴昌硕发起，淞社同人吴待秋（名澂）为刘承幹画希古楼图，作为刘承幹40岁生日的礼物。吴昌硕于1919赠刘承幹篆书宋四史斋匾额，1922年赠刘承幹篆书十二言联贺南浔嘉业藏书楼之建造。

❷

吴昌绶（？—约1920）

字印臣（一作印丞），又字伯宛，号甘遯，别号松邻，浙江仁和（今杭州）人。1897年（清光绪二十三年）中举，曾官内阁中书。藏书甚富，熟于目录，好刻书。著有《松邻遗集》、《吴郡通典备稿》。

缪荃孙逝后，刘承幹聘吴昌绶续编《嘉业堂藏书志》，吴氏对缪稿颇多微词，重拟了编志体例。首先，他认为缪稿采录过滥，如所录抄本非

❶ | 吴庆坻像
❷ | 吴昌硕像

尽属旧抄，即使不加剔除，也应分甲、乙两编处理。其次，缪稿以解题为主，不录原书序跋，而他主张凡佳本应备录原书序跋，解题则应简略，有说则略附己说，无则阙之。再次，他批评缪稿所录各书题识及印章过滥，认为非名家题识及印章可省略。最后，他指出缪稿悉沿《四库》分类，各册封页题有部类名，其中尚多羼误，应拆开改移。吴稿今存 114 篇，其中新纂者 51 篇，与缪稿重复者 63 篇。吴稿无论新撰还是重撰，皆略于解题，而详录各书序跋。另外，吴昌绶对嘉业堂刻书亦提供过帮助，如《权斋文稿》刊刻，曾借吴氏所藏旧抄本对勘。

吴郁生 (1854–1940)

字蔚若，江苏苏州人。清光绪进士。书法家。嘉业堂刊刻的《海东金石苑》，赖其收藏的刘燕庭旧藏 8 卷墨本校勘。1922 年有八言联贺南浔嘉业藏书楼落成。

吴藕汀 (1913—2005)

号药窗、小钝、信天翁等，浙江嘉兴人。浙江省文史馆馆员。学者、词人、画家。著有《烟雨楼史话》、《嘉兴三百年艺林志》、《药窗词》、《画牛阁词》、《词名索引》、《词调名辞典》等。1951 年 3 月被嘉兴图书馆聘为由社会人士组成的古书整理小组成员，7 月，被派往南浔，参加浙江图书馆、嘉兴图书馆联合管理处工作。1952 年 1 月调浙江图书馆，驻守南浔书楼，直至 1958 年秋因病退职。1952 年 4 月曾负责接收了中国人民解放军三野卫生部第二野战医院（即后来的九九医院）从刘承幹住宅中找到的一批原嘉业堂藏书，计 1024 册，并编有简目。后又经手接受南浔镇人民委员会移交给嘉业堂的书籍731册、书画轴40个、碑帖6份。中华书局陈乃乾1957年3月至南浔嘉业藏书楼调查嘉业堂的书版，在楼三日，亦由吴接待。有《书楼遗咏》及《解放后我参与接收嘉业堂藏书楼》回忆文章。

❶

况周颐 (1859–1926)

原名周仪，字夔笙，号蕙风，广西临桂人。清光绪举人。词学家，与朱孝臧、王鹏运、郑文焯并称“清季四大词人”。著有《蕙风词》、《蕙风词话》。

况周颐曾为刘承幹编《历代词人考略》；校勘收入《吴兴丛书》中的《嘉泰吴兴志》等。1922年，有朱祖谋书、况周颐识二十言联贺南浔嘉业藏书楼落成。

❷

汪大铁 (1912-- ?)

河南固始人。曾师从著名版本目录学家、藏书家傅增湘（沅叔）及学者邵瑞彭（次公）。历任大学、中学教员。1950年任嘉兴图书馆副馆长。1951年3月，嘉兴专署指示嘉兴图书馆准备代管南浔嘉业藏书楼，清点其藏书。汪大铁即到南浔实地了解嘉业堂现状，又给远在上海的刘承幹

❶ | 吴藕汀像
❷ | 况周颐像

写信，通报专署意见及在南浔书楼所见，请刘承幹支持。当得知华东公安部后勤处南浔办事处要求将藏书楼范围内的房屋拨用，汪大铁向嘉兴专署力陈嘉业堂的文化价值，加以制止。他并将刘承幹信中告诉他的抗战中曾将部分书楼藏书移往南西街住宅的信息向嘉兴专署汇报，要求重视这批藏书。在浙江图书馆、嘉兴图书馆联合代管嘉业藏书楼期间，汪大铁积极地予以支持。

沈家权

字刚甫，又号亢父，浙江吴兴（今湖州）人。任刘承幹记室 30 余年，为嘉业堂藏书事业鞠躬尽瘁。

沈曾植 (1850–1922)

❶

字子培，号乙庵、寐叟，浙江嘉兴人。1880 年（清光绪六年）进士，历任刑部主事、员外郎、安徽提学使等。著名史学家、书法家。著有《海日楼文诗集》等。

沈曾植晚年居上海，与刘承幹交往密切，时为嘉业堂鉴定版本，推荐刻印书底本或为嘉业堂刻印书作序跋。《章氏遗书》原稿即是沈曾植收藏的，刘承幹在沈处见到后，沈向他推荐说：此稿较《文史通义》多至数倍，向未刊刻，实斋著述，此为最足。此稿我向极宝贵，从不假人，嘉业堂若欲刊刻，你尽可取去作底本。杨锺羲之任嘉业堂刻书分校，亦为沈曾植推荐。1919 年浙江省当局拟续修《浙江通志》，聘沈曾植为总纂，沈氏即聘刘承幹任分纂。

沈焜（? –1937）

字醉愚，浙江石门人。在刘承幹身边工作 30 余年，颇得刘的信任。嘉业堂的藏书、刻书，如购书经费结算、书籍整理、底本整理等，他均参与其间。

❷

张元济（1867–1959）

字筱斋，号菊生，浙江海盐人。著名出版家。1892 年（清光绪十八年）进士，曾任刑部主事、总理各国事务衙门章京。因参与维新运动，戊戌政变时被革职。后在上海致力文化事业，主持商务印书馆。建国后任上海文史馆馆长、商务印书馆董事长、全国人大代表。著有《校史随笔》、《涵芬楼烬余书录》、《涉园序跋集录》等。

❸

张元济与嘉业堂创办人刘承幹相识于民国初年，此后，俩人交往频繁，关系密切，友谊延续

❶｜沈曾植像
❷｜沈焜像
❸｜张元济像

了近半个世纪。张元济在古籍出版上充分利用了嘉业堂的藏书，特别是善本，或借用其整部书影印付梓，或借其用于部分内容的影印配补，或借以作文字校勘之用，《四部丛刊》、《续古逸丛书》、《百衲本二十四史》等在编辑出版过程中都利用了大量嘉业堂的善本。1922 年 8 月，《王荆文公诗注》影印出版，为了这部书，张元济可谓费尽心血。他访求该书底本花了 10 余年的时间，但得到的是残缺之本，其中魏鹤山序，遍寻不得，最后从嘉业堂藏元残本中找到完整的魏序，配补影印，冠诸简端。

而嘉业堂的藏书、刻书活动也得到了张元济的大力支持。多年来，张元济向嘉业堂通报古籍市场信息，推荐可购之书，为之鉴定版本，提供刻书底本。刘承干亦不时开列书单，委托张元济代收购所需古籍。张元济的涵芬楼与刘承幹的嘉业堂都富有藏书，两家互通有无，互相借用，使古籍善本得到最大限度的利用。

❶

❶ | 张宗祥像

张宗祥 (1882–1965)

谱名思曾，字阆声，号冷僧，浙江海宁人。1902 年（清光绪二十八年）中举。1910 年（清宣统二年）赴京考职，殿试一等。任大理推事，兼清华学堂教职。先后在多所学堂（校）任教。辛亥革命后，历任浙江省教育司中等教育课课长、教育部视学兼京师图书馆主任、浙江省教育厅厅长、瓯海道尹。1928–1949 年间，在平汉铁路局、中国农民银行等处任职。1950 年 3 月起任浙江图书馆馆长，并先后兼任西泠印社社长、浙江省文史馆副馆长等。

1923 年张宗祥任浙江省教育厅长时，发起募款补抄文澜阁《四库全书》，历时两年多，抄得缺书 211 种、4497 卷、2046 册。张宗祥亲自赴沪募款，刘承幹认捐 500 银元，为发起人之一，兼评议干事。1927 年，张宗祥寓沪上，日事抄校。当历来为藏家深扃严镭的查东山所撰之《罪惟录》归嘉业堂插架后，刘承幹毫无保留地将之提供给张宗祥，张乃知此书根据庄氏《明史》而成，惜为书估割裂、颠倒，遂加抄录整理，化了 6 个月的时间。《罪惟录》后交商务印书馆出版。1929 年，张宗祥又应刘承幹之请，成《皇朝续文献通考》中的地理志。1951 年刘承幹捐献嘉业堂给浙江图书馆，正是张宗祥任馆长期间。接受捐献后，张宗祥又派员精心管理嘉业堂，使之完整地保持原貌，留存至今。

张寿镛（1876–1945）

字咏霓，一字伯颂，别署约园，浙江鄞县（今宁波）人。1903 年（清光绪二十九年）中举，任江苏淞沪捐厘总局提调。1925 年与王丰镐等创办上海光华大学，任校长 20 年。著有《约园演讲集》、《经学大纲》、《史学大纲》等。

张寿镛亦以藏书、刻书闻名，其所刻宁波地方文献《四明丛书》，原计划刊出 10 集，但第 8 集刊刻未半，寿镛即去世，后由其子继其志完成该集。

《四明丛书》8集收书178种，其中有15种的底本借抄自嘉业堂。抗战初期，张寿镛参加了文献保存同志会的实际工作，1940—1941年间郑振铎在具体负责收购嘉业堂藏书的过程中，就是主要与张寿镛反复商量、共同决策的。

❶

❷

张謇 (1853–1926年)

字季直，号啬庵，江苏南通人。清光绪状元。实业家，教育家。著有《张季子九录》、《张謇函稿》、《张謇日记》、《啬翁自订年谱》。

张謇与刘承幹本生父刘锦藻为同科进士，又在办实业上密切合作。他所撰《刘镛墓志铭》是研究刘氏家族的重要材料。南浔嘉业藏书楼落成后，求恕斋所悬匾额系张謇题写。

陈立炎

书商。1912年在上海经营新书，设六艺书局，1915年秋收购了宁波卢氏抱经楼的全部藏书，而开设古书流通处。古书流通处曾是江南规模最大的古旧书店，初开张时，列架数十，无一为道光以后之物，明刻名抄，俯拾皆是。刘承幹是陈立炎多年的老主顾。嘉业堂1916年入藏抱经楼藏书和1921年入藏缪荃孙艺风堂遗藏是古书流通处与刘承幹数量最大的两笔买卖。

陈宝琛（1848–1935年）

字伯潜，号弢庵，福建闽县（今福州）人。1868年（清同治七年）进士，曾任翰林院侍讲学士、江西学政、授内阁学士兼礼部侍郎衔，为晚清清流派主要人物之一。1911年（清宣统三年）在毓庆宫行走，为宣统帝授读。继任汉军副都统、弼德院顾问大臣。1917年刘承幹进呈《纶旅金鉴》而获“抗心希古”匾，就是经陈宝琛之手。陈宝琛并曾为嘉业堂刻印书作序。1922年，陈宝琛书八言联贺嘉业藏书楼落成。

❸

陈诗（1864–1943）

字子言，号鹤柴，安徽省庐江县人。虽出生于官宦家庭，却以布衣终老。酷爱作诗，系民国初年《诗坛点将录》所载108名诗人之一。刘承幹曾聘其参与续编《国朝诗萃》。

❹

罗振玉（1866—1940）

字叔蕴，一字叔言，号雪堂，浙江上虞人，生于江苏淮安。著名金石学家。著有《雪堂丛刻》等数十种。

❶ | 张寿镛像
❷ | 张謇像
❸ | 陈宝琛像
❹ | 罗振玉像

嘉业堂诞生之际，罗振玉正流居日本，不过，他很关注嘉业堂的事业，特别是对嘉业堂金石方面著作的刊刻，支持与指导尤多。罗振玉还为嘉业堂刻书向日本竹垦图书馆借过《左传单疏》3册；出借自藏的《春秋正义》残本2册。对嘉业堂的藏书，罗振玉也多有帮助。一次，他从日本写信给缪荃孙，不惮其烦地将他在日本访得的翁方纲手稿本《易附记》等诸经附记稿本9册及《王雅宜年谱》1册向缪介绍，请缪推荐给刘承幹，并瞒着日本书商将书托人从日本带到上海交刘承幹过目。因为他听说嘉业堂已入藏了于晦若原藏的翁手稿19册，但有缺失，在日本的这9册可能是其佚出者。延津之剑离而复合，他认为此书归嘉业堂收藏最为适宜。另外，他曾为《吴兴嘉业堂刘氏善本书影》等题签；几度介绍日本学人前往嘉业堂观书；赠送自己在日本出版的著述给刘承幹。1939年至1940年间，大连满铁图书馆阴谋收购嘉业堂藏书，罗振玉为之奔走效力。1925年，罗振玉隶书孙德谦撰写的二十言联贺南浔嘉业藏书楼落成。

❶

罗振常（1875–1942，一说卒于1944）

字子经、子敬，号心井、邈叟，晚号邈园。

浙江上虞人，侨寓江苏淮安。著有《徵声词》、《古凋堂诗文集》、《新唐书校议》等。罗振常为罗振玉之从弟，1911年冬随罗振玉举家避居日本，1919年挈眷归国，在上海设蟫隐庐书肆，终生隐于书估。所居与刘承幹庐寓相望，常向刘承幹通报古旧书市信息，探讨版本源流。刘承幹佩服他专业知识精博，因此，托他访求异书；罗振常亦经常派人携书去嘉业堂推销，可以说，蟫隐庐是嘉业堂的主要进书渠道之一。周子美辑有罗氏的《善本书所见录》，刘承幹为之序。

陆树藩 (1868–1926)

字纯伯，号毅轩，浙江归安（今湖州）人。著有《吴兴词》、《皕宋楼藏书三志》等。陆树藩系陆心源第三子，因两兄早殇，陆心源殁后，由他主持家政。陆树藩1911年皈依佛门，剃度为僧，设苦儿院于苏州，所需费用由刘承幹赞助大半，年约万金。嘉业堂入藏费念慈、徐绍桢等旧藏善本，都经陆树藩介绍，陆自己亦有藏书价让嘉业堂。

周子美 (1896–1998)

原名延年，字君实，号子美，浙江南浔人。

❷

❸

❶ | 罗振常像
❷ | 陆树藩像
❸ | 周子美像

1913 年毕业于私立浙江法政学校，1917 年加入南社，1924 年出任嘉业藏书楼编目部主任，达 8 年之久。1929 年 1 月，参加中华图书馆协会在南京召开的第一次年会，并成为协会宋元善本书调查委员会 12 位委员中的一员。编著有《庄氏史案考》、《施北研年谱》等。

周子美对嘉业藏书楼的最大贡献，就是主持南浔嘉业藏书楼工作 8 年，将嘉业堂近 60 万卷古籍藏书按四库分类编排，加以变通，编成多种楼藏目录。由于嘉业藏书楼的精品大都风流云散，这些目录对于人们了解和研究该藏书楼就弥足珍贵了。1986 年，华东师范大学出版社出版了其别录的《嘉业堂抄校本目录》，学界予以了高度的评价，诚如胡道静先生序言所云："周丈此目，网罗至丰，…嘉业藏书，已非完璧，然检是目著录，能识本世纪二十年代至四十年代萍踪所寄，今悉户籍所落者亦可迹其渊源所自，故起情报书目之作用。理董古籍诸君子，其能忽之哉？"

1932 年秋，周子美受邀任教于上海圣约翰大学，从此离开了嘉业堂的工作岗位，但他终其一生，与楼主刘承幹保持着始终不渝的友谊，当教学或研究工作中需要利用嘉业堂藏书时，总能得到满足。

周子美晚年回忆说，版本目录学，关键要靠实践，而他之所以在这一领域有所成就，"除受益于家学、几位恩师之外，主要得益于嘉业堂藏书楼的工作实践，以及蟫隐庐校书刻书的实际操作。"可谓念念不忘早年在南浔嘉业藏书楼的岁月。

周子美晚年先后发表了《周子美学述》、《嘉业堂藏书聚散考》、《近百年来江南藏书家概述》、《嘉业藏书楼工作回忆》等论著，为人们了解研究嘉业堂提供了宝贵的材料。

周庆云（1864–1933）

字景星，号湘舲，别号梦坡，浙江南浔人。实业家、藏书家。与刘承幹关系密切，对嘉业堂藏书、刻书诸多帮助，如《董礼部集》中的尺牍二卷，向无刻本，是从周庆云处借抄得之。“吴兴刘氏嘉业堂藏康熙武英殿聚珍本钦定古今图书集成”书箱亦为周所书。周庆云建历代两浙词人祠堂于杭州西溪秋雪庵之侧时，刘承幹捐田 20 亩为常年香火之资。

❶

柳蓉春

又名蓉村，书商。苏州人。原在苏州开设博古斋，1917 年迁上海汉口路惠福里弄口。外号人称“柳树精”。虽未尝学问，但勤于研讨，富于经营。刘承幹称赞他精鉴别，于宋元旧椠能识其真伪，以今之钱听默来形容他。他及其子柳企云与嘉业堂交易古籍 20 余年，提供了大量的善本。柳蓉春还影印大部头的丛书，是上海古书业影印古书有名的一家，刘承幹在其《重印士礼居丛书序》中说：“蓉村抗心希古，前后所印《百川学海》、《墨海金壶》、《借月山房汇抄》、《守山阁》、《拜经楼》诸丛书，余皆为序而行之，今又模印此本，问序于余。”由

❶ | 周庆云像

此可见他们之间关系之密切。

施维藩 (1897–1944)

字天遊，号韵秋，以号行，江苏海门人。早年任小学教员。1925 年 3 月到南浔嘉业藏书楼工作，协助周子美分编楼藏，如分编集部图书时，周子美负责明代以前的，施韵秋则专管清朝的。同时兼任南浔中学教员。继周子美之后，他是嘉业藏书楼的第二任主任，也是这座私人藏书楼的最后一任主任。抗日战争爆发后，南浔嘉业藏书楼的精品被运往上海，施韵秋也来到了上海刘承幹身边，但仍通过信函指示楼中工作，并经常回南浔处理事务。

施韵秋在嘉业藏书楼工作了 20 年，见证了书楼由盛至衰的全过程，尤其是在抗日战争期间，他为保护嘉业藏书楼及其藏书作出了极大的努力。南浔沦陷前夕，他秘密将藏书中每部 10 册以上或不满 10 册而其书珍贵者之首册或末册转移到南浔刘承幹另一处住宅内存放，造成书楼藏书残缺不全的假象。南浔沦陷后，施韵秋安排个别工友留守书楼，自己率其他人避难乡里，但仍时刻以书楼安危为念。1937 年 12 月的一天半夜，他冒险率书楼人员潜回嘉业堂抢救出一批图书，运往乌镇存放达半年多之久，因当时乌镇相对安全些。镇上稍为平静之后，他就安排人员轮流回楼值班、住宿。

1940 年前后，嘉业堂珍藏将大批散出的消息开始在沪上流传，各方虎视眈眈。在刘承幹被迫无奈出售心爱之物的时候，总能见到施韵秋忙碌的身影。无论是与日方大连满铁图书馆和上海东亚同文书院的交涉，还是与郑振铎接洽，以及应对与张叔平风波不断的售书纠葛，施韵秋都在场，而且往往是刘承幹的全权代表，刘承幹自己倒不大出面。尤其是郑振铎代表“文献保存同志会”收购嘉业堂明刊本和抄稿本时，施韵秋出力甚巨。此外，文献保存同志会收购到的古籍，亦聘请施韵秋管理、编目，他的工作得到郑振铎的肯定。

郑孝胥 (1860–1938)

字苏戡，又字太夷，号海藏，福建闽县（今福州）人。1882年（清光绪八年）举人。曾任清政府驻神户、大阪总领事，湖南布政使等职。1932年任伪满洲国国务总理兼军政总长、文教总长。南浔嘉业藏书楼落成，题希古楼匾，书八言贺联。

郑振铎 (1898–1958)

字西谛，笔名宾芬、C.T、源新，别署纫秋、幽芳阁主、玄览居士，抗战时化名郑敬夫，原籍福建长乐，生于浙江温州。学者、藏书家。新中国成立后任文化部文物局局长、文化部副部长等职。

郑振铎在商务印书馆编辑所任编辑时即与刘承幹相识。1940—1941年间，为抢救嘉业堂散出之物，郑振铎呕心沥血。他找刘承幹谈心，并通过施韵秋做刘承幹的工作；他认真研阅嘉业堂

❶

❶ | 郑振铎像

藏书书目，挑选取舍；他亲自登上海刘宅翻阅各书，鉴定版本；他拟定多个收购方案，组织实施。1951年，郑振铎任文化部文物局局长，主管全国图书馆事业。3月底，他从北京图书馆副馆长王重民处得知浙江省立嘉兴图书馆奉嘉兴专署令将对嘉业堂实行代管，即引起重视。4月6日，文化部下达文件，要求拨由规模较大之图书馆如浙江图书馆办理。7月12日，文化部又下达文件指示“刘氏藏书不应予以没收，应即由浙江图书馆会同嘉兴图书馆接收代管。代管后再相机发动其捐献。”在当时的历史条件下，这些指示对保护南浔嘉业藏书楼起到了指导性的作用。

徐鸿宝 (1881–1971)

字森玉，浙江湖州人。清末山西大学堂毕业。历任奉天将军署文案、奉天测绘局局长、高等工业学校监督、北京大学图书馆馆长、故宫博物院古物馆馆长、上海市文物保管委员会主任、上海博物馆馆长、北京中央文史馆副馆长等职。目录版本学家、文物鉴别学家。抗战初期，参与文献保存同志会的工作，1940年底，曾偕郑振铎至上海刘承幹住宅鉴定、挑选明版图书和抄校本。1950年前后，受刘承幹委托，曾为人民政府收购嘉业堂藏书努力过。

钱长美

书商。携古籍登嘉业堂之门推销，从民国初年一直坚持到1935年左右，是嘉业堂藏书来源的主要渠道之一。仁和朱学勤结一庐藏书大都经由钱长美之手归嘉业堂插架。结一庐的版片《金石录》等四种亦是钱长美卖给刘承幹的。

黄孝纾 (1900–1964)

字頵士、公渚，号匑庵，别号霜腴、辅唐山民，福建闽县（今福州）人。青岛赫兰大学毕业。历任北京大学、山东大学、大夏大学教授等职。1924 年，鬻画上海，旋被刘承幹聘为秘书。黄孝纾参与过不少嘉业堂的工作，如购书等。抗战期间，他曾为保全嘉业堂藏书奔走。他在《青鹤杂志》2 卷 12 期至 3 卷 2 期上连载发表的《刘氏嘉业藏书楼纪略》是较早系统介绍和研究嘉业堂的文章。

章钰 (1865–1933)

字式之，号霜根老人，江苏苏州人。清光绪进士。著名藏书家、版本目录学家。官刑部主事。曾任京师图书馆纂修。章钰曾将自己收藏的《司空表圣诗文集》旧抄本提供给刘承幹作刻书时校勘之用；《八琼室金石补正》一稿，向未传世，刘承幹因章钰和王君九两人的介绍才得观此稿，并借以刊刻，章钰参与了该书的校勘。1923 年章钰书十言联贺南浔嘉业藏书楼落成。

章梫 (1860–1949)

字一山，浙江宁海人。1904 年（清光绪三十年）进士，授编修。著有《康熙政要》、《一山文存》。

章梫辛亥革命后侨寓沪上，与刘承幹结识。1917 年，他与刘承幹合纂《纶旅金鉴》七卷进呈溥仪，分别蒙赏“言炳丹青”匾和“抗心希古”匾。章梫对嘉业堂的藏书、刻书提供了很多的帮助：从其他藏书家手中代收购善本，如《永乐大典》、5 种翁覃溪手稿等；搜罗善本供刊刻，如《汉管处士年谱》；参与刻印书的编辑，如《阆风集》；推荐王舟瑶担任《景宋四史》校勘一席等。章梫还应刘承幹之邀参与了刘锦藻《皇朝续文献通考》的修订，为刘承幹编辑《明史义例》考查质证出力。1925年章梫书十五言联贺南浔嘉业藏书楼落成。

梁鼎芬 (1859—1920)

字星海，号节庵，广东番禺人。1880年（清光绪六年）进士，授编修。1914年梁护溥仪“钦若嘉业”匾至上海刘宅，建议刘承幹以“嘉业”名堂并名所刻，为刘所采纳，所以有嘉业堂、嘉业堂丛书等名称。梁亦为藏书家，嘉业堂所刻之书时有赠梁者。

❶

蒋汝藻 (1877–1954)

字元采，号孟蘋，别号乐庵，浙江南浔人。著名藏书家，密韵楼主，传书堂藏书楼第三代传人。1903年（清光绪二十九年）举人，任学部总务司郎中。参加过辛亥革命，曾任浙江军政府首任盐政局长。蒋汝藻是刘承幹的表兄，他对嘉业堂藏书、刻书活动的支持从以下事例中可窥一斑：他得之京师的《春秋公羊疏》残本七卷，为钱大昕所未见，珍同珙璧，毫无保留地交刘承

❶ | 梁鼎芬像

幹录副并付刻；他代为借到宁波天一阁藏旧抄本《刑统》，刻入《嘉业堂丛书》；收入《吴兴丛书》之《经典通用考》、《说文校议》、《权斋老人笔记》、《权斋文稿》等稿本也都是他在北京设法借来的；1910 年（清宣统二年）刘承幹聚书之初，他代刘氏收购了湖州颜铁桥之藏书，嘉业堂入藏诸暨孙问清藏之宋椠孤本《重校鹤山先生大全集》、《汉丞相诸葛忠武侯传》，礼王府殿版《古今图书集成》7000 余册等，皆与蒋之努力分不开。而蒋汝藻借本影抄《重校鹤山先生大全集》更是多年来为人们所津津乐道。该书有 110 卷 100 万字以上，蒋汝藻一丝不苟，花了两年时间，才得以影摹而成。杭州画家汪沤为绘《乐庵写书图》，图成，王国维为之序，称赞说："盖海内藏书家如乐庵者，屈指计之，尚可得四五，至于手模宋本至百余卷之多，非独今所难能，抑亦古所未有也。"蒋汝藻后经商失败，刘承幹不忍坐视，起而援手，耗至数十万金。

董康（1867–1947）

字授经，又字绶经、绶金，自号诵芬室主人，江苏武进（今常州）人。1898 年（清光绪二十四年）进士。抗战时期先后任职华北国民临时政府和汪伪国民政府。抗战胜利后，为国民政府通缉，1947 年病死于北平。著有《书舶庸谭》等。

继缪荃孙、吴昌绶之后，董康亦为《嘉业堂藏书志》撰稿。董康编志所持意见与吴昌绶相近，即凡佳本应备录原书序跋。现存董康所撰志稿计 636 篇，新撰者 416 篇，缪稿已有而重撰者 220 篇，共订为 6 册。董稿简于评语而抄录原书序跋甚详，其所录之书，以明人别集为多，嘉业堂所藏稀见明刻本，多赖董稿而存其大概。董康诵芬室藏书亦有归嘉业堂插架者。

傅增湘 (1872–1950)

字叔和，后改字沅叔，号润元，自署藏园居士、双鉴楼主人，四川江安人。清光绪进士。曾任翰林院编修、直隶提学使、北洋政府教育总长、故宫博物院图书馆馆长。著名藏书家、校勘家。编有《藏园群书经眼录》、《藏园群书题记》、《双鉴楼善本书目》等，辑刊《双鉴楼丛书》等多种。

傅增湘 1914 年 10 月经张元济介绍来到嘉业堂观书，此后，他与刘承幹有了密切的交往，正如他在 1929 年作的《〈嘉业堂善本书影〉序》中所说：他每南下上海拜访刘承幹时，总"挟策载笔，访君寓庐，尽倾帐秘以相欣赏，余辄疏记其大略于短册中，往往午夜不得休。甚至假归点勘，或传写付刊，君则欢然无丝毫吝惜之色。"傅氏影抄过嘉业堂藏宋本《诸葛忠武集》，借用过抄本《珩璜》、《新论》、《后汉书八志疏证》等。当然，刘承幹也利用过傅氏藏书如金孝章抄本《傅与砺集》。傅增湘还参与过《嘉业堂藏书志》的编辑工作，这一点，刘承幹一直牢记在心，在《〈嘉业堂藏书志〉自序》中说："挽近博闻强识之彦，若艺风缪君，若藏园傅君，若诵芬董君，若松邻吴君，或为余创稿，或丹墨覆勘，或书简商榷，遂得所谓《嘉业堂藏书志》者十数帙"。傅氏与刘氏之间亦相互赠送自刻书，从嘉业堂留存的部分赠书记录来看，1915 – 1921 年间，嘉业堂赠傅增湘刻印书达 57 部。南浔嘉业藏书楼"藜光阁"匾由傅增湘书。

褚德彝 (1871–1942)

原名德仪，字守隅，号礼堂，浙江余姚人。金石学家。著有《金石学续录》、《竹人录续》、《松窗遗印》等。《希古楼金石丛书》即由其校订。

第七章 文献辑存

嘉业藏书楼记

吾浔为镇，在吴兴东南，为水陆之走集。人情开涤，民物丰昌，膏腴所萃，人文蔚然。由明以来，自成风尚，户习弦诵之音，家识文献之贵，簪缨世弟，蓬荜名儒，相尚藏书，辉炳邑牒。然而作者如牛毛，传者犹凤羽，高资定力，嗣音实难。中更兵燹，益叹孤寂，继往开来，亶乎有待。余少席先芬，习闻庭诰，缅怀乡先，窃抱斯志，人事牵率，因循有年。辛亥寓居沪上，获从缪艺风诸老游，流略之学，稍稍闻知。时值乱后，海宇骚然，江南大户，遗书间出，辑香有资，剞劂攸作，而吾乡张石铭观察、蒋孟蘋学部，亦于其间慨斯文之阒寂，为同道之切磋，他山之助，实基于此。自兹以后，蟫篇负简，穷壤遐陬，苟有著述，皆事庋疏。十年以来，卷逾百万。窃慕华林创墅之风，思广毋昭惠学之意，乃归鹧鸪溪畔，筑室为藏书计。縻金十二万，拓地二十亩，经营庚申之冬，断手甲子之岁，略置丘壑，杂莳花木，中为楼上下各二十楹，栏楯周设，玻黎通明，储书满中，胪列四部，颜其匾曰“嘉业”，其上即希古楼也。更于楼之东偏，筑藏版之室三进，前有厅事，为抗昔居，供款客及编校者棲息之所，而庖湢、簃圃、花宫诸制，无不备焉。庭前凿池，池左右各有亭一，中垒石为岛屿，状蟆跂龟伏，通以略彴，而明瑟亭居其上，临流睥睨，有鼎足势。园之四周，环以溪水，平临坱莽，直视无碍。门之左，即吾家之小莲庄，而宗祠家塾悉在焉。比邻适园，又石铭观察之别业也。春花秋月，梅雪荷风，景物所需，取供悉办，灵瞩莹发，朝暮尤胜。人家历历，半住斜阳；林影幢幢，如耸危塔。庭石孤啸，庭中有啸石，上镌阮文达题字。橹声一鸣，负手微吟，诗境亦古。千桑万海之中，跼地蹐天之境，比年以来，此为最适。夫敝帚弃物，好者享以重金；片石同舟，前修视为瓌宝。吹万不同，所乐各异。蝍且甘带，自存性真；蜣蜣转丸，亦抱微尚。吾生遭历屯诐，性复疏散，茶坡铲迹，劣免儒硎；蓬藋避人，将同畏垒。性命所托，窃好斯文，虽惭汲古、荛圃之精，亦谢琅琊、毗陵之富，而仲郢读书，名教自乐；李愿避世，理乱不关。一签甫下，可博过庭之欢；万卷非多，尚动至尊之问。后车载酒，或过高轩；揭橥在门，亦辉天语。甲寅年以报效崇陵种树经费，蒙赏“钦若嘉业”。丁巳年以进呈书籍，复赏“抗心希古”匾额。兹楼之成，即以颜榜，所以纪天恩也。竹素以为皋苏，朋簪乐数晨夕。千金待价，宝中流之一壶；斗室自娱，消神州之万劫。踪迹不可谓不奇，声闻不可谓不达，委心乘化，优游忘年，拙者之效，然耶否耶。爰是本健庵传后之规，拟晋斋藏书之记，略具委源，兼详水木，俾知隐居靖节，自爱吾庐；乱后伯山，不无漆简。谟觞之筑，待采择于石渠；墨庄之遗，胜豪华之良产。不至斥《尧典》于质库，取《论语》以代薪。津逮后学，付之其人，生后之愿，如是而已。质诸当世，其或许之。乙丑仲春，吴兴刘承干记。

嘉业藏书楼记

国朝三百年中，海内文献旧家，聚书之富，昆山徐氏传是楼、新城王氏带经堂、秀水朱氏曝书亭为最著，皆仰邀圣主恩眷，亲洒宸翰褒宠，焜曜耳目。余家吴兴之南浔，世守中垒旧业，迄于小子，勤勤不敢废坠，每慨昔贤好学流风，去今未远，而款款愚诚，亦邀睿鉴，屡荷御书“钦若嘉业”、“抗心希古”匾额。今于镇西南隅鹧鸪溪上，度地建楼藏书，谨以“嘉业”名堂，亦仰希昔贤之意。然昔贤聚书，良亦不易，乃聚而旋散，既散而重聚，于余揆厥所由，盖亦有故。眉山苏氏谓，李公择之书不藏于家，而藏于其所故居之僧舍，为仁者之用心。余亦取其意焉。溯自宣统庚戌，开南洋劝业会于金陵，瓌货骈集，人争趋之。余独徒步状元境各书肆，遍览群书，兼两载归。越日，书贾携书来售者踵至，自是即有志聚书。逾年辛亥，武汉告警，烽燧达于江左，余避居淞滨。四方衣冠旧族，避兵而来者日益多，遂为中原文献所聚。如甬东卢氏之抱经楼、独山莫氏之影山草堂、仁和朱氏之结一庐、丰顺丁氏之持静斋、太仓缪氏之东仓书库，皆积累世之甄录，为精英所钟聚，以世变之日亟，人方驰骛于所谓新说者而土苴旧学，虑仓卒不可保，为余之好之也，遂举而委贾焉。而江阴缪艺风参议、诸暨孙问清太史，亦各以宋元精椠，取值畀余。论者或喜书之得所归，余亦幸适会其时，如众派之分流而总汇于兹楼，以偿夙愿。都计所得约六十万卷，费逾三十万，倘庐陵所谓好之笃而力犹能致之者欤？因念昔贤所著，见于诸家著录而亡佚者盖多，其幸而仅存者，不可无以永其传。会购得朱氏《结一庐丛书》版，益以所自刻者，汇为《嘉业丛编》，此为校刊丛书之始。嗣是有《吴兴丛书》，所以存乡先哲也；有《求恕斋丛书》，所以存故家文献也；有《留余草堂丛书》，所以表理学微言，亦怵夫浇纯散朴，为遒铎之振也。他若《希古楼金石丛书》、《宋四史斋景宋四史》及《章氏遗书》、《旧五代史注》、《晋书斠注》，诸为世所希见者，不能觊缕，悉校刊弆藏楼中。楼与余家小莲庄毗连，四周有水，环之如带。面南向池，池中及四周叠石为小山，有峰曰“啸石”，阮文达之所题咏也。有亭三，中曰明瑟，左曰障红，右曰浣碧。杂树花木，纷红骇绿，随风旋靡。由池而上，有楼七楹，中一楹为大门，东三楹为宋四史斋，以置宋椠《四史》；西三楹曰诗萃室，以置先府君及余编《国朝正续诗萃》。斋、室均北向，斋楼多旧钞精校各本，室楼皆宋元椠本。再进，亦楼七楹，左右缭以两庑，庑各九椽。楼下为嘉业厅事三楹，分列甲乙两部。上为希古楼，庋殿本、官印，而内府秘籍亦在其中。楼东西上下各二楹，杂置书五百余箱。左、右庑则各省郡县志，庑楼均为丛书，约二百余种。由楼而东，有室五楹，中三楹为抗昔居，左棲息编勘诸君，右则阅书。后三进居印刻各工，庋历年所刻书版，庖湢亦分厕焉。又东南隅铁扉双峙，为出入之所，有石桥以通路。门侧小屋，则阍者所居。凡占地二十四亩，縻金钱十三万有奇，经始于庚申孟冬，讫于甲子腊尾。楼之岁费，约三千余金，以历年所置田贰千伍百亩，取其息为常费，有余则添购书籍。余之役于书，亦云勤矣。古者政教合一，图籍藏于天府，孔子所以适周，观书于柱下。自官师分途，博士弟子各以师说相授受，私家撰述日益多，司马迁至欲藏之名山，传之其人。余之为是楼，非徒藏之，又将谋所以永其传，略仿李氏之意，隶之义庄，与宗人共守之，或亦眉山苏氏许为仁者之用心，而仰瞻宸翰，庶几继昆山、新城、秀水之盛。凡吾子孙，其世守勿替乎。丁丑季秋，刘承幹书。

嘉业堂丛书序

岁在重光，月次娵訾，风雪沉冥，天地易位，纲弛纽解，晦盲否塞。予乃坐卧书巢，一夕数惊，仰视苍苍，不寒而栗。客有起予者曰：子毋然，时势之艰，经术之孟晋也；离乱之极，学统之维系也。试观五代之际，群盗建国，诸方瓦解，而贞明开帖，升元继之，而魏晋之翰墨以传；长兴雕板，毋氏继之，而书册之流播以易；即在有明之季，亦可谓乱世矣，而隐湖毛氏独刻十余万叶经史子集，以及释、道二氏，无不传之，迄今二百余年，好古之士，其心目中均有一毛氏本在。然则今其时乎？子四部充溢，三益麇至，何不踵毛氏之辙而为儒林别开生面乎？予乃憬然悟，蹶然兴，如啖仙翁之九还，如读枚生之《七发》，因发箧陈书，延江阴缪艺风参议、辽阳杨芷姓太守、海宁许子颂大令，举世间不经见之书，分别部居，次第墨之于版。书则兼采之海内外藏书家，工则征之上海、苏州、扬州、金陵，自癸丑至戊午，五年有余，成书一百余部，其中别择五十种，附以所得朱子涵观察旧刻《金石录》、《张燕公集》、《刘宾客集》、《司空表圣集》版片，定目装本，名之曰《嘉业堂丛书》。承幹昔年报效崇陵工程，御书额曰“钦若嘉业”，用《华山碑》语也，承幹以名其堂，即以名斯编，余巾箱本、影宋本，则另署名焉。承幹生平嗜书,与世俗之珠玉货财同。顾珠玉货财只可藏于己,不能公诸人,而书则可为千百化身,以公诸天下后世,此其所以异也。且今时势岌岌,杜门却扫,平心静气,日穿穴于辨证援据之中,以订讹而祛伪,使著述家毕生精神之所注,不幸而束缚于瑶函锦赙之间,或飘流于鼓担织筐之内,表而出之,似于艺林不为无功。特虑闻见不广,海内诸君子藏有未见之书,助我不逮,当为刊播,以慰诸君子之盛情,并不以此自画。况石室之古本出自敦煌,内阁之祕藏见于土窟,天其大昌斯文之运会,以扩经术而持学统乎?则谓之趋时也亦可。戊午孟冬。

吴兴丛书序

余刻《吴兴丛书》成，乞吾乡朱古微侍郎为之序。越日，侍郎以序来，称曰“吴兴先哲遗书”。呜呼，传乡邦之文献，为后来之矜式，所以起薄俗而追先进者，其言有文焉，其思有哀焉，非徒侈宏博雅览而已。侍郎之意，固与余同也。然余尤有所感者，文籍之聚散，恒与国家气运相消长。溯自同光以来，际中兴之会，吾浙士大夫多好搜罗古籍，表彰先哲。其藏书之富，如钱塘之丁氏、檇李之孙氏、归安之陆氏，彰彰在人耳目者。浙东则绍兴之徐氏、太平之宋氏、金华之胡氏、瑞安之孙氏，亦皆家富缥缃，均有先哲丛书之刻，传之海内。厥后钱塘丁氏、归安陆氏藏书先后散佚，其余诸家亦间为余所有者，两间宝气之所萃，不能久聚，理固然欤？独其丛书尚流布于人间，惟陆氏仅刻十余种而止。余颇思赓续成之，顾斯事体大，非旦夕所能奏功。癸丑岁，购得《吴兴备志》稿本，同人怂恿授刻。嗣即接刊谈鑰《吴兴志》等书。迄今十有余年，计成经部七家一百五十六卷，史部九家一百八十五卷，子部七家八十五卷，集部二十九家四百一卷，庶几继陆氏之所刻而足成其所未备。嗟乎，吴兴为东南文物所萃，吴晋以降，代有作者。自胡安定教授以来，苕溪霅水之间，比于邹鲁。人物之盛，著述之富，固不止此，志书艺文所著录，尚多未见，其有录而书已佚者更勿论矣。然即此所校刊者，玩其简编，籀其义蕴，芳臭气泽之所留贻，其足以兴起后人而发人观感者，岂有量欤。惟浙东西诸家，皆收罗于四方清晏之时，而余则抱残守缺于多事之秋，其劳逸固自不同。时运变迁，斯文将丧，或因此而稍留一线以传于后，此刻亦未为无功也，然非所敢望矣。己巳仲秋。

壬午让书纪事

刘承幹述 吴格整理

《壬午让书纪事》，吴兴刘承幹述，四十年代后期刘氏嘉业堂钞稿本，一册。此稿由刘氏抄成，凡三十四叶，并曾经其亲笔校改。左右双栏，每半叶十一行，上下黑口，单鱼尾，右栏外镌“吴兴刘氏嘉业堂钞本”，高广 16.2cm×13.2cm。《壬午让书纪事》详述刘氏 1942 至 1946 年间让售嘉业堂藏书之经历，并缕陈刘氏与张叔平因购书交易而争执致讼之细节，为反映嘉业堂藏书聚散原委之原始史料。嘉业堂藏书积聚始于二十世纪初年，际会时势风云，藏书激增，以二十年代中期嘉业藏书楼建成为标志，发展至鼎盛，成为近代江南著名私家藏书楼。所惜好景不长，书楼经历三十年代之内乱外祸，旋即衰落，楼藏图书相继散出，尤以 1941 年售于前中央图书馆、1942 年售于张叔平氏之两宗图书，质精量广，标志其藏书精华之流失殆尽。近年来，治近代藏书史之南北学人，对嘉业堂藏书聚散问题日益关注，借助新发现之史料，对嘉业堂藏书聚散所反映之家族盛衰、时代背景、文化转型等因素，以及与其相关之具体人事等，探根寻源，深入研究，已有不少成果。《壬午让书纪事》与《嘉业堂藏书志》、《嘉业藏书楼书目》等稿本，迄 1962 [3] 年刘氏谢世，一直随身携藏，未曾面世，故知者不多。兹将《让书纪事》整理发表，以飨读者。深入研究，当另行成文。《让书纪事》系刘氏于1946年后据本人日记及往来函件按年编次，连缀而成，叙事真实，而稍有失序处。现将原稿标点，并据事件进展，略为分段，以便读者参考。

一

壬午（三十一年）之秋，郑西谛（名振铎）介施韵秋来言，谓有人欲购余藏书，愿出价贰百万。余以缥缃非生利之物，若能售去，以经营货殖，逐什一之利，弥补家用，未始非计。

是时方在钞目，西谛谓前途急欲他往，只须将宋元明及各精钞本目录交阅，即行订约，其余不妨钞好再交。买方为张叔平（名振鋆，一字子羽，长沙人，文达公百熙之幼子），声气甚广，南浔之书可由渠请领“搬出证”，日军方面彼可接洽，不致有阻云云。经数度磋商之后，乃于阳历十月二十一日（阴历九月十二日）订立合同议约。午后三时，张叔平偕西谛同至余处，签名盖章，并付定银支票十万一纸（翼日期），略谈而去。合同共十条：

（一）甲方以所藏宋刊本、元刊本、明刊本、批校本、明钞本、《四库》底本、《四库》本、名家钞本、稿本、普通本（包括清代、现代刊本，石印本，铅印本在内）、普通钞本十一类书籍，共计十三万贰千册，出让于乙方，议得时值中储券贰佰万元正；

（二）上开书籍原来分度于上海、南浔两地，今议上海书籍即在庋藏所在地点明移交，南浔书籍运至上海移交；

（三）甲方缮交乙方目录一份，为移交之根据，目录上卷数、册数与本书有不符时，以本书应有之卷数为准；

（四）上海、南浔两地书籍之包扎费用归甲方负担，运输费用归乙方负担；

（五）南浔书籍由乙方设法运沪，中途如有意外发生，而致损失全部、或一部分时，其损失由甲、乙两方平均负担之（即乙方应将损失书籍价值之半数付给甲方）；

（六）上海书籍，双方须于订约后半个月内将移交手续办理清楚，南浔书籍于乙方办妥“搬出证”后壹个月内运沪，但运输方面设或发生阻碍，甲方不负延缓之责任；

（七）本议据签字时，乙方先付定洋拾万元，上海书籍移交时，再付清壹百五十万元，其余四十万元，俟南浔书籍移交时付清（上海书籍作价壹百六十万元，南浔书籍作价四十万元）；

（八）甲方上海有木制书箱十六只、箱垫四只，南浔有木制书箱五百四十只、箱垫一百三十五只，连带让归乙方，议价中储券陆万元，于移交时一次付清，南浔书箱亦由乙方设法运沪，运输费用及中途如有损失，概归乙方负担；

（九）本议据签字后，任何一方如有临时悔约情事，当照定洋加倍处罚；

（十）本议据缮写一式两纸，双方各执，书、款两交清楚时作废。中证为郑西谛、施韵秋二人。

订约后翼日，定银之支票十万元收到。

二

二十四日，叔平派刘宗岳（字忍安）、刘邦骥（字德泉）兄弟来点收书籍。先点宋元本。是日午前，西谛携来五十万支票一纸，交与韵秋，系本月三十日期，有一星期之久，韵秋即将此票交与伯厚。是日点收宋刊本全部，元刊本经部至子部《楞严会解》止，明钞本经部至集部《史西村集》止。又宋本《公羊传》、《范文正集》各二部，各取首册一册，《左传注疏》借去别本二册，由刘宗岳出具收据。此外，原约翌日陆续点交，及接此支票，因非是即期，韵秋怀疑，与余商酌之后，决定电话关知西谛展缓点交，托词人手不敷。西谛明知为支票问题，转告叔平。叔平电话韵秋，谓刘先生太瞧不起人。意殊不怿。嗣后韵秋与西谛言明，须即期支票，方肯付书。

及三十日收到支票款后，又交来十一月二日支票五十万元，于是于十一月一日由刘宗岳继续点收。元刊本《碧岩集》起，至集部全部止（又借去宋本《春秋注疏》三十册）。明钞本《尔雅斋文稿》起，至集部全部止。《四库》底本全部。《四库》本全部。殿本《图书集成》二十提（每提三包）。又复本宋本《春秋左传注疏》五十八册、《公羊注疏》十三册，又一部十一册，《范文正公集》六册，又一部十一册（复本，言明由张叔平选择其一，返还其一，故一并交往阅看）。

又于二日点收殿本《图书集成》柒拾叁提零壹包（每提三包）。三日，点收明刻经部全部二十五提（每提二包），明刻史部全部一百二十六提（每提二包，末提三包），明刻子部杂家类止（《大藏经》除外）五十二提（每提二包）。四日，点收明刻《大藏经》一百〇八包，明刻子部类书类起至尾二十九提，明刻集部全部一百〇九提（每提二包）。

八日，点收石印《图书集成》廿九提，又目录一包。旋又交来十一月十三日支票三十万元。由刘宗岳等于十四日点收名家钞本全部、稿本全部（内阙五种，言明暂借）。于十五日点收批校本全部（内阙三种，言明暂借）。

前后点收各书，均由刘宗岳代表张叔平出立收据，共九纸；而张叔平每次所付支票，亦由韵秋代余写立收据，盖余图章。每次所付之款，与此间所交之书，价值均相等，盖亦是普通买卖习惯，所谓银货两交也。其中惟石印《图书集成》点交一部分，乃因张叔平之请，彼处无地可容，故以其余一部分暂寄此间也。

三

迨张叔平前后付过一百四十万后，又延不付款。当其所付十一月十三日支票三十万时，已逾约定期间半月之后，但以逾限之日无多，此间不忍遽绝之也。但此时物价狂涨，此间所受彼方迟付之损失甚大。其后屡次托故延缓，南浔运书亦遥遥无期。余嘱韵秋往催数次，张叔平拍案大怒，言词恫吓，谓“我已得日本军部许可，索性将南浔全部书籍运出，看刘先生如何办法”云云。余忍无可忍，而韵秋亦无可往催，余乃于十二月十七日去函解约，略谓“本年十月二十一日敝处与贵处订立让购书籍之合同议据，因贵处延不如期履行，致敝处所受损失甚重，故特声明解约。专此函达，即希詧照，并希于三日内见复为荷”。

旋接张叔平十八日覆书，称“午间奉到大函，述称前订让购书籍合同，归咎弟延不如期履行，致尊处损失甚重，声明解约。接诵之余，不胜诧异。查前订合同，列明上海书籍移交清楚，应共由弟交付书值一百六十万元。截至今日止，弟所收上海书籍未及全数之半，而所付代价则已达百四十万元，比之常情，未见悖谬，方图于最近时间继续交款收书，是尊处迟收之数不过二十万元，来函引称‘损失甚重’一语，竟不知何所根据？至南浔运书一节，因时境人事关系，有待东友月杪之来，为策万全，乃纾时日，以期水陆圆通，毋负厚望。执事纵甘以二十万元代价舍彼缥缃，亟求预取戋戋，不复问书卷之得失，弟则殊不欲轻率从事而背初怀。若执兹以为解约之由，似有乖夫情义。综合上情，细绎来简，似出妇孺手笔语气，不类出诸高贤之口，遂疑此札之作，执事未及前知。爰布拳拳，敢烦察复。弟对解约一层，决难同意，盖此事成约，旨在赓续执事积岁爱重典籍之诚，既承谅解于前，似未宜目为市井侩夫，惟利是择。揆之情理法则，似均无反汗之可言也”等语。其意以为上海书籍点收未及全数之半，而所付代价已达一百四十万元，殊不知上海精华之书悉已点交，岂能执册数为比例。况每次点交之书，视彼付款之多寡而定，岂能谓已付之书尚未达一百四十万元之值。

余于二十日再致一函，谓“来函揶揄嘲谑，节外生枝，本可置诸不覆，惟恐因此长贤者之过，用再布数行。敝处十七日函内所持解约之理由，无非因贵处延不如期履行契约，致敝处所受损失甚重，不得已而声明解约。夫以执事手订之期限而不克践，揆之情理法则，两俱难言，孰为乖夫情义，孰为反汗，固无待鄙人之词费矣。幸希荃詧，不任惓惓”。

旋得二十二日张叔平来函，谓“载奉十二月二十日惠书，领悉一一。所言解约一节，前函业已郑重声明，兹特再度奉白万难承诺之意。书已申请运移，并商多方协助，断难中止，幸执事考量现境，勿过平易视之。至于敝方略迟奉缴少数款项，核与原约并无大背之点，似无可执为尊方损失甚重之理由。如执事具有别见，尚不妨明示商量，为友谊研究，否则仍请依约以行，无乖初旨。统希谅原，辞文率直，不罪不罪”。

余因于二十五日答复云：“本月二十二日手札诵悉壹是。敝处所持解约之理由，业于十七、二十两日函内声叙，兹不赘述。惟承下问敝处有无别见一节，敝处除声明解约外，绝无别种意见，诚恐执事或有误解，故再布腹心，惟垂詧焉”。

张叔平又于二十七日来函，云“本月二十五日环教收到，述称尊处所持解约理由，业于十七、二十两日函内声叙，绝无别种意见云云。辞旨至为含混。查敝处对于十七、二十两度来教，均经立复，并迭询解约理由之根据，执事全然避不明复，岂谓人固可欺，而法律、公道均属无用，惟执事得以肆行其意乎？寻常解约之事，至少亦须有预商之手续，从未闻不问对方意见安在，即以一纸片面之书简通知，而自以为从此不负法律、人情任何之责任，则执事过矣。天下事使悉能如此行之，则是非乌有？如敝方施之执事，不知作何感想？兹严重警告执事：在此非常情境之下，尊方如不目为绝无轨道可循、正言可畏，即希翻然改思，涤除不正之念，迅即复示仍愿履行原约，用全令名。如再延宕规避，足知蓄意为难，弟纵不欲相烦，恐事势所趋，必有使执事了然真理之一日。今并郑重声明：一切移运事宜，敝方早经申请保护，且敝方即将照约续交尊处上海书款，立取余书，请饬人接洽点收手续，不能延误。若恃无理书札以谋延宕，则其咎应由尊方负担。万一敝方发现尊方或有盗卖合同所载敝方应得书籍之行为，乃至于最后照约移交时，尊方不能据原交书目点交完整，则尊方不独自食其严重之后果，有损声望，尚须作重大负责之赔价。惟念执事年高，久不问世，或于人情现局未及周知，轻信人言，遂思爽约，弟诚不欲执事自隳盛誉于此时此境也。高明三思，仍希垂教。乞恕坦率，不宣”。此函语气恫愒，已极流露。

又于二十八日来书，云“今日由双挂号奉覆一函，计当察及。兹为向各方友好解释中道停顿移运收点书籍之事，特备茶会于虹口百老汇大厦，略示敬意，并奉烦执事亲到，申述所持中道解约之理由，借免隔阂而凭公断，幸勿届时推辞，致贻诸友之不愉快为幸。柬帖明可发出，特先遣白，尚希觉察”。此函不但荒谬，且可见其人格之扫地矣。此信到后，尚有电话相胁，余置不理，而柬帖亦竟不来。据韵秋言，系郑西谛力阻云。

四

迨阳历过年后，郑西谛于一月二十九日来函云：“尊处与张叔平先生所订售书合同，敝人原为中人之一。至今牵延未决，敝人决意退出中人地位。

特此声明，敬祈鉴察。”

而张叔平又于二月四日来函云：“前订书籍让受合同，事前系由尊方定稿，当时复面谈甚洽，而由先生亲行签字成立。无论古今中外人情法律，万无以片面意思申明解约，即可中道废弃之理。由敝方承受，非弟独力所克负担，弟不过为被推订约之人，敝友多人，胥有权过问此事之真相，先生拒不续交上海应付书籍二万五千册，已违背自签条约，复不申述所称损失之理由，而仅要求赔偿巨额之款，蓄意为难，用心安在？敝友早已屡求与先生相见，以期明了内容，提前解决，付之公断。弟为顾全友谊与先生令望，一再托由揆初、葱玉、西谛、乾若（刘氏眉注：乾若名国淦，湖北蒲圻人，亦文达公门下士）诸兄，转请考虑明复，盖始终以为先生深居简出，或者误听人言，必能相谅，所以为先生计者周矣。不蒙察及，甚且以不肖心理度及居间之友人，且有假借何种压力之声传，不胜诧哂。兹再敬谨劝告先生宜速自反，并即复示，刻日履行原约，不生异议，否则先生必有了解之时。先生须知此事非弟强迫先生而成，如亲签文件可以随意毁弃，不生效力，天下事尚复成何局面？先生宜试为弟设身代谋，即不难知其应取如何自处之道。吾人不同市井驵侩，愿彼此顾全交道而善理之，纵有辩难，亦不出乎解释合法手续之义。如谓可以压力相加，而使敝方为不合理之屈服，则先生之计左矣。日内敝友必有修问者至，乞延见以礼，先生不妨详与商量，庶完初旨，至为企幸。”

按此函所言，更多空中楼阁。自余去函解约之后，张叔平先托张葱玉与春蕃一说，后又托叶揆初出为调停，揆初以之转托袁帅南。帅南至此间接谈，余示以张叔平诸函，帅南阅至十二月二十八日邀至虹口百老汇茶会一函，知其人不顾品行，为之骇然，不愿作鲁仲连。西谛仅与韵秋见面数次，乾若则更不愿过问。至函中所谓“以不肖心理度及居间之友人”，则因此时外面有种种流言，谓中人所得甚丰，而张叔平且亲语撰初，谓已厚酬中人，展转传述，西谛闻之不快，因有来函辞退中人地位，而张叔平反归咎于我，其人格可以概见。至谓“且有假借何种压力之声传”，无异自写供状。统观前后各函，张皇恐吓，盛气陵人，已达极点。

又在未解约之先，张叔平业怀不正之念。盖合同规定，南浔书籍运至上海移交，则在未移交之前，物权属之于我，口头曾与言明，请领“搬出证”应用我方名义，而手续则由彼代办，书运抵沪后，悉积置余寓中整理移交。及后来张叔平忽欲用彼名义领证，言日本人只认识他，又欲运至虹口点交，谓日本人只肯运至虹口等语。复遣人至南浔藏书楼察视，与仲翔、叔荣言，楼中一切书籍箱橱等胥应归彼。迹其前后诪张为幻，显有巧取豪夺之心，余洞烛其诈，故毅然致书解约。及彼覆书时，亦无支票付来，或存诸银行以为支拒，无非空言搪塞，可见全无诚意也。

其后张叔平屡思搬取南浔之书。三十二年秋，何云鹤来言，闻张叔平已向各方面疏通，决欲至南浔搬书，宜亟筹对策。于是于九月十八日具函浙傅省长（刘氏眉注：傅省长名式说，字筑饮，温州［人］），请饬县暂行封禁保护，并请县警察局将藏书楼之门粘贴封条。

及十一月间，王君九自北京抵沪。张叔平从书客处得讯，即往投谒，恳为转圜，因君九于乃翁有师谊也。君九轻信其言，欲余从其调停。余不之许，君九滋不怿。张叔平又至许鲁山处，恳为道地。其实此一年中，币值低降，宁止倍蓰，重提旧事，更属为难。况以张叔平之狡诈，其言宁复可信耶。

五

及三十三年夏，周子美自南京抵沪，言时事不可知，南浔之书以运沪为宜，可托褚民谊与大使馆方面接洽，庶沿途不致留难。适褚公在沪，余具呈外交部，于七月二日在沪面递，请发证明文件，及向驻华各机关解说明白，予以沿途运输上之利便。褚公首肯。又于翌日邮呈浙傅省长，请将书楼启封，并发护照。

七月八日得复函，已饬该管县长如呈办理，并发下护照一纸。旋余探闻运书之费为数甚巨，缘张芹伯家在南浔之红木器物，托程万军部队用船载运来沪，一切费用达数百万元，而其精者则为万军取去。余闻之颇为踌躇，乃奉函省政府，以交通不便，请暂缓启封。

三十日，接到浙省府二十七日通知书："案查前据该民呈，以藏书十二万余册，在南浔镇建楼庋藏，恳请发给搬运护照，准予移往上海等情。据经以府政二字第四四号批复照准，并印发护照一纸在案。嗣接赵尊岳、唐蟒等会电，称南浔刘翰怡嘉业堂藏书，二年前正式让归张叔平所有，前曾由徐朴忱、徐虎侯等饬属保护，非有本人函件，不得擅移。今闻刘氏朦请发照护运来沪，意图毁约别售，请严行制止等由。据称究属是何实情，合函通知该民，于奉到本通知之日十天以内翔实声复，毋许稍涉含混。除电饬吴兴县政府将是项藏书暂缓启封外，仰即遵照，特此通知。"

旋由余于八月五日呈复，略谓"三十一年冬与张叔平订立让受书籍合同，南浔藏书中仅有一部分在内，并非全部分出让。旋以张叔平未能依约履行，承幹早经去函声明解约有卷，至今一载有余。是南浔全部分藏书当属承幹所有，移运与否，承幹自有主权，张叔平何得妄加干涉。至于赵尊岳、唐蟒等，更属风马牛无关。会电中所称各节，均系一面之辞，不足置信。承幹前请钧府发给护照，拟将书籍移往上海，以策安全，已承批示照准，旋以交通不便，函请饬县暂缓启封。今读钧府通知，已电饬吴兴县政府转饬将是项藏书暂缓启封，正合承幹之意。所有藏书出让解约经过情形，特此遵令翔实呈覆，敬请察核”云云。

而张叔平于七月二十五日前来，欲面晤解决此事，由菊如接谈。后于八月四日，菊如致彼一函云：“日前承惠临专访，敝居停适以事外出，未得亲晤。所嘱各节，已遵命转达敝居停，谓此事时历经年，早成陈迹，一切均阁下之所深知，可无多论矣。承命代询，用达此意，即请督照是荷。”

其后余往访徐朴诚未遇，而见其如夫人，举以询之。渠谓电中所说托朴忱保护一节，据伊所知，恐无其事。

三十二年十一月，王君九来沪。张叔平知为余之好友也，不介而谒，请作鲁仲连。君九偏信彼一面之词，谓所欠上海之二十万，曾经交来而余不受，遂至余处竭力劝解，并嘱叔平至许鲁山处恳为帮忙。君九以为无论如何，必玉成其事。□□日至余处，约韵秋至书房共谈，达张叔平之意，拟照去年之价加二十万。韵秋谓，若照此数，则去年早已谈成，何待今日？现在物价高涨，币值低落，与去年相去甚远。于是君九大怒，将手中所写之草拟条件扯碎，丢在字篓，谓：“既然如此，我何必做调人乎？”韵秋出后，君九颇有攻击之词，谓叔平亦不满于韵秋云。

六

三十四年（乙酉）阴历四五月间，世炽来言，闻人传说张叔平有勾通周佛海、罗君强，将有不利于我之事，宜慎防云云。

七月十一日（阴历六月初三日）午后一时半，有伪上海保安司令部参谋处长余世杰、第二科长姚次青率同武装人员，并江宁路（戈登路）警察分局探警，及张叔平处管书人刘宗岳等十余人，分乘汽车来此，由菊如、刚甫接见。据称张叔平购书，系代熊剑东、余世杰等经手，故携带合同及各项信件来此取书。刚甫请出示公文，彼等谓长官亲自莅临，自可无须公文，并要与余觌面一谈。当彼等抵门时，司阍叶荣贵告以主人尚未起身，故坚欲余下楼一见，否则强欲登楼。于是余嘱秀芳代见，说余有病。彼等语多恫喝，谓欲带余至司令部，言现在没有法律，只有强权。秀芳见其蛮不讲理，愿与之同往伪司令部候质，余世杰态度乃渐为好转。后由姚次青从旁劝解，乃将余家中所有书箱、书橱、书包，在账房间、扶梯间、及书房内者，一律贴以保安司令部封条。至四时余始去，并留武装人员及探警日夜驻此看守。

当彼等侵入余家时，秀芳电约葛肇基律师（广东人）来。葛与警察局内之谈姓相识，略谈片刻而去。看守书籍之员警等，每逢吃饭时必须赶回，食毕再来，往返奔波，啧有烦言，口气中颇有冀余处托人斡旋，早日了结者。是夜，命世煦至冒鹤亭处，托其转托梁众异。鹤亭谓，不如托严孟繁（家炽，曾任南京伪政府财政次长）。世煦即夜往谒严，并交事略阅看。孟繁说，我知张叔平是周佛海老师云云。秀芳并往托杨太太（杨虎夫人）。

十二日午后，鹤亭来言，孟繁往见杨惺华（湖南人，伪中央信托局局长，周佛海妻舅），杨谓知其事，前途书必欲来搬，加价一节，虽可商量而不能多。孟繁欲往见周佛海，惺华谓不必。鹤亭觉无办法，嘱余电邀许鲁山来商。鲁山、鹤亭欲往见叔平，余阻之。

十三日午后三时，伪保安司令部第二科主任杨姓，带佩手枪者三人来，与秀芳谈，其意欲我处派人与张叔平谈判。秀芳答以不愿。杨云，此事系三月间由张叔平函周佛海，批数语，故彼等敢如此办云。

十四日晨，世煦再访严孟繁。据谓杨惺华已电话张叔平，张谓展期则可，先撤武装人员则不可，须先付书，后论值。是日，梁文忠鼎芬生日，先由汪希文（惺吾大令子）约余发起公祭，柬已发，因书事临时改在内子处举行。

希文劝余以此事托陈人鹤（群，福建汀州人，伪南京考试院长）。晚膳后，彼与子美同往访之，承允帮忙。

十五日，由余致书人鹤，申述原委。托子美面递，陈允函周佛海。今日杨太太回音，谓见唐叔明（唐生智堂兄弟，亦是军人。一说是唐生明，未知孰是），劝彼不必过问，故杨太太不愿接手。

十七日晨，司令部第二科来条，唤刚甫去谈话，嘱具一结，称书并无变卖情事。姚次青谓午后即来车书。午后，有飞机之警，司令部杨姓、姚鹏（光华大学毕业，金松岑门生）、刘宗岳等来，谓改明晨九时。乃函许鲁山，以车往迓，与冒鹤亭同至张处，请缓搬书，而在我家点交。叔平不在，后乃赶到，对许、冒备述情形，谓上年亲自登门求见而余不理，仅嘱菊如致彼一函，此犹内阁奉上谕，乃轻蔑之意，现在熊剑东、余世杰辈系激烈派，余再三叮嘱不要难为刘先生，将来事毕之后，当到门负荆请罪。鹤亭告以物价与三年前不同，书值亦应酌加。叔平答合同载明数目，今不能加分文，俟事体完了，书籍点清，再以友谊酌酬若干，现在已由司令部办理，己亦无权过问，且时间已迟，恐有不及，俟明晨电话回音冒鹤亭。

十八日晨，张叔平电冒鹤亭，谓昨晚寻不到司令部中人，乞原谅云云。九时，司令部派第二科主任杨某及姚鹏、谢诚等，会同江宁路警察分局长朱姓、探长叶姓，及刘宗岳均来，实行抢书。将已封之箱橱，及二楼、三楼之书箱囊括一尽。乃约葛肇基律师来证明，箱橱车至胶州路四百十九号昌明钟厂内。我方由刚甫、仲翱往点，对方为刘宗岳，由司令部之杨某写收据，云“兹收到木箱装书籍共一百十四箱，玻璃橱装书籍共四只，杂书共三十九包（报纸包扎），散书共五十六部，《墨海金壶》共一百十八本，《清芬堂丛书》共壹百本。收到者保安司令部，证明者江宁警分局。张叔平代表。

刘翰怡代表。昌明经理。中华民国三十四年七月十八日”等语。张叔平处亦得同样收据一纸。

十九日，仍由刚甫、仲翱前往点书，按箱编目，俾有稽考。司令部仍派姚、谢二人，张叔平仍派刘宗岳至。

二十三日，点竟。其为张叔平目录内之书则抽出装箱，置于厅之左，各书签悉为谢诚、姚鹏抽去，谓以时间关系，将票签至司令部，与书目详细核对。我方则以新编目录为凭，由姚鹏签字。箱橱贴司令部封条，不彀则以嘉业堂空白书签反面写字代之。以后由司令部负责派人照管，我方不复去人。

二十九日，具呈周佛海，请秉公彻查，发还书籍。杳无音信。后来托李如登（名泰来，钱塘人，丁酉举人，市府秘书）查批，悉由秘书长罗君强批“存查”二字而已，盖周佛海丁内艰，本月请假一月治丧，由罗君强代理。君强亦是湘人，与张叔平有关系。或疑今番劫书适在佛海请假期间，或有蒙蔽作用，然谓周佛海完全不知，亦未必然也。

八月六日，具呈浙江省长丁默村（湖南人），因闻张叔平有至南浔搬书之意，请重申禁令保护。并函莫叔未。均托希文带杭。厥后希文寄示叔未致彼函，略谓“前承惠转刘翰兄缄，敬已领悉。翰兄之事，前年曾复一缄，嘱速以法律解决，而迟迟未办。去年张方发生举动，弟为力陈当局：在讼案未解决前，双方均不许移动书籍。幸荷采用。比项公到浙，褚民老为作一书，其时已有先入之言。弟力请其循案办理，项亦许之。此皆弟区区顾念翰兄之事实也。此番来书，已为转陈丁公。事局更新，更得多一重保障矣”云云。按叔未之信已在日本投降之后，故有“事局更新”语。

八月八日，由汪希文、李励文（陈公博之妻舅，广东人，由其族兄鸣皋介绍者）、彭东原（广东吴川人，伪监察使），联名函周佛海、罗君强，亦未得复。俄而日本投降，余具呈江宁路警察分局，请谕令昌明钟厂负责保管，无论何方均不得擅自迁动。亦未得批。

七

二十七日，往访朱鸿仪。先是，伪司令部封余家书籍后，世燿从吕彝伯处传闻，有亿中银行董事长朱鸿仪者，向张叔平购书，今年被张叔平以武力夺去。及刚甫在昌明钟厂点书时，某晨刘宗岳尚未到，姚鹏密问刚甫云："张叔平买书，是否与朱嘉宾合伙？"刚甫愕询其故，姚言司令部中有一批书派彼整理编目，见有批校本、抄本等数十箱，及殿本《图书集成》一部，皆有嘉业堂及张叔平、朱嘉宾图章，此等书不知从何来，大约送与熊剑东作礼物矣云云。余闻之，亟欲知其原委，而苦无与朱相识之人，乃托潘起征（苏州人，垦业银行地产部主任）辗转介绍，今日挈世燿往访于福煦路家中。

朱为金坛人，据说三十一年秋，有友张景欧及曾雨辰（震，湖南人），均与郑西谛相友善，因劝鸿仪购买古书。朱初不愿，后因力劝，乃议定中储券三百二十万元，购张叔平买受嘉业堂宋元版书籍。于一部分书籍送到后，先付一百六十万元，其余俟书送齐后再行付清。迨鸿仪将初次送来之书托张菊生、叶揆初、徐森玉鉴别，菊生告以此种书籍不是精本。盖叔平将精者抽出，而以其次者搪塞也。于是决意退书还款，而叔平坚执不肯，谓另有名籍，可资调换。朱以其人言动多诈，恐再受愚，乃声明愿以所付之壹百六十万元为度，不须多换。彼仍坚持将书送来，却又曰值伪币二百五十万元，尚应我付九十万元。往来磋商，乃以翁覃溪手稿、《罪惟录》手稿、殿本《图书集成》及批校本若干种掉换，又找付彼四十万元，结束交易。

至本年五月廿六日晨九时，朱尚未起，有伪保安司令部参谋处长余世杰、第二科长姚次青率领武装人员，会同警察及张叔平之代表刘宗汉，闯至朱家，把守前后门，不准出入，将朱家书籍悉予发封，并令朱于午后到司令部候讯。朱以有伪警同来，料非冒充，遂于午后遵时前往。当由姚次青询问，责令朱自承所有书籍系张叔平寄存该处，因张国事贤劳，无暇兼顾，故托朱代为保管，曾由朱出立收据，现在收据遗失，爰重缮一收条，以资存查云云。朱初不肯，即为收押，前后计六日之久。复由姚次青向朱劝告："汝愿否保释出外？"朱当答以"商人自愿保释出外，以便接洽生意"。姚即问以何人担保，朱云"当代闻人、商界巨子，或上海名流，均可代保"。姚云此数种人都不行，必须张叔平具保方可释出。并云"汝家中书籍，本系周市长、罗局长、熊参谋长等所购买，后为张叔平盗卖，现在汝家中发现，自应由汝负责"。朱闻此语，深觉骇异：盗卖书籍者既可逍遥法外，又能为人作保，而买书之无辜，反须监押觅保。当即答以张叔平仅因买书时见面两次，张住何处并不知悉，何能请其作保？姚即云：介绍人曾雨辰家汝认识否？朱答以认识。姚云：汝可到曾家，请曾代恳张叔平作保，否则仍须监押。

朱不得已，遂与一伪保安司令部之监押者同至曾家。其时张叔平适在，见朱至，面红耳赤，谓"司令部太胡闹"，并允代作保。当由张缮函两封，一致熊剑东，一致余世杰，函中均有"自保释后由渠负责随传随到"字样。朱得函后，仍回伪保安司令部呈递，以为保函既进，可以释放回家矣。孰料仍不允释放，复迫朱缮立一笔据，其原文由伪司令部所代拟，兹录其词如后云："前鸿仪向张叔平先生定购嘉业堂明抄本、《四库》本、《四库》底本、名家钞本、稿本、批校本等各种书籍，计共三千二百九十六册，当付定金二百万元。彼时张君以本人藏书太多，无法存放，经其商托，乃将书籍全数（附清册）暂存舍间。当时由鸿仪本人亲笔给张君代保管据一纸，以资凭证。后本应履行未完手续，但鸿仪事业繁重，无暇及此，张君再三催告，鸿仪以书籍事微，未加注意，疏忽难辞，原非故意。今者双方同意解除原订口头契约，书籍由张君取回，并将原给之代管据退还鸿仪，以清手续。但以迟延之责在鸿仪，已付之二百万元作为违约金没收。惟张君以鸿仪数年代管之劳烦，愿给鸿仪四百万元以示酬谢之意，双方永无异言。兹凭戴英夫先生保证，立此甘愿书，交付张叔平先生为证”云云。此四百万鸿仪坚不肯受，强之而可。盖此时四百万只值黄金四两，三十一年所付之贰百万值黄金三百两也。

当朱鸿仪初至司令部时，姚次青谓“尔之书系张叔平寄与尔处”。朱答“有何凭据”？姚又言“书有问题”。朱答“若书有问题，不外三点，一来历不明，二款未交齐，三有反动文字，此三者究属何项”？姚不能答，乃将朱管押，夜间则纵令回家。越数日，姚又言“尔之书，究肯捐助，抑肯出卖”？朱答“此事须先论主权，今主权既不属我，焉能置答”？姚语塞，怒形于色，谓“尔实狡猾，今有人密告尔有政治关系”。朱诘“有何政治关系”？姚云“事关秘密，未便相告”。乃将朱日夜管押，不令外出。数日后，姚始问朱愿否保释出外云。

八

九月廿三日，余具呈新市长钱大钧、副市长吴绍澍，另呈“节略”于秘书长沈士华（湖州人），请彻究发还书籍，均托张秉三转递。嗣又呈警察局长宣铁吾及江宁路分局，并托张君谋函宣铁吾。

十月八日，江宁路分局特高股探长陈汉光（广东人）来访，以时尚早，由世熚接见。查问张叔平抢书事，并查其人现为何事及住址，又问介绍人郑西谛职业、住址而去。

十六日，社会局编审张鹫祥（字午桥，未详籍贯）来此，由世熚延见。谓市政府令社会局办理此事，故来详细调查，并询张叔平、郑西谛现为何事及住址而去。

十七日，余在寓宴蒋慰堂（复璁，海宁人，中央图书馆长，教育部京沪区特派员）、赵真觉（曾钰，上海市公用局长）、马木轩（寿华，安徽涡阳，律师）、张君谋葱玉，并邀培余弟作陪。慰堂密语培余：日前顾祝同（第三战区司令长官）处有人邀伊，谋办图书馆为顾纪念，谓有南浔嘉业堂藏书可以插架。慰堂知为张叔平献书之计，告以“此书纠纷甚多，切须慎重”等语。慰堂嘱培余劝余随时慎防。席间，余以发还书籍事切托真觉，承其许诺。盖自具呈钱大钧后，至今尚无批示。前托张秉三向钱面催，钱已首肯，而其幕僚中有范秘书者，早已受张叔平运动，暗施手段，以致搁置（嗣后余具“节略”托真觉面呈顾祝同，顾云张叔平在外行为，全不负责）。

十九日上午，江宁路警察分局科员李弼军来通知，谓“奉总局长宣铁吾谕，刘某之书可以发还，约午后二时总局派人来”云云。午后，弼军来此守候。世煦、世炎来。弼军屡以电话催询，直至将近五时，总局科员李钧超（江阴人）至。遂带此间所雇工人至昌明钟厂内取书，世煦、世炎及燮梅等均往。该厂厂长冯德英谓，社会局来调查，嘱无论何人不准搬动，且以无警局公文，不允搬出。钧超谓如是则请其写一拒绝搬书理由据，又不肯，无可通融。钧超电话请示总局，奉谕“如不允搬，可带伊来”。欲拉伊至局面见局长，冯遂不敢阻。乃动手搬运，但渠已用电话通知张叔平，故于书籍搬回半数时，张叔平即于八时许赶坐大汽车而来，出示“第三战区驻沪连络处处长张子羽”名片（叔平又字子羽），谓余是汉奸（不出名之大汉奸），所有书籍皆卖与日本人，伊是蒋主席派在上海秘密工作兼代政府买书者，不忍见中国国粹文化流入异域，故出而干涉，封存昌明厂内，此中纠葛甚多，非数语所能尽。钧超与之辩论良久无结果，乃与同往见宣铁吾。至则铁吾已走。乃与科长磋商，叔平谓“保存国粹，不择手段，搬至钟厂，如存于刘家，不能放心”。并借口“宣局长批准发还字样，系批在张君谋致宣函上，不能发生法律上之效力”（在钟厂内亦如此说，并开口便称“铁吾兄”，似甚相熟者，又言“双十节晤宣面托，如何忘却”云云）云云。乃由总局临时改变办法：（一）已搬存刘家者由警察局封存，仍放在刘家暂管；（二）尚在昌明厂者，搬往江宁区警察分局暂管，候查明再行核办（是日已搬至我家者，计橱四只、大小书箱六十三只，尚在昌明厂者，计书箱五十一只）。于是由钧超回至我家，见告办法，乃由钧超、弼军二人将已搬至此间之箱橱加贴封条，系二人签名，至深夜始毕。

二十日，具呈警局长宣铁吾，请发还存局之书。

二十五日上午，江宁路分局派二李（钧超、弼军）来，出示总局谕“关于刘某与张叔平古书纠葛一事，在物权未确定前，所有自昌明钟厂搬往刘宅书籍，应集中一处，听候办理。特派李钧超会同江宁路分局前往搬取，暂存分局保管”。遂于午后二时悉数车往。

二十六日晨，世燿往江宁路分局，见总局令分局文云：“查刘翰怡呈请发还胶州路昌明钟厂侵占去书籍一案，前经本局派员会同该分局办理在案。现据承买人张子羽函称‘在三十一年冬，刘有将该项书籍出售与日本南满铁道之意，其后因议价过低，未获成交。渠为保存国粹计，晤刘协商，以当时伪币二百万元之代价收购是项书籍，并订立成交合同，以资信守。讵付款至百分之七十之时，刘止交百分之二十书数，忽借口期票一纸愆期，申明毁约。中经多方折冲，卒未得求其合理解决之道。其后刘声明损失甚重，售价太低，须再加价，此则违背原订合同，理法难通。同时刘复异想天开，运动陈汪伪行政院所用日人今关天彭，请其强行代取南浔书籍，不使人知，不料斯举为今关所拒绝，足见刘之意图何在，不言而喻。日前贵局派员会同江宁路分局及刘子前往昌明提取该项书籍，诚恐贵局不悉此案原委，敬祈将刘氏朦请贵局提取封存胶州路昌明钟厂中之书，悉令归并移存江宁路分局暂行保管，以待公正之检查、物权之确定’等情前来。似与刘翰怡呈请发还理由不无出入，现双方各执一词，情形复杂，是非无从判断，合行令仰该分局先将刘翰怡之书归并移存该分局，并于文到二日将该案经过实情查明具报，以凭核办为要。此令。”

二十七日，将江宁分局查问各点逐一答复（是日晨由世燿往分局）：

（一）民国三十一年冬有否意图将古书售与日本？查无实据。按刘氏售书与张叔平，即在卅一年秋季订约。既与张氏订约，谅无一书两卖之理。

（二）保存国粹。此不过为张之一种借口，实则完全为图利性质，因其即将第一批古籍转售与朱鸿仪。

（三）付款百分之七十、收书百分之二十。书之价值，不能以册数为比例。全部书籍已点交精本九类，仅普通本二类未交，价值已超过一百四十万之数。

停止付书原因。按照普通买卖契约，应以银货同时交易为原则。张叔平后来以期票付款，刘氏要求即期支票，张氏不能继续付款，刘遂停止付书。

（四）毁约原因。因张叔平不能如期付款，屡次延宕失信，致刘氏不得已声明解约。

（五）折冲经过。刘先嘱施韵秋迭次往催，张无以应，故刘去函解约，嘱于三日内答复。苟张有诚意，能于三日内付款，即可免今日之纠纷矣。中间由中人数度磋商，仍无结果。

（六）加价原因及经过。调解人虽有加价之建议，但刘方以张氏无诚意，拒绝接受。

（七）运动敌伪势力提取南浔之书籍。查刘氏存在南浔书籍，至今仍在南浔，所谓“运动”云云，全无实据。

廿九日，朱鸿仪呈警察局文，托沈鸿藻代送，越日，宣铁吾传见鸿仪，而问情形，嘱“向警备总部呈控，可由警局将全案送移”云云。其后鸿仪未具呈警备总部，事遂搁置。

九

十一月二日，张仲翱交阅崔叔荣致彼函，言张叔平派潘世杰至南浔藏书楼察看，并称此种书非刘、非张，乃国家之物，故以“第三战区驻沪联络处长张子羽”名片，请师长陈同保护，并云一礼拜后张叔平有正式公文来。

十日，往问费子怡中风病，谈及张叔平事。谓去年夏间，曾与张同席，张告以此间买书事，意欲子怡为鲁仲连。子怡劝以加价，因二三年间书价大涨之故。叔平谓订有合同，万不能加。子怡又语余云，□□□亦是刁猾不堪，伊亦为售书吃过其亏。

十四日，社会局编审张鹭祥又来，由世燿代见。渠开首即说代表钱市长，有意接收嘉业堂藏书，以便存放市立图书馆，俾民众公开阅览。所有书籍，尊翁是否愿意捐赠市府。现市长鉴于尊府经济不宽，且历在敌伪压迫下尚能维持国粹，热心可嘉，故拟由市府略给代价收买，惟必须从早开价，因此项书款不在市府经常预算以内，若不早为表示，恐市府一时未能如数发给。当由世燿答以尚在与张交涉中，须俟被扣书籍发还，再行斟酌。况旅渝同乡正在计划保存，家父自未便有所他图。嗣渠又说，现今张叔平在各方面均很“兜得转”，所以他有恃无恐，如果尊翁再和他纠葛麻烦，深觉对于尊府有所不利。又谓钱市长表示，张叔平无权可以购买此项书籍，尊府亦无权售卖。又谓张叔平劫书，系属紧急处置。言语不伦，与世燿几致冲突，后乃辞去。

十五日，社会局召集世燿于午后三时到局谈话。世燿深知张鹭祥从中播弄，乃先期于上午九时偕沈鸿藻同往该局，本拟会晤葛副局长克信述明一切。无如葛不出见，乃派张鹭祥与该局第一处处长李士雍代表会谈。鹭祥一味偏袒张叔平，称“实立于不败地位”。沈乃诘以“阁下究竟代表社会局，抑代表张叔平”？渠始语塞，但已认沈君出言不逊，并说“汝非刘家人，并无发言权”。当由世燿告以系表兄弟，因渠常川在沪，对于售卖书籍情形知之颇悉，何以不能代为发言？张鹭祥始无辞以对。

当晚，即由世燿等请李士雍在华懋饭店晚餐。彼初固辞，再三要约，彼始首肯。当晚于席间表示，彼系嘉善人，与余之岳家钱府有瓜葛亲。并云葛副局长等已受过张叔平之运动，故均意存偏护。当询以葛、张是否旧识？答云并非旧交，乃系一如皋老前辈所介绍。余意或即指冒鹤亭耶？后来赵真觉告余，葛克信于市政会议时报告此案情形，偏袒张叔平，说世燿态度傲慢，请市府没收书籍。经真觉正言折之，而宣铁吾亦谓警局亦有一查覆之文。钱大钧命取阅，范秘书有难色，盖警局覆文颇持公理也。葛克信之意，欲使市政会议通过，便无从翻案，故语气甚不利于我方，谓张叔平慷慨，我家吝啬云云（社会局长吴绍澍至渝公干，故由葛代理出席市政会议。）

其后余托张秉三往晤钱市长，询其何故派张鹭祥到余家劝令献书。钱云“虽社会局有此意见，余并未答应，亦未派张鹭祥为代表”。秉三乃告以倘上海市图书馆需要古籍，余可转请刘老先生酌量捐助，但在刘、张交涉未能结束以前，似不便有所表示。钱乃答允再为查明办理。同时，市府秘书长沈士华方面，亦由余托其内弟许千里名宝骅者（金城银行协理）代为关说。余与千里虽为中表弟兄，但久不见面，几有不相识之感，曾托邱寅叔母舅代为要约，余准时前往邱宅，鹄候多时，千里不来。迨余欲去，而千里之弟宝骢方至。据云伊兄适患感冒，不可以风，乃托伊代表前来践约。余当以“节略”一份交宝骢，请其带致千里转送沈士华。

十七日，赵真觉与世煦往访江苏监察使程沧波（中行，武进人，钱名山之婿、汤爱理之甥，英国留学生，曾为中央日报社长），面递呈文。程颇客气，并云渠初来事忙，以致未克到余家拜访，请先为致意，并承其对于书籍事极表关怀。

廿二日，周子美来，出示佩箴复伊函，云余所托事，已托陈蔼士电浙主席黄绍雄设法云云（余曾函托佩箴及庞赞臣也）。

廿三日，余与君谋往访沧波，甚为殷勤。伊先说接余呈文后，已电话致市府，又有正式公文咨之，并电顾祝同（字墨三，江苏安东人，现为第三战区司令长官，驻杭州），问张叔平在外举动，公负责否？

廿四日，晚应张君谋之招，与程沧波及淞沪警备总部副司令李及兰同席（广东阳山人），言及劫书事，李即深致歉意，谓一时疏忽，竟将余之来呈误批，故有“系属普通刑事范围，仰迳向法院起诉”等语，及今思之，深致愧恧。复言警备部一切公事，因钱兼总司令公务太忙，向不批阅，均由渠代为核办，致有此误。沧波劝余快邮代电，由航空寄重庆，再由旅沪同乡会详细函达旅渝同乡会，转乞监察院于右任、考试院戴季陶电钱大钧，必有效。其快邮代电稿，可交伊登报纸（沧波是《新闻报》监督），使张叔平知之。嗣余依沧波之意，作函致同乡与沈田莘商，田莘以为未必有效，遂寝之。

先是，余函托周佩箴（中国农民银行常务董事），请与同乡诸公为书籍事主持公道，嗣于其致乃弟子美函中得悉，渠已面托蔼如诸公电致当局，设法协助，大约在最近期间或可有相当成效。

十二月四日，以呈戴雨农（笠，江山人，军事委员会调查统计局长）文托纪星拱代递。纪系南浔镇镇长，此次来申，借住余家，濒行时劝余呈诉于戴，谓与戴之干部毛森友善，曾约彼晚餐，与戴同席，故彼可请毛森陪往戴处面请协助。余因其意挚，当即照办。次日，纪一早即去，夜饭后来，已酒醉醺醺，经询之再三，始知此呈并未递去，彼不但未访戴局长，即毛森亦未晤面，仅晤市府秘书杨卓英（震泽人，张星棠之婿之侄），以为余之书籍即可解决，如报告戴，恐反弄僵，故纪即将该呈交杨。并言张继凤即将来访（星棠之子，名乃宽，中国银行行员，系重庆派来接收银行之一员，与戴雨农亦相识，到申后与卓英同住正大丝栈），必有办法。

十六日，张继凤、继武昆仲来，言张叔平亦有呈市府文，说得极有道理，其人有相当势力，故纪星拱手中投戴之呈文未递云云。厥后，此呈托魏次言之友递进，亦无下文。

八日，接到上海市警察局市警行（34）字第二二六八号批，开云“呈悉。查古书纠纷一案，前经本局据情转呈市府核示。现奉市府秘组二字第三十四号指令，略开：查本案既据查明，全系购书纠纷，应饬迳向司法机关诉究。惟该项书籍宜由本市图书馆价购或商让，以免散失而便研究，除令教育局办理具报外，仰即知照等因。除分行外，仰即知照。此批”云云。按，既云“迳向司法机关诉究”，自应静候法院判决始能处置，何能由余价卖或让与？前后矛盾，何以自解？

当本月一日，世煦来报告，赵真觉告伊，市府欲收买余被张叔平抢去之书。三日，沈田莘亦来说，据沈士华面告，已令教育局办理。余于五日往访程沧波，将田莘之语告之。伊云“钱慕尹之人本极糊涂，不必向说，还是与士华谈为是”，允再向士华说。六日，田莘来，云顾一樵（毓琇，无锡人，教育局长）已见过，与谈此事，若不接洽神气。告以沈士华说市府已行文贵局，顾云“俟我查查看”。越日，田莘又往，顾始告以市府为市立图书馆征求书籍，拟请余将被扣书籍酌量让与，以便保存国粹。田莘当云“此事必须桥归桥、路归路，不可一概而论。如市府能主持公道，将书籍悉数发还，则本人可负责劝刘捐赠一部分书籍，俾图书馆保藏”。顾即云“捐赠书籍，自系随缘乐助性质，非可相强”，并请约余往晤。惟余之意，彼既恳余捐书，自应由彼来商，故不愿前往。

前闻钱荷百云，陈人鹤（群）苏州宅中之书，为张叔平勾通姜公美军队劫掠。荷百在书铺，见元大德本《后汉书》，有陈人鹤图章，书伙不肯言从何处来。此即被劫物之一也。

十日，有中国新闻专科学校学员派充《申报》实习记者毛树奎（嘉兴人）来余家欲见，世�适外出，由菊如接谈。彼问劫书详情，菊如告之，随于十一日《申报》披露云“劫后古籍查获下落。南浔刘氏嘉业堂藏书，浙西沦陷时，将一部分海内孤本、名贵书籍，分运苏州、上海两地。上海之一部分，即系藏于嘉业堂主人刘翰怡寓中。本年七月间，突遭伪上海市市长周逆佛海觊觎，竟派伪军数名前往，强将所有珍贵书籍一百余箱全部掳劫，匿藏于胶州路四百十九号昌明钟厂内。近经警局缉获，并已将该批书籍封存，刘氏现正各方设法交涉领回。据悉，南浔藏书以保管得法，尚无多大损失。惟藏苏州一部分，则已在苏州沦陷时散佚，殊为可惜”云云。按与事实多不尽符合。

十九日，以呈宣慰使钮惕生（永建，上海人）、叶小凤（楚伧，吴县之周庄人）文，托高吹万代递。因沈田莘与潘公展（吴兴人，中央宣传委员会主任委员）谈起余之书事，公展谓，钮、叶来沪宣慰，何不递一呈，或可得当，田莘劝余试之。

二十一日，吹万来，言叶小凤却是多年旧友，钮惕生虽是松江同乡，并不相识，此次均未来拜。昨至金门饭店，叶住七楼，钮住五楼，均闭门。问茶房则云不知，问以有无同来之人及仆役，又云不知，只得退回。今以电话约叶之学生沈某来，托其转呈，俟有覆音再告等云。嗣后亦无动静。

二十三日，杨鉴资（文敬公锺羲子，今秋自河南商丘来沪，由李拔可托陈陶遗荐于程沧波，为监察使署科员）来，谈及昨早有封面具名“培孙”二字者函程沧波，介绍张叔平，谓“刘氏事乞主持正义，小有贡献，幸勿客气”等语，此函鉴资所见。午后张叔平果来见，谈良久。迨下午五时，有函送来，具名仍是“培孙”，内有五万元支票一纸，其意可知矣。

二十六日，应李拔可之招。席间晤程沧波，谓前日得王培孙函，介绍张叔平来见，有详情告知，谓“公可恍然大悟，然其人至今未来，不知何故”？余答以“此公善于钻营，我万不及”。

十

三十五年一月十一日，傍晚，蒋慰堂（复璁，海宁人，教育部京沪区特派员）、徐森玉（鸿宝，吴兴人，北平故宫博物院古物馆馆长、教育部战区文物保存委员会委员）、顾一樵（毓琇，无锡人，上海市教育局局长）同来。由慰堂说，张叔平买余之书，已允捐助政府，所有与余订立之合同内未交之书，现由政府收买。其余合同以外之书，无条件发还。合同内之书，交一保人同时发还。余答以“藏书楼今年扎过军队，蹂躏不堪言状，以书板作地板。此八年中损失至何程度，自己亦不明白，恐不能全”。慰堂谓“但求大略，稍少亦不妨，乞考虑之”。并谓教育部次长杭立武即将来沪，当到府面谒。余告以“张叔平运动周佛海，派人发封劫书，未免令人难堪”。森玉谓“姑念他年幼无知”。余答“年将五十，尚谓年轻乎”？临行，一樵云“可与沈秘书长士华接洽，即可发还”而去。

十二日，至沈田莘处，乞其请沈士华批“从速发还”。

廿二日，沈田莘来告余，沈士华已见面，云“发还在即，惟须俟警局公文上来（嘱警局查明），方可正式批示”云云。

廿五日晚，徐森玉陪杭立武（安徽滁州人，现为教育部次长）来。无非欲收买售与张叔平合同内之书。余答以“捐助则可，惟书楼仍须保存，合同则作废已三年，不能承认”。余谓所有精华已售与张叔平，最好由余备价赎回，捐助政府。伊等嘱向叔平接洽。余谢不能，此次劫书，实令人难堪，如何能与之接洽。并问“伊将买余之书捐助政府，已否完全”？森玉谓“不免亦有散失”云云。

二月四日（阴历丙戌正月初三日）午后，江宁路警察分局第二股股员陈祖功来，出示警察总局令分局文，略谓“本市府令：据教育局呈，称是案在纠纷未解决以前，图书馆收购该项书籍似亦有困难，可否俟该书全部归还原主后再行办理。至发还原书，似应分两层办理，其一部系与原约有关者，应取保发还；余一部与原约无关者，应无条件发还。然后由图书馆与原主洽商价购全部或一部书籍，是否有当，理合呈请核饬警察局分别办理，实为公便。市府准予照办，令警局饬分局发还等因”。陈祖功嘱此间近日往领。

七日，由刚甫、夑梅、世熼、世烜等往分局，第二股长顾定一谓，市府令须分别与原约有关、无关，但本局无从分别，只好一律具保发还。乃先将置于看守所之箱启点至……

八日，复往，并由奇初、高伯英、纪健夫等帮忙，将置于小间之箱橱启点，内容异常凌乱，整理核对，幸人手尚多，至今晚勉强告竣。缺少各书，理应在领纸上记明，而顾定一坚不许，云当时未曾点明，则现在不能负责。再四磋商，不能通融。世熼回家商酌后，世煦与之同往，由顾定一起一稿，斟酌之后，由世熼写之：

兹觅保具领前存贵分局大小书箱壹百拾四只，及玻璃书橱四只，业于当日照只数全部领回。嗣后关于本日领回书籍内，若牵连张叔平合同而涉及司法范围者，一概由保证人负责。此致

江宁路分局

具领人：刘翰怡

保证人姓名：张国栋

店号：通裕纱布号

地址：厦门路尊德里卅五号

电话：

中华民国三十五年二月八日

十二日，具呈市府，粘呈伪保安司令部收据照片，申明箱橱内缺失各书，及箱橱以外之纸包杂书、散书完全无存，请鉴核备案。计开：

箱橱内缺失各书

（一）各书票签悉被抽去；

（二）第三箱《宝颜堂秘笈》缺一册（明刊本）；

（三）第五箱《清儒学案》缺一册（刻本）；

（四）第五十九箱少空白格纸壹包；

（五）橱内少《前汉书》十六册（局刻本，有批校），又《前汉书》十三册（局刻本，有批校），《清季达赖喇嘛出亡事迹表》一册（铅印本），《名人草字汇》六册（石印本），《国朝文苑》六册（石印本），空白书签壹包，《史记》廿册（明正德刊本），《清实录》缺一册（影印本）。

十一

十五日，市立图书馆干事李达持馆长周连宽公函来访，由刚甫、世熚延见。函内略谓“本教育局转奉市府训令，价购或商让该项书籍”云云。当答以顾教育局长毓琇、杭次长立武曾来言，归中央图书馆收买，何以又有贵馆来函？至于此间之书，酌量捐助则可，若价购则难同意（李达于八日至江宁路分局时正在点书，刚甫嘱彼稍缓再来晤谈也）。

呈蒋主席文，申诉书事（前日来沪听人民申诉委屈，此呈送祁齐路二百十七号秘书处转呈）。

二十日，呈教育部，声明损失。

廿三日，接警察总局廿二日批开“呈悉。查该项书籍具呈人并未详细点交，仅交出大小书箱计壹百拾四只，及书橱四只，当由江宁路分局妥为封存，业由具呈人具保领回在案。据呈略有散失一节，本局无从查考，仰即知照。此批”（案前呈系上市府，今此批系警局名义，大约市府将原呈发交警局也）。

廿五日，具呈市府，将警局之批驳之，略谓“此项箱橱系从昌明钟厂起出，而非由民交出，失去之书，在箱橱外者数量甚多，且多善本。原呈并无‘略有散失’一语，请鉴核批示”。

廿七日，函复市立图书馆，述书籍缺失情形。

三月二日，接市立图书馆二月廿八日函，略谓“究竟愿否出让，请来函声明”。

三月三日，复市立图书馆函，略谓“前次来函，有颇多善本之语，而今次领回之书，损失者亦颇多善本，岂能噤若寒蝉”。并告以收买事归中央图书馆之说。

二十日，接市立图书馆十九日函，略谓“最近复奉教育局训令，转奉市府令饬：该案业经判定，书籍全部发还原主，然后由市图书馆与原主洽商价购，并经警察局将全部书籍发还竣事。仰即转饬市立图书馆迳向该民商购”云云。

廿九日，复市立图书馆函，请以“损失及缺少册数之书应如何查追，抑置之不问，应请明示者一；此事究归中央图书馆，抑归贵馆，应请明示者二。顾局长系奉令办理之人，又曾亲至敝处面谈，宜俟回沪后问明原委，以归画一”（按顾毓琇此时往日本考察）。

四月一日，接主席行辕秘书处三月三十日函云：“大函经呈主席阅悉，业经奉谕送交有关主管机关迅予查明办理矣。特覆查照。”（封面写“重庆特一号信箱缄”）

五日，接市政府三日批，略谓“据警局查复，各橱内究有书籍若干，于事前既未申明，又该书曾存昌明钟厂三月余，究竟是否遗失、及遗失若干，为时颇久，无法查明”云云。

六日，接市立图书馆函，略谓“所询第一点，关于缺少之书一节，本馆仅奉令收购现存书籍，其余问题，无权处理；第二点，关于应归中央图书馆，抑归本馆收购一节，既无教育部正式公文，本馆无从根据；第三点，关于俟顾局长回沪请示一节，顾局长现已回沪，即使尚未回沪，本馆所奉令文系由顾局长署名，遵令办理，绝无疑问”云云。

八日，呈市府文，申说：“箱橱内装书籍种类繁多，安能有此记忆力，而于‘事前申明’？箱橱以外之书，当上年十月十九日前往昌明钟厂查点时业已无存，则损失之事，已属显然，岂可谓‘究竟是否遗失’？”

廿三日，接市府二十日批“呈悉，仰迳向法院申诉可也。此批”。

廿四日晚，在寓宴顾一樵（敏琇，无锡人，教育局长）、李振吾（熙谋，嘉善人，教育局副局长）、赵真觉（曾钰，上海人，公用局长）、陈鹤琹（上虞人，大连市教育局长）等。因书籍发还，乃一樵呈请市府先行发还、再行商购之力，而赵主持公理，为之设法，亦颇可感。又因市图书馆函购书籍，余所不愿，而思捐助若干，以了其事，须与一樵面商，故托君谋代邀一叙。本由一樵择定本月十七日，柬已发出，旋一樵奉教育部长召往南京，遂改于今日也。君谋作陪，李振吾到后，与余略谈书事。一樵则姗姗来迟，到后即入席，未终席即行，一似殊淡漠者，书事则片语不及也。

五月七日，函顾一樵，略谓“敝藏菁华，早在张叔平处，此次发还书籍，善本损失最甚，其余亦多残缺。今经详加整理，缮具捐赠目录一册，敬祈詧存，以符市府商让之旨。至价购一节，鄙人雅不愿居此名也”云云，目录计一千二百八十二册。

十八日，市立图书馆派员周云麟持函来取书。函中略谓“奉教育局训令，兹据刘某来函捐赠书籍，仰即派员前往接收，并附发捐赠书目一份。查本馆即将举行善本展览。惟所藏多属明以后刻本。为使市民观摩宋元版刻起见，拟请台端于宋、元两代刻各惠赠一种，以作压库标本。除派本馆干事周云麟趋前洽领外，专此致谢”云云。当将捐赠之书一千二百八十二册点交，由云麟写一收条。同时又接顾一樵谢函，总算客气。

前日世煦在君谋处晤副局长李振吾，问以“捐书函何无回音”？李谓“已交市图书馆洽领，令尊处烦致谢意”云云，今日果来矣。即晚答馆长周连宽函，云“敝处所藏宋元诸刻，曩于数年前让与张叔平，早经取去，愧难报命，否则陈列展览，既便市民观摩，而鄙人亦可借此留名，何靳而不为耶”。

十二月二十一日，接国民政府文官处文书局函，云“迳启者：钮委员前宣慰上海时，曾送来台端呈及‘节略’各一件，为张叔平在抗战期中勾结汉奸劫取藏书，胜利后又蒙蔽市政府阻挠发还，请饬究办并发还藏书一案到府。经即奉交教育部去后，兹准函复，本案系因购书纠纷，控及张叔平有勾结汉奸、肆行压迫行为，事关私权纠葛、刑事侵占，似应饬向司法机关诉究等由，相应函达查照”等语。按去年十二月十九日，余以呈钮惕生（永建）、叶小凤（楚伧）两宣慰使文，托高吹万代递，至今恰周一年，始得此复。公牍迟缓如此，而吹万之做事可靠，则可感也。

刘承幹捐赠信

敬启者：

承幹平生致力文化，搜罗典籍，在故乡南浔建立嘉业藏书楼，庋书十余万册，以供专门学者参考研究。会遭倭寇肆虐，遂致停顿，藏书亦散失一部分。承幹以年老仍羁处沪渎，抗战胜利后迄未加以检校。今幸我人民政府注重文物，蒙派贵馆整理代管，承幹平生心事将幸有托，书物亦将归得其所，曷胜欣抃！因即愿将书楼与四周空地并藏书书版连同各项设备等悉以捐献与贵馆永久保存，为发展新中国社会文化事业之需要。区区之忱，幸祈鉴纳转呈准行为祷。至于内有求恕斋书籍，均为重复之本，向系沪寓备作参考，本不属于藏书楼，嗣因沪寓房屋出售，运回寄放。又有自印各书及石印铅印说部，以及碑拓字画之类，拟请提出，仍归承幹领回。谅荷垂许，合并附陈。此致

浙江省立图书馆

刘承幹谨启（印）

一九五一年十一月十九日

嘉业堂藏书志自序

近数百年来，浙东西以藏书之精且富负盛名者，若鄞范氏，钱塘汪氏、丁氏，归安陆氏，虽后人或不能竟其业而终于散落，然典籍本天下之公物，聚散得失，自一人一家言之，或不能无坠履遗簪之惜；自天下之大言之，则失于此者得于彼，散于私而聚于公，其所损者固微而所益者转愈于斤斤私其所有。昔人甚或有戒子孙勿以藏书假人者，适足以彰所见之隘，非达人所取也。余席先人余庆，味道曹学，常愧无以自树立。涉世以后，每于暇日阅市，访求珍籍，遇之辄斥橐金以购。其始也，不过姑自托于此，以蕲聊胜于无所用心耳。四十年来，由简而至巨，由约而至博，积累遂多，渐至不胜部居之烦。于是每获一书，必仿前人之例，撮其指归与夫源流所自，簿而录之。其尤罕异者，则更详其行款、板式、印记，以备与藏书家相质证。挽近博闻强识之彦，若艺风缪君，若藏园傅君，若诵芬董君，若松邻吴君，或为余创稿，或丹墨覆勘，或书问商榷，遂得所谓《嘉业堂藏书志》者十数帙，存于箧笥。诸君年辈皆在余前，相继下世，辍操觚者又屡易寒暑，后此所得为诸君所不及见者，则犹有待焉。中更多故，余亦颠连，侵寻暮齿，大部皆以易米而耗散，不复可踪迹。其庋于南浔故里者，亦已献为公有。自是余历年一手所蒐访，充栋不能容者，不再萦系于心目。性又多忘，虽欲追记概略，补完此志，亦势所不能。自维谫劣，幸不为海内方闻所鄙，且以力任表扬先哲为有一节之长，忝窃虚誉，已逾涯分，其敢复沾沾矜其所获以重取戾？特以方今耆旧日就凋沦，往日友朋铅椠赏析之勤，不忍听其放坠。况夫文献征存，人皆有责，传曰：与其过而废也，无宁过而存之。则虽鳞爪不全，自珍敝帚，或犹可后贤证古之一助耳。客有进而称曰：不矜不伐，而以不贤识小自居，子之冲怀，固闻之矣。虽然，吾子典藏之富，流布之勤，久已章章于士林，又宁可徇一己之谦光，而不举其实以谂当世乎？且《藏书志》既不克窥全豹矣，他日即有读是书者，亦仅能视为过眼云烟，而于吾子毕生志事所以裨益学术之大，仍未由概见也，不亦惜哉！应之曰：是非余所敢承也。既闻嘉命，则请更略述平生蕲向，以就教于贤者。余自蓄志缃素以来，良以浅学寡闻，不足以言流略，实无意与先达及时贤竞名，故凡足资矜炫之精刊秘笈，遇之则入藏，否则不强求也。惟希见之巨帙，苟不及时收贮，非龙剑不可复合，即将澌尽于尘埃。至于学人著述，志在藏山，大则阐经缉史，功在名教，细则卮言琐记，传写丛残，或涉考证，或存故实。如斯之类，皆不敢付诸扃鐍，使异代精灵闷而弗彰。推而广之，于是撷其所藏之精椠精钞，人间所罕见者，次第镌板，以公同好。凡先后刊成《嘉业堂丛书》、《求恕斋丛书》、《留余草堂丛书》及《希古楼金石丛编》，复本敬恭桑梓之谊，专辑湖郡人士遗著为《吴兴丛书》，都凡无虑数千卷。余虽不学，知交中之有著作才者，辄乐就寒斋，纵目翻帑，相与有所讨论纂述。近岁宏编杰构之足以信今传后者，播在士流，传为盛事，亦几无不与余有文字缘，岂余始愿所能及，无亦文章有神交有道，斯文不坠，有蓄之而愈光，遏之而愈发者乎！微客之言，亦不佞所引以为幸者已，物之得失聚散，曾何足云。爰记之册首，资好事者览观焉。岁在著雍阉茂，吴兴刘承幹自叙于上海寓庐。

《藏书志》创稿，以艺风之力为多，今仍以此稿为主，都廿五册。其中颇有傅、吴两君所参订者，详略互见，则两稿并存。当时具草有先后，校录不一人，排比次第虽略依《四库》之例，亦未能斠若画一，乖盭阙疏，览者谅诸。承幹又记。

嘉业老人八十自叙

余生丁浇季，与时不偶，而跼天蹐地，留命桑田，忽忽已年臻八十矣。回首自少而壮而老，心事寒灰，一切如梦幻泡影。此物此志，即儿曹有不及知者，爰述梗概，以示子孙，俾知余之所遇焉。光绪乙酉，余才四龄，先考虞衡府君弃养，年仅二十有九，未有子嗣。余以本生考学士府君冢子，例为之后，即依先妣邱太夫人以居。先妣无子而有子，亦悲亦慰。先考既积学早世，先妣暨本生考妣皆望余成名綦切。年二十，幸青一衿，以迭次捐金振灾祲，累奖分部郎中，四品卿衔、三品卿衔、四品京堂。宣统纪元，先妣属疾，至是守节已二十余年，为吁请同乡京官奏闻于朝，得旌表如例。旨下而先妣已不及见。念先世好善，懔遵遗志，捐银二万两助赈，并为考妣各捐银千两，奉旨准建“乐善好施”坊。时增部置员，新进者纷纷，苟稍涉诡道，不难旦夕拜授。余固不急求仕，又后先丁先妣暨承重忧，遂未入都谒选，顾不旋踵而乾坤息、人纪绝矣。自是以还，江山有异，平居故国，辄怀禾黍之悲。番禺梁文忠公拜崇陵种树之命，以款绌难措手，因输金入贡，蒙赐“钦若嘉业”匾额。款罄，又继进，追赐先考“平衡清恪”、先妣“福禄光明”匾额。时上方冲龄典学，乃与章一山左丞合纂《纶旅金鉴》，进呈乙览，又蒙赐“抗心希古”匾额，并颁真德秀《心经》、《政经》，圣祖仁皇帝《庭训格言》。嗣以德宗实录馆报效，赏二品顶戴，内务府卿衔；宗人府工厂报效，晋头品顶戴。壬戌大婚，趋朝觐贺，又有献曝，获赏御用金盒银杯、“金声玉色”匾额及福、寿字，养心殿召见二次。恭谒崇陵，见陵树凋悴，土木材瓦亦有毁损，愿任补种缮葺之资，经陈文忠公、宝文靖公会衔入奏，奉派承修事宜。旋陛辞出都，温谕褒奖，有“又费尔钱，朕心感愧”之语。是役也，耗银二万有奇，特擢内务府卿，按旧制，内务府大臣以下设上驷院、奉宸院、武备院卿各一员，并满缺。辛亥后省上驷、奉宸、武备诸署，大臣以下置内务府卿，亦为满缺。余以汉人而入内务府，实为异数。当时文靖公宝熙及越千太保绍英、勤恪公耆龄以书贺曰：主上畀君斯职，盖视为一家人亲之也。郑襄勤公孝胥以汉人为内务府大臣，亦在余后。赏菊花立轴。以进呈家刻各书，赏御笔联云“七略远承都水学，百城高拥弁山居”，为时传诵。甲子之冬，乘舆播迁，与侨沪诸公函电交驰，奔问报效。其明年，二旬万寿，蒙赏福、寿字立轴。戊辰东陵被盗，贡修复银两，获赏“世有令名”匾额，御用佩玉四件，传谕曰：以朕佩玉赐卿，见玉如见朕也。旋以进书行在，则邀磁盆花瓶之赐。辛未五十初度，蒙赏“棨荚矩谟”匾额。是岁，先本生考七十生辰，同获赐寿，亦殊遇也。迨上驻跸长春，具疏请安，得旨慰勉，有“如卿忠爱，时摅所见以闻”之语。三十万寿，奉书籍方物祝嘏，寻北上入觐。造剢前席，以敬天法祖为言，并陈奏：此时权出他人，终非久计，亟宜力图振作，则生聚教训，二十年后必能恢张洪业，上慰列祖列宗在天之灵，下副四海苍生之望。上动容称善，面奉“徐图长策”之谕。斯时又宠锡骈蕃。每值臣工南下，必谕曰：如到沪上，亟传旨慰问刘某云云。六十初度，又邀“圭璋令望”四字之褒。尝谕近臣曰：刘某惓惓孤忠，不独朕知，天亦知之，朕心感激，属勿灰心。猥结主知，叨荣至矣。其间筹印列朝实录，亦贡款促其成，工竣，得颁赏全帙。及乙酉变起仓卒，上不幸作羑里之囚，闻之震骇。既而引渡之说甚嚣尘上，乃与唐蔚芝侍郎、王君九学部、林子有提学，周孝怀、郭啸麓两观察、颜骏人参议奔走呼吁，谋所以维护之者。又虑当道或不之省，则计及诉诸海国，函电具矣，会事寝乃已。曩者肃忠亲王、恭贤亲王、多罗特文忠公升允、梁文忠公鼎芬、沈文诚公曾植等，皆同气类，每嚼齿穿龈，各摅其长图大念，余亦忝厕其间，时参末议。劳玉初尚书、张忠武公勋暨升文忠公之丧，南中闻耗，诸遗臣不克越疆而吊，爰就沪设位遥奠，履綦毕集，相顾摅悲。日征月迈，所志既不遂，始与东莞张豫泉提学谋辑《薇蕨录》，余搜采事迹，提学则人系一诗，俾垂竹帛而正臣鹄，亦以愧美新仕莽、朝秦暮楚之徒。余壮岁尝构留余草堂于西湖宝石山下，春秋佳日，小住其间，一日凭楼眺瞩，见有人投骨骼于湖。越数日信步湖壖，又见有发枯骸者。又尝出行郊坰，履下砉然有声，觇之则一楷戴浅土，误蹴而破也，心为恻然。由是发愿为掩埋之举，购地岳武穆墓后，棺楷骨坛，分别聚瘗。三四十年来，成冢盈百。此外置田二十余亩，以所入为守冢祭埽之需，每临湖上，则察视而致祭。戊戌四月间往杭，询诸守冢者沈裕达，云此盈百之冢，已为毁掘，尽夷为平地，碑志石亦无踪迹。里中育婴堂，夙由里人庞莱臣京卿主持，兼延余董其事，婴众费绌，则捐万金为之倡。又与京卿协力补不足，更斥资扩建堂宇，增雇乳媪，别设保婴会，凡贫妇乳婴者月饩之。当辛亥军兴，金陵撄祸弥烈，流亡载道。归安陆纯伯观察创议收养难童，寻设苦儿院于苏州，所费余输其泰半，岁或至万金，历二十余年不替。冯梦华中丞国变后踵立义振会于上海，余亦侨居斯土，聘为董事。值末世戾气之所钟，兵荒水旱，无岁无之，输粟泛舟，辄随诸君子后，终始不敢渝。同乡周梦坡广文建历代两浙词人祠堂于西溪秋雪庵之侧，余捐田二十亩为常年香火之资。念先妣以早悲别鹄，终其身绝荤茹素，见鸡鹜登盘，愀然有不忍之心。余因是饮食戒特杀。有王君岭先者，主余家为钞胥，贫老未娶，为代谋成室。奈生女不生男，复劝立嗣子。逾年岭先卒，三世未葬，出资毕葬之。又教养其嗣子，葬其嗣子之本生三世。及冠，亦为之成室。既而妻赋仳离，又为置箧，俾延似续。中表蒋孟蘋部郎经商折阅，不忍坐视其败北，起而援手，耗至数十万金。近二十余年祸变相仍，视昔尤烈，其间旅苏数载。丁丑之秋，狼烟四起，转辗避寇，重莅沪渎。迭经丧乱，家业渐替矣，而此二十余年中，六迁其居，愈迁愈狭，时斥长物资日用，然游旧戚串，以缓急告者，犹踵相接也。余之有志于藏书也，当宣统庚戌，以观南洋劝业会诣金陵，暇辄过书肆，遇有善本，心焉好之，始稍稍罗致。辛亥以还，藏家多散出，不乏宋元佳椠、名人精钞批校之本，益不吝重金购入。十数年间，积至五十万册。所获既富，遂发刊辑丛书之愿，择孤本与罕传之本，次第授梓，成丛书数种。网罗前哲遗编，曰《嘉业堂丛书》；汇集近儒述作，曰《求恕斋丛书》；限乡贤所著者，曰《吴兴丛书》；阐性理微言者，曰《留余草堂丛书》。又精椠影宋《四史》、《晋书斠注》、《旧五代史注》及金石诸书，延海内通人校雠编审，如缪筱珊参议荃孙、叶菊裳侍讲昌炽、王玫伯观察舟瑶、陈诒重侍郎毅、孙益庵广文德谦、杨文敬公锺羲、况夔笙太守周颐、董授经推丞康，均曾主余家。召手民授剞劂之地，上海与京师外，若南京、扬州、武昌，皆设置工场。一书之成，费或逾万，即寻常之本，亦力求精雅。而于梓乡建嘉业书楼，实为平生精力之所萃。楼距家宅可半里，度地三十余亩，楼占二十四亩，留隙地十余亩，杂莳四时花木，并凿池养鱼种荷。楼中一切器物，但取坚实，不求华美，然所费已八十万金。凡书版悉用枣木，联额用银杏，四壁书橱用柚木，庋宋元本者则采取楠木，他台椅一切则皆用梧木也。其时四方学者恒至翻帑，治具留宾，乐与晨夕。综所刻无虑三千余卷，凡海内外图书馆，无不举以馈遗，以故异邦人士，类能举嘉业之名，且有投刺请谒者。丙子夏五月，余作大连之行，寓王君九学部家，遇日本人松奇鹤雄（字柔甫），为王壬秋太史门生，诗文兼擅，彼此曾往还酬酢。其明年丁丑，战衅突起。彼邦派遣军司令松井，为松奇之戚。松奇函松井，谓有湖州友人刘某藏书楼，须加保护。松井以此达杭嘉湖司令牧次郎，能如其言，绝不损碍，且入楼见御赐匾额及先人遗像，均行礼致敬。其后彼邦败退，所谓游击队长陈万军亦居我宅年余，然于书楼亦不毁损，藏书幸得无恙。戊戌年陈君乃乾自燕来函，述及余家刻各书版均尚完好，只《台学统》书版未见，盖是版曩已赠诸台州图书馆也。记忆所及，为备注于此。余自愧学殖荒落，然于朝章国故，为平时诵习所及。本生考之纂《皇朝续文献通考》也，每命余甄采故实，尝为《南唐书补注》，与吴䌹斋侍读士鉴合注《晋书》。此外则有《明史例案》，重编《宋会要》五百卷，补辑南宋宁宗后四朝以成完书，及《京师坊巷志考证》、《希古楼金石萃编》、《词人考略》诸书。本生考撰次家谱，易箦前授余编定，踵就付刊。曩高要陈重远舍人焕章设立孔教会于上海，余以董事，佐舍人编印杂志，冀维圣教于不坠。清史馆之始置也，蒙聘为协修，谢之，则改聘为名誉纂修。不久清史馆费绌，馆长赵次珊语余，史稿钞录无费，行将停顿，馆中冗员多，君可出资钞之。余乃斥五万八千余金，钞成一部藏之。后天津徐相国世昌亦欲钞录，而史馆裁撤未果。余所钞者，丁酉年让售于复旦图书馆，仅得贱值三百元，较之钞费，折阅多矣。浙江通志局亦以协修见招，亦屡却不获而后允。他尝就各地公司董事，岁时馈车马之资，则以散诸寒畯与慈惠事而已。如张季直殿撰创办通海垦牧公司、如皋吕四同仁泰制盐公司、东台丁溪场通遂垦牧公司，皆被聘为董事，虽有股息，分得垦田七千余亩。解放后，经办者遵令将股票全数交纳，一无所沾。己丑易帜后，凡诸恒产，都非己有，于梓乡益不堪一顾。元配钱夫人即世，乃卜葬吴门灵岩山麓，并自营寿藏焉。年丈曹叔彦太史为撰生圹志，备述生平，但刻划无盐，适增惭恧。尝镌小印，曰“宁人负我，毋我负人”，每诏儿子世炽等以立品为重，谓有品无学，尚不失为乡党自好者，反是则所学适以济其恶。第不审儿辈能体会否也。八十之年，眼昏形槁，旦夕待尽，书此解嘲，作水流云在观可也。

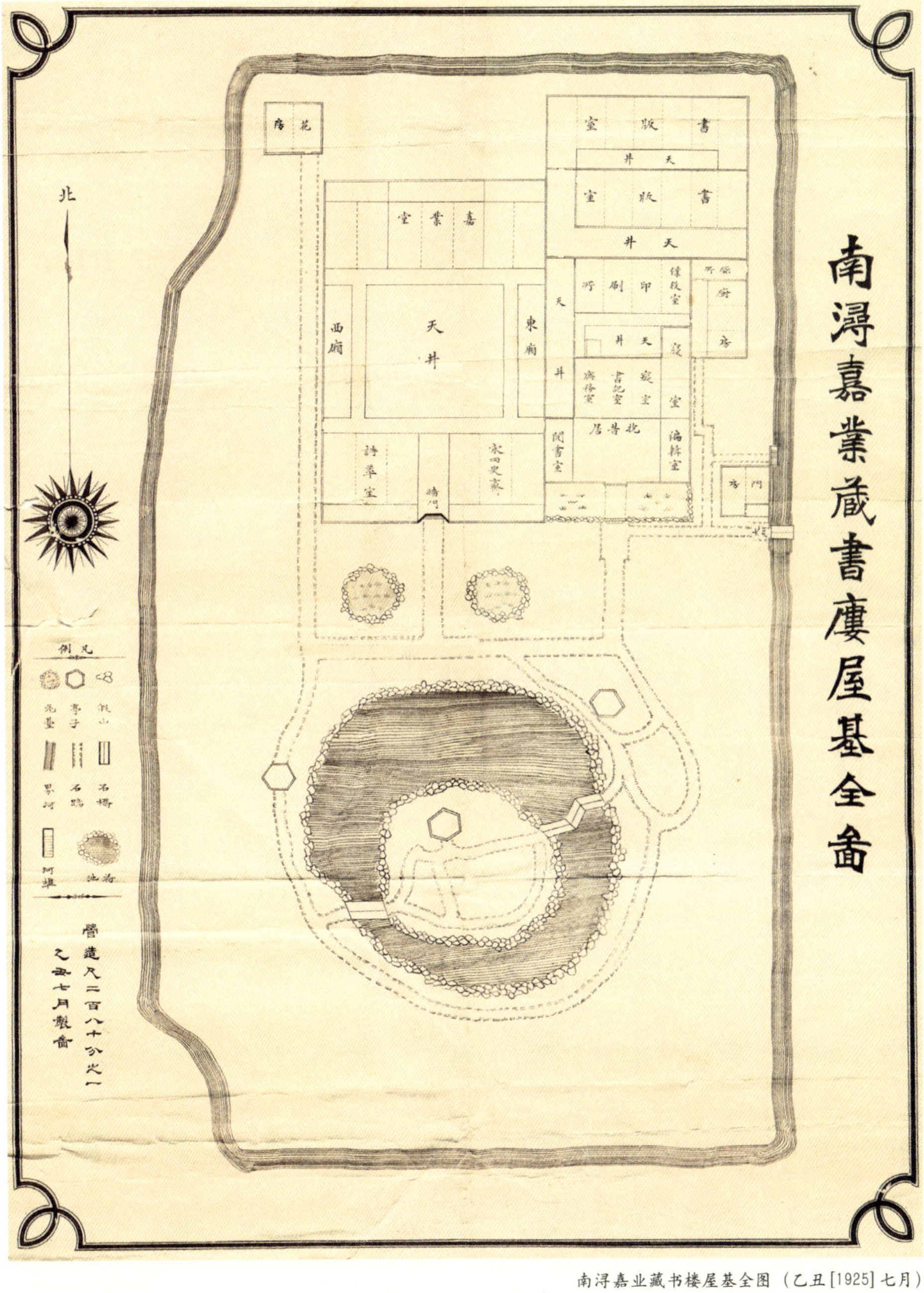

南浔嘉业藏书楼屋基全图（乙丑[1925]七月）

刘氏嘉业堂刊印书目（乙亥重订）

嘉业堂丛书 赛连纸六开本

经部

周易正义十四卷	唐孔颖达等撰	附校勘记二卷	六册	三元二角	
尚书正义二十卷	唐孔颖达等撰	附校勘记二卷	十册	六元	
毛诗正义三十三卷	唐孔颖达等撰	缺首七卷	附校勘记三卷	十八册	十一元
礼记正义残十二卷	唐孔颖达等撰	附校勘记一卷	一册	三角	
仪礼疏五十卷	唐贾公彦等撰	十册	五元八角		
春秋正义残本十二卷	唐孔颖达等撰	附校勘记二卷	六册	三元七角	
公羊疏残本七卷	唐徐彦疏	附校勘记一卷	二册	一元一角	
谷梁疏残本七卷	唐杨士勋撰	附校勘记二卷	二册	一元	

史部

明史考证捃逸四十二卷补遗一卷	长洲王颂蔚撰	子季烈补	十册	五元四角	
炎徼纪闻四卷	明田汝成撰	一册	六角五分		
三垣笔记三卷附识三卷	明李清撰	四册	一元七角		

安龙逸史二卷　番禺屈大均撰　一册　四角五分

天寥道人自撰年谱三卷附甲行日注八卷　明叶绍袁撰　三册　一元八角

查东山先生年谱一卷　嘉兴沈起撰　海宁张涛查谷注　一册　五角五分

　附书湖州庄氏史狱一卷　吴江翁广平撰

东山外纪二卷　吉安刘振麟　四明周骧同撰　一册　六角

白耷山人年谱一卷附寅宾录一卷　山阳鲁一同撰　一册　七角

顾亭林先生年谱一卷　平定张穆撰　附校补一卷　一册　九角五分

查他山先生年谱一卷　海宁陈敬璋撰　一册　三角

历樊榭先生年谱一卷　仁和朱文藻撰　江阴缪荃孙补订　一册　三角

瞿木夫先生自订年谱一卷　嘉定瞿中溶撰　江阴缪荃孙校定　一册　六角

李申耆先生年谱三卷先师小德录一卷　阳湖蒋彤撰　一册　八角五分

岁贡士寿臧府君年谱一卷　嘉兴徐士燕撰　一册　二角五分

言旧录一卷　昭文张金吾撰　一册　三角五分

味水轩日记八卷　明李日华撰　六册　三元八角

南唐书注十八卷补注十八卷　宋马令撰　祥符周在浚注　吴兴刘承幹补注
十册　五元四角

云南水道考五卷　黄岩李诚撰　二册　一元一角

中书典故汇记八卷　钱塘王正功撰　钱塘赵辑宁校补　六册　二元八角

重详定刑统三十卷目录一卷附录一卷　宋窦仪等奉敕撰　附校勘记一卷
六册　四元

金石录三十卷　宋赵明诚撰　附札记一卷今存碑目一卷　六册　三元二角

台州金石录十三卷砖录五卷金石砖文阙访目四卷　黄岩黄瑞辑　八册　四元五角

严州金石录二卷　海宁邹伯森撰　一册　一元

子部

授时历故四卷　余姚黄宗羲撰　一册　六角五分

订讹类编六卷续补二卷　仁和杭世骏撰　四册　二元五角

朴学斋笔记八卷　镇洋盛大士撰　二册　一元一角

增广分门类林杂说十五卷　金王朋寿撰　二册　一元

云溪友议三卷　唐范摅撰　附校勘记三卷　二册　一元五角

玉堂荟记四卷　明杨士聪撰　一册　八角

闲渔闲闲录九卷　华亭蔡显撰　一册　八角

道德真经注疏八卷　齐顾欢撰　二册　一元五角

集部

张说之文集二十五卷补遗五卷　唐张说撰　四册　二元六角

刘宾客文集三十卷外集十卷　唐刘禹锡撰　四册　二元九角

司空表圣文集十卷诗三卷附录一卷　唐司空图撰　二册　一元三角

王荆公诗集李壁注勘误补正四卷文集注八卷　吴县沈钦韩撰　十册　五元

广陵先生文集二十卷拾遗补遗附录各一卷　宋王令撰　四册　二元三角

松隐文集四十卷　宋曹勋撰　四册　三元

漫塘文集三十六卷附录一卷　宋刘宰撰　十二册　五元八角

阆风集十二卷附录一卷　宋舒岳祥撰　二册　一元五角

彝斋文编四卷　宋赵孟坚撰　一册　七角

傅与砺诗集八卷文集十一卷附录一卷　元傅若金撰　四册　二元三角

　　附绿窗遗稿一卷　若金妇孙淑撰

友石山人遗稿一卷附录一卷　元王翰撰　一册　二角五分

闻过斋集八卷　元吴海撰　二册　一元一角

王静学先生文集三卷附录一卷　明王叔英撰　二册　一元

翁山文外十六卷　番禺屈大均撰　四册　二元四角

句余土音补注六卷　鄞县全祖望撰　陈铭海补注　五册　二元四角

复初斋集外诗二十四卷集外文四卷　大兴翁方纲撰　十册　五元

翁比部诗钞一卷　翁澍培撰　一册　二角五分

咄咄吟二卷　吴县贝青乔撰　一册　六角五分

吴兴丛书　赛连纸六开本

经部

易小传六卷系辞补注一卷　宋沈该撰　四册　二元一角

周易通解三卷释义一卷　归安卞斌撰　三册　一元

周易消息十四卷　乌程纪磊撰　八册　五元七角

虞氏逸象考正一卷续纂一卷　乌程纪磊撰

九家易象辨证一卷　乌程纪磊撰

虞氏易义补注一卷附录一卷　乌程纪磊撰　三种合订一册　八角

周易本义辨证补订四卷　乌程纪磊撰　一册　八角

汉儒传易源流一卷　乌程纪磊撰　一册　三角五分

礼记集说七十卷　归安郑元庆撰　廿四册　十八元

经典通用考十四卷　归安严章福撰　三册　二元

易书诗礼四经正字考四卷　长兴钟麟撰　二册　一元二角

论语注二十卷　德清戴望撰　二册　一元

说文校议议三十卷　归安严章福撰　四册　二元八角

史部

五代史记纂误补四卷　归安吴兰庭撰　一册　六角

竹书纪年辨证二卷补遗辨证一卷　归安董丰垣撰　一册　一元一角

七国考十四卷　明董说撰　四册　二元四角

台湾郑氏始末六卷　德清沈云撰　乌程沈垚注　一册　六角

吴兴志二十卷　宋嘉泰中谈鑰撰修　六册　二元八角

吴兴备志三十二卷　明董斯张撰　十二册　六元五角

吴兴掌故集十七卷　明徐献忠辑　四册　二元

宝前两溪志略十二卷　归安吴玉树辑　二册　一元

湖录经籍考六卷　归安郑元庆撰　二册　二元

郑堂读书记七十一卷　归安周中孚撰　廿四册　二十元

子部

温忠烈公遗稿二卷附录一卷　明温璜撰　一册　二角五分

颜氏学记十卷　德清戴望撰　四册　二元

管子校正二十四卷　德清戴望撰　四册　二元四角

爨桐庐算剩二卷　乌程方贞元撰　一册　二角

须曼精庐算学二十四卷　乌程杨兆鋆撰　六册　二元七角

两山墨谈十八卷　明陈霆撰　二册　一元四角

权斋老人笔记四卷　归安沈炳巽撰　一册　五角

月河所闻集一卷　宋莫君陈撰　一册　一角

集部

沈忠敏公龟谿集十二卷附录一卷　宋沈与求撰　四册　一元八角

陵阳集二十四卷　宋牟巘撰　四册　二元七角

弁山小隐吟稿二卷　元黄玠撰　一册　六角

水南集十七卷　明陈霆撰　四册　二元四角

泌园集三十七卷　明董份撰　十册　六元

董礼部集六卷尺牍二卷　明董嗣成撰　二册　一元三角

静啸斋遗文四卷　明董斯张撰　一册　四角五分

丰草庵诗集十一卷前集六卷后集二卷宝云诗集七卷禅乐府一卷　明董说撰　六册　三元八角

南山堂自订诗十卷　归安吴景旭撰　一册　九角

使交集一卷吴太史遗稿一卷　归安吴光撰　一册　六角五分

慈寿堂文钞八卷　归安沈树德撰　二册　一元

权斋文稿一卷　归安沈炳巽撰　一册　三角

山子诗钞十一卷　乌程方焘撰　二册　一元

孔堂初集二卷文集一卷私学二卷　长兴王豫撰　一册　五角

胥石诗存四卷文存一卷附录一卷　归安吴兰庭撰　一册　八角

冬青馆甲集六卷乙集八卷　乌程张鉴撰　六册　三元

蜕石文钞一卷　德清蔡寿臧撰　一册　四角

落帆楼文集二十四卷补遗一卷　乌程沈垚撰　八册　四元八角

辽宫词一卷金宫词一卷元宫词一卷　乌程陆长春撰　一册　七角

梦花亭骈体文集四卷　乌程陆长春撰　一册　五角

天隐堂文录二卷　归安凌霞撰　一册　三角

欧余山房文集二卷　归安丁桂撰　一册　五角

枫江草堂诗集十卷文集一卷枫江渔唱一卷清湘瑶瑟谱一卷续谱一卷

长兴朱紫贵撰　四册　一元八角

迟鸿轩诗弃四卷文弃二卷诗续一卷文续一卷补遗二卷附年谱一卷续一卷

归安杨岘撰　四册　一元五角

玉鉴堂诗集六卷　乌程汪日桢撰　二册　一元

葭洲书屋遗稿一卷　乌程刘安澜撰　一册　三角

同岑集十二卷　明李夏器编　六册　二元五角

历代诗话八十卷　归安吴景旭撰　十六册　九元二角

诗筏一卷　归安吴大受撰　一册　五角五分

吴兴诗话十六卷　乌程戴璐撰　四册　一元四角

春雪亭诗话一卷　武康徐熊飞撰　一册　一角五分

湖州词征三十卷　归安朱祖谋辑　四册　三元

国朝湖州词录六卷　归安朱祖谋辑　二册　一元一角

渚山堂词话三卷　明陈霆撰　一册　二角

求恕斋丛书　**毛泰纸六开本**

经部

周易集义八卷　溧阳强汝谔撰　四册　三元

丧服郑氏学十六卷　娄县张锡恭撰　十二册　七元

史部

庚子西行记事一卷　率宾唐晏撰　一册　三角

汉管处士年谱一卷　黄岩管世骏撰　一册　二角

玉溪生年谱会笺四卷　钱塘张尔田撰　四册　一元六角

司马温国文正公年谱八卷卷后一卷遗事一卷　无锡顾栋高撰　四册　二元一角

王荆国文公年谱三卷卷后一卷遗事一卷　无锡顾栋高撰　二册　一元

金稷山段氏二妙年谱二卷　元和孙德谦撰　一册　五角

水经注正误举例五卷　仁和丁谦撰　二册　一元一角

汉书地理志水道图说补正二卷　钱塘吴承志撰　一册　七角

今水经注四卷　钱塘吴承志撰　一册　六角

京师五城坊巷胡同集一卷　明张爵撰　一册　二角

京师坊巷志十卷附考证一卷　江阴缪荃孙文乌朱一新同撰　六册　二元

唐贾耽记边州入四夷道里考实五卷　钱塘吴承志撰　五册　二元二角

渤海国志四卷　率宾唐晏撰　一册　五角

渤海疆域考二卷　高丽洌上徐相雨撰　一册　二角

礼议二卷　吴县曹元忠撰　二册　六角

四库全书表文笺释四卷　茂名林鹤年撰　四册　一元四角

子部

垛积衍术五卷　溧阳强汝询撰　一册　四角

横陽札记十卷　钱塘吴承志撰　四册　二元一角

蕉廊脞录八卷　钱塘吴庆坻撰　四册　一元六角

山海经地理今释六卷　钱塘吴承志撰　六册　二元四角

集部

天问阁文集四卷　明李长祥撰　四册　二元四角

　　附海棠居诗集一卷　长祥妇姚淑撰

传经室文集十卷赋钞一卷　元和朱骏声撰　二册　一元二角

心向往斋诗文集十三卷附录一卷　曲阜孔继鏶撰　八册　四元

　　附絅斋随笔一卷　继鏶祖毓惇撰

　　附勿二三斋诗集一卷饮冰子词存一卷　继鏶子广牧撰

　　附绍仁斋浦游吟一卷　广牧子昭宷撰

附林风阁诗钞一卷　昭宋妇刘淑曾撰

通文堂文集十六卷　仪征刘毓崧撰　八册　六元

校经室文集六卷补遗一卷　荣成孙葆田撰　七册　三元七角

逊斋文集十二卷　钱塘吴承志撰　四册　二元

王文敏公遗集八卷　福山王懿荣撰　二册　一元

雪桥诗话十二卷　辽阳杨锺羲撰　十二册　五元

雪桥诗话二集八卷　辽阳杨锺羲撰　八册　五元

雪桥诗话三集十二卷　辽阳杨锺羲撰　十二册　五元

雪桥诗话余集八卷　辽阳杨锺羲撰　八册　五元

留余草堂丛书　赛连纸六开本

庭训格言一卷　圣祖仁皇帝撰　一册　六角

家范十卷　宋司马光撰　一册　八角五分

黄忠节公甲申日记一卷　明黄淳耀撰　一册　三角五分

四书说约三十三卷　明鹿善继撰　四册　二元四角

中庸切已录一卷附事天谟一卷　南丰谢文洊撰　一册　九角

程山先生日录三卷　南丰谢文洊撰　一册　八角五分

圣学入门书一卷　太仓陈瑚撰　一册　二角五分

荆园小语一卷进语一卷　永年申涵光撰　一册　三角

耐俗轩新乐府一卷　永年申颋撰　一册　一角五分

向惕斋先生集八卷　山阴向璿撰　一册　八角五分

嘉业堂金石丛书　赛连纸六开本

闽中金石志十四卷　嘉兴冯登府辑　六册　六元

汉武梁祠堂石刻画像考六卷附图一卷　嘉定瞿中溶撰　二册　三元

海东金石苑八卷补遗六卷附录二卷　诸城刘喜海辑　吴兴刘承幹补　八册　八元

邠州石室录三卷　长洲叶昌炽辑　二册　毛边四元

希古楼金石萃编十卷　吴兴刘承幹辑　四册　四元

影宋四史

史记一百三十卷　影宋蜀大字本　三十二册　料半七十元

汉书一百二十卷　影宋白鹭洲书院本　五十二册　料半一百元　毛边　连史六十元

后汉书一百二十卷　影宋一经堂本　四十册　料半九十元　毛边　连史五十元

三国志六十五卷　影宋本　附校勘记三卷　二十册　料半四十元

单行本　赛连纸六开本

说文段注订补十四卷　萧山王绍兰撰　四册　二元八角

晋书斠注一百三十卷　钱塘吴士鉴乌程刘承幹同注　六十册　毛边　连史六十元

旧五代史笺注一百五十卷　余姚邵晋涵注　册二册　连史廿五元

明史例案九卷　吴兴刘承幹纂　二册　一元八角

八琼室金石补正一百三十卷金石札记四卷金石祛伪一卷元金石存一卷　太仓陆增祥辑　六十四册　料半八十元　赛连五十元　连史六十五元

危太朴云林集二卷补遗一卷续补一卷文集十卷续集十卷附录二卷　明危素撰　六册　三元五角

章实斋遗书内编三十卷外编二十卷　会稽章学诚撰　册二册　二十四元

附影印书

嘉业堂善本书影五卷	吴兴刘承幹编	六册	料半十二元	五册	洋连六元
金刚般若波罗蜜经一卷	明释宗泐	如玘注解	缩印永乐大典本	一册	一元

附墨拓本

文征明楷书辞金记	一叶	一元
文征明行书两桥记	一叶	一元

附绝版书

毛诗多识二卷	长白多隆阿撰	求恕斋丛书本	二册	一元	
台学统一百卷	黄岩王棻辑	单行本	四十册	毛边二十五元	赛连二十元
睫巢集六卷后集一卷	辽东李锴撰	单行本	四册	二元	
太谷山堂集六卷	辽东梦麟撰	单行本	二册	一元	

附寄售书

南浔镇志六十卷	里人周庆云纂	刊本	十六册	十元
圣学宗传十八卷	明周汝登编	缩印明刊本	八册	一元五角
金忠节公语录二卷	明金声撰	铅印本	一册	二角
阐文二十二卷	宣城吴肃公辑	缩印康熙刊本	四册	七角
春华集二卷	顺德龙元任撰	刊本	一册	四角
蕉雨轩稿一卷	顺德龙晗芗女史撰	刊本	一册	一角五分
五山草堂初编二卷	顺德龙令宪撰	刊本	一册	三角
鸣坚白斋诗存十二卷补遗一卷	常熟沈汝瑾撰	刊本	四册	二元五角

山色夕阳楼吟草一卷	台湾郑霁光撰	刊本	一册	二角五分
成趣园诗钞四卷	台湾郑霁光撰	聚珍仿宋印本	一册	三角
汪文摘谬一卷	横山叶燮撰	铅印本	一册	二角

外埠购书简章

一、本楼刊印各书概照定价八折发售辛未七月所订价目不凭

二、惠购书籍须将书名部数及通信地址开明连同书价寄费寄来本楼即照单配寄

三、汇寄款项邮局或银行钱庄均可汇费由购者担任书籍寄费每书十册约二角三分

四、发售处　浙江南浔镇嘉业堂藏书楼印行部

刘氏家族世系表（刘镛一脉）

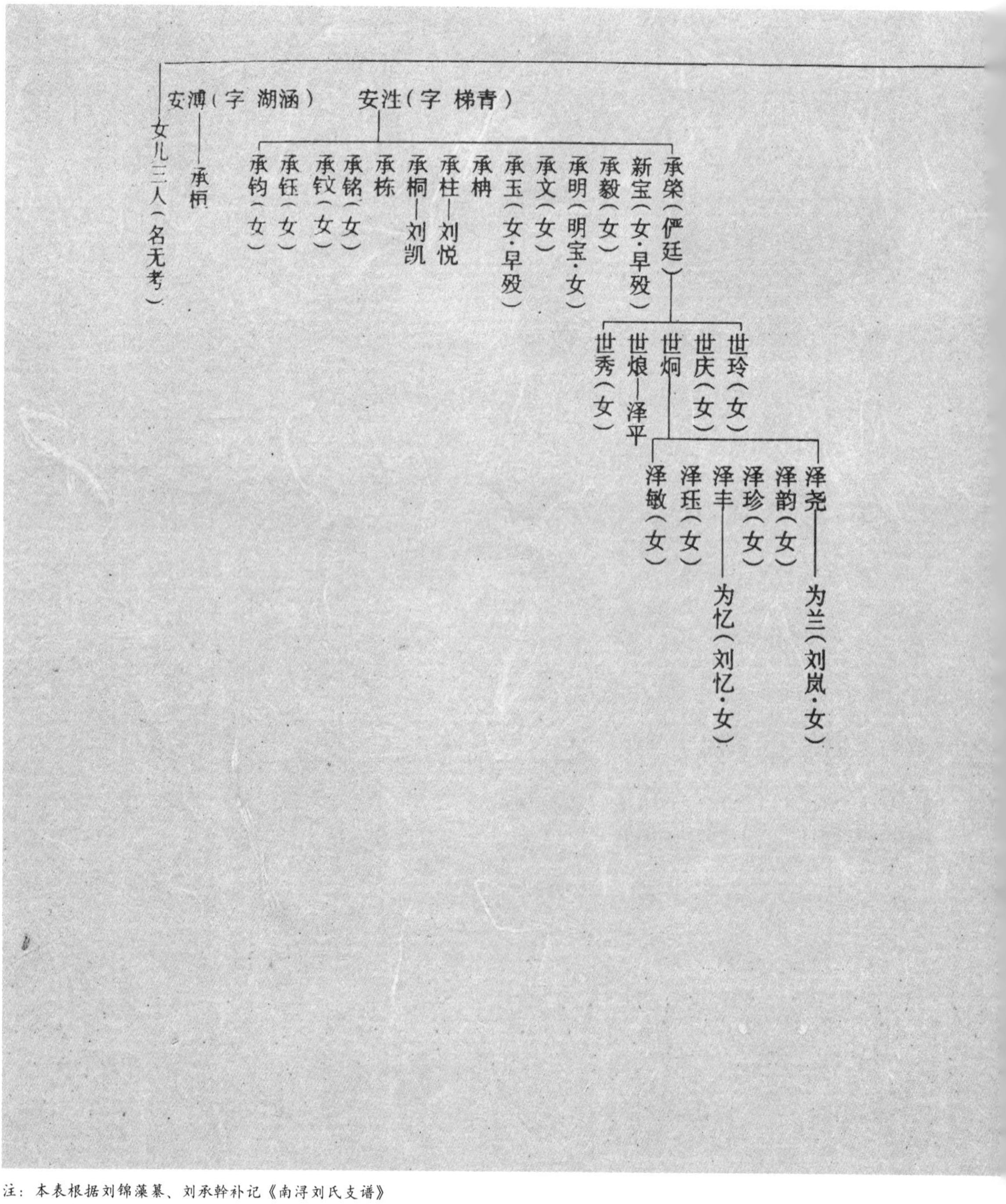

注：本表根据刘锦藻纂、刘承幹补记《南浔刘氏支谱》及刘氏后裔提供的部分资料整理编成。据《南浔刘氏支谱》记载，刘氏冠名排行：康安承世泽为守振家声。

始祖至二十三世（略）→二十四世刘尚贤（清康熙年间从浙江上虞迁南浔）→二十五世刘武臣→二十六世刘恩湛→二十七世刘元吉→二十八世刘焕章→二十九世刘镛

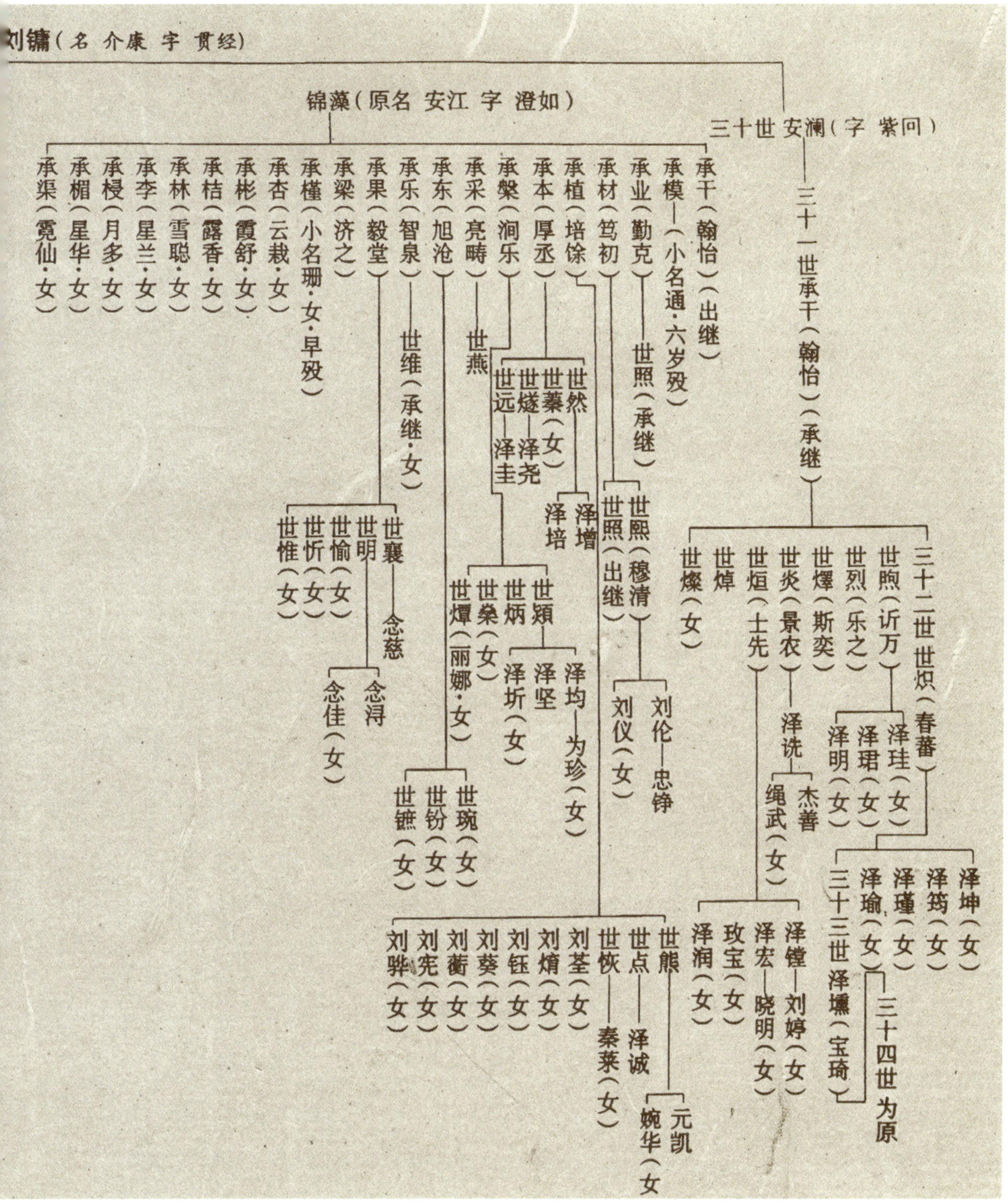

文献保存同志会第八号工作报告书（摘要）

（收购嘉业堂）此批书商谈甚久，变化颇多。功败垂成者不止二三次。幸能有此结束，大可庆幸！然我辈之心力已殚矣，盖书主素性懦弱寡断，易为人言所惑。初索四万（同志会所提报告为免他人注意，多以百字代千，千字代万，万字代十万），我辈已允之。所争者惟在取书之多寡问题。曾偕森公前往阅书十余日，选择至为审慎。自信汰芜取华，用心至劬。当将此项选定之书目交付书主，久候未得覆音，颇为徬徨，恐其反覆。后书主托介绍人来覆云：宋元本部分，盼能少取若干，明刊本部分，盼能除去丛书及方志二部分，清刊本部分，盼能除去丛书、方志及别集三部分。当即答云：宋刊本部分，可剔除后印模糊三五部，明刊本部分，一部不能减少，丛书、方志尤须包括在内，清刊本部分，可减去丛书、方志若干种。我辈如此迁就，而书主尚无决定。又托介绍人来覆云：明刊本部分拟不出售，可否单购宋元本及钞校本、稿本部分。当即答以：明刊本部分如不在内，我辈即不拟收购。盖当时风闻有人拟竞购明刊本部分，辇之海外转售。又风闻某人亦拟购其明刊本，而转售一部分于海外。此时形势，至为危急。我辈出其全力，以说动书主，大义、私交，无话不说尽。最后书主乃云：可否以二万七千元单购其明刊本部分。当答以：明刊本部分，至多可出价至二万元，但钞校本部分，尚拟选取若干，书价可另计。彼允加以考虑。当又费去数日之力，拟就必须选取之钞校本书单一纸交去。十数日后，书主覆云：明刊本部分，连同此项钞校本，最低价为二万五千元。当即再三与之商议，分文不肯减让。因恐其又将中变，只好忍痛允之。然经过一夜，书主果又反覆，复托介绍人来商云：可否加殿版图书集成一部，共付三万。我辈当即加以拒绝云：图书集成不要，但书主如必须三万元者，我辈亦可付之，惟此另加之五千，须另行选取他书。彼突然又云，如照原议，付四万，取前曾选定之宋元本、明刊本、清刊本及钞校本者，可成交否？当即答之云：当然可以照办（原注：当时如迟疑不覆，或答以不能照办者，彼必生疑，明刊本部分，即万难成交矣）。随即提出三项办法，任彼择其一：（一）照原议付四万元；（二）付三万，另取他书五千；（三）付二万五千，取明刊本一千二百余种及钞校本三十六种。此时诚如以一发悬千钧，少纵即逝。幸赖对付得法，未再节外生枝，发生意外。次日，书主乃正式答覆云：可仍照前议，以二万五千元取明刊本一千二百余种，及钞校本三十六种。我辈即备就书款送去，同时即进行点书包札，分批送来。盖迟则恐又将生变化也。至此，此项交易乃大功告成矣。

浙江省立图书馆、省立嘉兴图书馆嘉业堂藏书管理处条例

一、依据上级指示对吴兴南浔镇刘氏嘉业堂藏书，两馆应即予以接收管理，设立管理处，定名为浙江省立图书馆、省立嘉兴图书馆嘉业堂藏书管理处（以下简称本处）。

二、本处设立于嘉业堂原址。

三、嘉业堂所有一切图书、书版、家具等本处应即清理造册，呈报备案，任何机关任何私人不得过问。

四、嘉业堂房屋花园以及毗连之平房除军事上有必要暂时借用外其他任何机关不得占用。

五、在管理期间本处重要任务为清理藏书、编造清册；次为清理书版、点收家具；最后工作为图书之分类编目。

重修嘉业藏书楼记

嘉业藏书楼位于南浔鹧鸪溪畔。镇人刘承幹构筑。一九二四年落成。四周环水。书楼上下各二十楹。室五楹。储四部图书十六万册。并事椠版印书。庭园凿池。略置丘壑。三亭鼎足。花木扶疏。然未及十年。刘氏家道中落。藏书陆续散出。庭园日渐颓圮。解放军南下。特予保护。一九五一年刘先生致函本馆。慨然捐献。俾永久保存。经清点造册。尚存清代至民国间刻本钞本十一万二千余册。书版六七万余片。接收迄今三十四年。中经动乱。书楼岿然。一九八一年省府公布重点保护。一九八四年财政厅拨款重修。于是邀集专家。悉心规划。鸠工庀材。阅数月而竣事。计整修园林假山三百二十六公尺。大修明瑟六角亭。复建障红浣碧二圆亭。石砌护楼河岸四百五十公尺。维修楼室二千六百平方公尺。用人民币二十万元有奇。进而整理藏书。兼及书版。匾额楹联。一应复原。轮奂髹饰。一新旧贯。我馆同志。肩负重托。自当夙兴夜寐。黾勉从事。团结南浔父老。爱护斯楼。世代相传。为发展新中国文化事业效力。为建设现代文明作贡献。

一九八五年十月

浙江图书馆立石

嘉业藏书楼工作条例（试行）

嘉业藏书楼始建于一九二〇年，一九二四年落成，一九五一年书楼主人刘承幹致函浙江图书馆："愿将书楼与四周空地并藏书书版连同各项设备等，悉以捐献与贵馆永久保存。"一九八一年省人民政府公布为省级文保单位。一九八四年省财政厅拨出专款，对书楼和园林进行全面整修，基本恢复了原貌。

一、嘉业藏书楼为省级文保单位，隶属关系仍归浙江图书馆。"浙江图书馆嘉业堂藏书楼管理组"根据本馆计划和馆长指示，负责全面管理事务并接受文保部门指导。

二、管理组的主要任务是

1. 维护书楼和园林的原貌和安全，禁止危及原貌和安全的活动；

2. 整理和管理藏书和书版；

3. 管理和维护园林；

4. 保持书楼和园林整洁。确保藏书安全。

三、藏书整理和管理

1. 藏书清点。做到有书有登记（卡），落实书库管理责任制；

2. 调整书库。按原堂、室、斋等名称调整藏书和设备；

3. 分编藏书。要按确定的分类法有计划进行；按固定排架，换新书签，并制卡两份，一为书名卡，供读者查找，一为排架卡，供古籍部备查；

4. 嘉业堂书箱、橱、桌、椅等所有设备，应登记编号并注明使用场所和情况，被外借的设备须查明情况，约定归还时间。

四、为有关人员查阅有关资料服务

1. 设置阅览室，凭证（介绍信）接待读者，读者必须遵守阅览规则；

2. 布置嘉业藏书楼史料陈列，向读者（参观者）全面、准确地介绍书楼的历史和现状；

3. 编制嘉业堂藏书目录；

4. 藏书不得外借，读者不得进入书库，有特殊需要的副教授以上人员，可酌情例外处理。

五、园林管理和建设

1. 园林整修后应加强管理，教育参观者维护园林，防止破坏性活动；

2. 从实际出发，因地制宜，有计划地植树栽花，使园林既美又富有生机；

3. 保持园林环境整洁。

六、加强书楼防护措施，确保藏书安全

1. 藏书楼必须断绝火种，清除易燃物品。对读者（参观者）设禁烟区；

2. 加强电源管理，下班后必须断绝电源，巡视检查；

3. 加强消防器具设置和储水、储沙管理，并学会使用和临难处置办法；

4. 防盗、防晒、防潮，平时要勤检查，每年要大检查，清除隐患。

七、从实际出发，定期开放

开放时间、参观范围、管理办法另行拟定。

八、干部

1. 管理组定编三人，根据主要任务分工落实，并建立岗位责任制；

2. 学习政治和文保方针政策，学习图书馆业务和园林知识；

3. 加强组织纪律，重大问题事先请示，对已决定的问题，要主动去处理；

4. 尊重当地政府，密切与有关部门联系，调动一切积极因素，完成文物保护任务。

浙江图书馆

一九八四年九月廿七日

嘉业藏书楼管理部工作职责

嘉业藏书楼管理部是承担浙江图书馆嘉业藏书楼的管理和服务的职能部门。其职责范围是：

1. 负责嘉业藏书楼及其设施和所藏文献的保护管理工作。

2. 接待查阅资料的读者，提供有关嘉业藏书楼及其文献资料的咨询服务。

3. 负责文化旅游接待与服务工作。

4. 按全国重点文物保护单位的要求和图书管理的各项规定做好安全保卫工作和日常清洁卫生工作。

5. 完成部门的工作统计。

6. 完成馆部交给的其他任务。

7. 负责部门内综合治理工作。

编后记

1951 年 11 月 19 日浙江图书馆接受刘承幹捐献后，即对嘉业藏书楼进行精心的保护与管理，同时，注意搜罗刘承幹及嘉业堂的有关资料，经多年积累，遂有《嘉业堂志》的编纂。

本志由下列人员分工撰写：大事记，徐晓军；第一章综述，应长兴；第二章藏书，朱小燕；第三章刻书，朱晔琛；第四章建筑、园林与设备，第五章机构与人员，郑宗男；第四章第五节匾额楹联文字、标点由徐雪凡审核校订；第六章人物，李芳；第七章文献辑存及全书的照片查找由李性忠负责。杨建新、袁逸参与本志全稿的审校和修改。

本志辑存文献的来源：刘承幹的两篇嘉业藏书楼记、嘉业堂丛书序、吴兴丛书序、嘉业堂藏书志自序、嘉业老人八十自叙据《嘉业堂藏书志》（缪荃孙、吴昌绶、董康撰，吴格整理点校。1997 年复旦大学出版社出版）；刘承幹的壬午让书纪事据吴格整理本（《历史文献》第 8 辑）；文献保存同志会第八号工作报告书（摘要）据《满目琳琅：国立中央图书馆善本特藏 · 馆藏简史》（台湾“国立中央图书馆”编。1993 年台湾“国立中央图书馆”出版）；刘氏嘉业堂刊印书目据嘉业藏书楼印行部乙亥重订本；刘氏家族世系表（刘镛一脉）据《百年儒商 南浔小莲庄刘家》（童立德，宋路霞著。2004 年浙江摄影出版社出版）；刘承幹的捐赠信、南浔嘉业藏书楼屋基全图、浙江省立图书馆、省立嘉兴图书馆嘉业堂藏书管理处条例、重修嘉业藏书楼记、嘉业藏书楼工作条例、嘉业藏书楼管理部工作职责据浙江图书馆档案。其他参考文献除综述部分以页注形式标注外，不再注明出处，特此说明。

上海图书馆、上海复旦大学图书馆、浙江省档案馆、浙江省嘉兴市图书馆等为本志纂修提供资料查阅、复制之便，特此感谢！

嘉業堂

海天無際
嘉業藏書樓惠存
一九八六年歲次丙寅